经济学研究生课程思政案例选编

主　编：韩　平　蒋抒博
副主编：张金萍　杨守德

中国商务出版社
CHINA COMMERCE AND TRADE PRESS

图书在版编目（CIP）数据

经济学研究生课程思政案例选编 / 韩平，蒋抒博主编 . — 北京：中国商务出版社，2023.2
ISBN 978-7-5103-4629-3

Ⅰ.①经… Ⅱ.①韩…②蒋… Ⅲ.①研究生－思想政治教育－教案（教育）Ⅳ.① G643.1

中国版本图书馆 CIP 数据核字 (2022) 第 254022 号

经济学研究生课程思政案例选编
JINGJIXUE YANJIUSHENG KECHENG SIZHENG ANLI XUANBIAN

主　编：韩　平　蒋抒博
副主编：张金萍　杨守德

出　　　版：	中国商务出版社
地　　　址：	北京市东城区安定门外大街东后巷 28 号　邮　编：100710
责任部门：	教育事业部（010-64243016）
责任编辑：	刘姝辰
总 发 行：	中国商务出版社发行部（010-64208388　64515150）
网购零售：	中国商务出版社考培部（010-64286917）
网　　址：	http://www.cctpress.com
网　　店：	http://shop595663922.taobao.com
邮　　箱：	349183847@qq.com
开　　本：	710 毫米 × 1000 毫米　1/16
印　　张：	23.5　　　　　　　　　　　　字　数：368 千字
版　　次：	2023 年 2 月第 1 版　　　　　 印　次：2023 年 2 月第 1 次印刷
书　　号：	ISBN 978-7-5103-4629-3
定　　价：	88.00 元

凡所购本版图书有印装质量问题，请与本社总编室联系。（电话：010-64212247）

版权所有　盗版必究（盗版侵权举报可发邮件至此邮箱：1115086991@qq.com 或致电：010-64286917）

前言

本书由"哈尔滨商业大学理论经济学高原学科创新团队支持计划"资助，同时也是黑龙江省2021年研究生课程思政案例库建设项目《中级宏观经济学》、黑龙江省2021年研究生课程思政案例库建设项目《国际商务》、哈尔滨商业大学2021年校级教学改革与教学研究项目《〈中级宏观经济学〉课程思政教学改革与实践研究》、哈尔滨商业大学新文科研究与改革实践项目《新商科建设战略研究与创新实践》（2021090032）、黑龙江省教育科学规划课题《创新型人才培养模式下高等院校网络教学效果评价指标体系研究》（GJB1316041）的中期成果。

中级微观经济学和中级宏观经济学是经济类研究生专业必修课，能够为后续专业课程的学习夯实基础。无论是微观还是宏观，作为经济管理类专业的必修基础课程，都属于西方经济学的范畴，是现代资本主义社会发展的文明成果，具有阶级利益、意识形态的倾向，其理论内容有着许多不切合我国国情的地方。因此，在中国这个社会主义国家里，我们应当以科学、谨慎的态度去对待这门课程，厘清微观经济学和宏观经济学里的有益成分和无益成分，吸收西方主流经济学理论中的精华部分，辩证分析其中的资产阶级庸俗内容，取其精华去其糟粕，结合本国国情，加入中国元素，以课程思政的形式，弘扬我国社会主义核心价值观，将理论与习近平总书记的治国理政思想结合起来，避免经济学教育过于西化的问题。国际商务是国际商务专业硕士的专业核心课程，开展课程思政建设可以更好地拓宽学生们的全球化视野，培育学生经世济民的职业素养。有利于增强学生对中西文化差异的敏感性，有利于培养一批德法兼修的商务人才。

从经济学课程特点来看，思政教学将渗透整个教学过程。从教学法和教学技巧的角度来看，抓住主要核心点，采用合适的案例，结合现实社会经济中的热点灵活进行思政教学，会起到事半功倍的效果。本案例集分为中级微观经济学、中级宏观经济学和国际商务三个部分，每篇文章都由两个或三个思政案例作为开头，并由此引出其中的思政元素，设计与此内容相关的课后思考题，帮助学生更好地去理解理论知识点，进而将理论知识点与思政元素结合。同时，案例教学只能是理论教学的辅助，在内容较多、学时较少的情况下，教师应注意案例教学不能占时过长，不能影响到理论知识的讲解与传授。在经济学思政教学中，教师可以通过理论讲解和合适的教学方法组织，将两者有效结合起来，培养学生更为清晰、客观和全面的经济政治观。

  案例集的编写由韩平教授和蒋抒博副教授主持。以下人员参加了编写工作：胡爽（中级微观经济学部分案例1—4）、林文静（中级微观经济学部分案例5—8）、吴一晓（中级微观经济学部分案例9—12）、鲍奇（中级宏观经济学部分案例1-3）、田腾钰（中级宏观经济学部分案例4—6）、李凡（中级宏观经济学部分案例7—9）、张金萍（国际商务部分）。杨守德博士对中级微观经济学部分进行了进一步完善和修订，蒋抒博副教授对中级宏观经济学部分进行了进一步完善和修订。

编者
2022年12月

目录

第一章　中级微观经济学 1
　　资源配置与中国特色社会主义市场经济制度 2
　　价格管制与新冠肺炎疫情下医疗用品的价格 12
　　弹性理论与中国粮食安全 25
　　帕累托最优与供给侧改革 38
　　供给需求理论与家电下乡 51
　　效用论与幸福观 63
　　厂商供给与激发市场主体活力 74
　　厂商理论与企业高质量发展 87
　　垄断市场与公平竞争 99
　　市场失灵与政府干预 113
　　外部性理论与绿色发展 125
　　要素市场理论与共同富裕 136

第二章　中级宏观经济学 149
　　总需求理论与新冠肺炎疫情对中国经济的影响 150
　　有效需求理论与开放发展 162
　　蒙代尔—弗莱明模型与汇率制度 183
　　总供给理论与供给侧改革 195
　　AD-AS 模型与经济高质量发展 208
　　失业理论与中国促进就业政策 224
　　索洛增长模型与中国经济长期发展 237
　　财政政策理论与中国财政政策 250

货币政策理论与中国货币政策 …………………………………… 263

第三章　国际商务 ………………………………………………… 276
　　经济全球化与国际商务环境的机遇与挑战 …………………… 277
　　海外撤侨与中国政治制度的优越性 …………………………… 290
　　改革开放以来中国人口政策变迁 ……………………………… 301
　　众志成城：打赢新冠肺炎疫情防控的人民战争 ……………… 312
　　中国对外贸易政策演进与对外经贸取得的成绩 ……………… 325
　　中国对外投资的多元化演进与疫情下的中国对外投资 ……… 336
　　华为公司开拓国际市场策略选择 ……………………………… 347
　　华为公司跨文化人力资源管理 ………………………………… 358

第一章 中级微观经济学

资源配置与中国特色社会主义市场经济制度

一、案例正文

案例1：深圳——昔日小渔村，今日"梦之城"

改革开放40多年以来，深圳经济实现了快速和持续增长：近40年GDP年均增速23%，创全国第一。经济实力和综合发展力显著增强：2017年深圳的GDP从1979年的1.96亿元增加到2.24万亿元，居内地城市第三；人均GDP从1979年的606元增加到15.07万元，超过中等偏上收入国家平均水平；一般公共预算收入从1979年的0.17亿元增加到3 332.13亿元；深圳在2017年全球旅游城市前100排行榜上，位居第九。经济结构调整成效显著：服务业比重上升，二、三产业共同推动经济增长，支柱产业和战略性新兴产业成为经济发展的主要动力。三次产业结构由1979年的37.0∶20.5∶42.5，调整为2017年的0.1∶41.3∶58.6。可持续发展能力不断增强：专利申请量和授权量继续居全国前列，其中2017年深圳每万人发明专利拥有量近90件，是全国平均水平的9.2倍；深圳高新技术产业产值从1979年零起步到2010年、2017年分别突破1万亿元和2万亿元大关；2017年深圳万元GDP能耗、水耗持续下降，约为全国平均水平的1/3和1/10，"深圳蓝"成为城市名片。2000年深圳本地生产总值2187亿元，人均3.28万元；至2005年增至4951亿元，增速15%，人均6.08万元。据美国布鲁金斯学会的排名，2012年深圳经济总量在全球城市中列第27位。2004年至2014年的10年中，深圳经济持续增长，即使在全球金融风暴时期的2008年与2009年，仍达到10%的本地生产总值增速。2016年深圳本地生产总值达到19 492.6亿元，较上年度增长9%，人均生产总值为167 411元，接近同期西班牙人均水平。深圳本地生产总值高于同期陕西和江西本地生产总值；在中国大陆城市中仅次于上海、北京，为中国大陆第三大经济强市，位居广东省第一位。按国际汇率折算，2016年深圳本地生产总值高于同期巴基斯坦本地生产总值，逼近南非本地生产总值。2017年，深圳的宏观税负为25%左右。深圳市的四大支柱产业为高新技术、金融、物流和文化。2018年，深圳GDP以美元计算正式超越香港，成为粤港澳大湾区GDP排名第一的城市。高新技术产业、金融业、现代物流业、文化创意产业为深圳的四大支柱产业。深圳是中国南方重要的高新技术研发和制造基地，常被誉为"中国硅谷"。深圳港集装箱吞吐量连续多年居于世界第三，外贸出口总额连续20余年稳居中国大陆第一位，深圳宝安国际机场成为中国第五大民航机场。深圳证券交易所的首次公开募股数量自2009年至2015年均居世界第一位，是中国企业重要的融资平台。深圳为国家综合配套改革试验区之一，2019年，中共中央、国务院支持深圳建设中国特色社会主义先行示范区，在中国的制度创新、扩大开放等方面承担着试验和示范的重要使命。

案例2：社会主义市场经济是伟大创造

市场经济本身不具有制度属性。社会主义市场经济与资本主义市场经济的本质区别不在于是否存在资本、是否有私人资本和私人所有权，而在于人民至上是否成为法律、制度和政府行为的底色，每一个人拥有平等的发展机会是否成为社会的价值观和行为准则。社会主义建设的出发点和落脚点是让人民群众过上幸福生活，通过党的领导和法律制度规定为所有社会成员提供平等的发展机会，旨在实现每一个人的自由、平等、全面发展，财富积累、资本发展都是手段。这就解决了马克思所批判的资本主义生产方式导致的人被"异化"、被资本（归根结底是物）所支配的问题。不言而喻，资本、私人所有权不应是束缚人发展的绳索，相反，是促进人发展的要素和工具。在人民至上的制度体系中，资本和所有权是人民群众创业创新、勤劳致富的手段，是每一个人实现自身发展的工具，是市场经济创新的动力。

习近平总书记强调："在社会主义条件下发展市场经济，是我们党的一个伟大创举。我国经济发展获得巨大成功的一个关键因素，就是我们既发挥了市场经济的长处，又发挥了社会主义制度的优越性。"产权制度是社会主义市场经济的基石，并成为人民至上价值理念的重要现实载体。在社会主义市场经济条件下，我们既可以将发展成果惠及全体人民，促进社会公平，又可以通过调动人民群众积极性，依靠群众创造价值，给每一个劳动者积累财富的平等机会，使其摆脱贫困，富裕起来，过上好日子。在社会主义经济建设中走群众路线，相信群众、依靠群众、为了群众，依法保护好人民群众的产权和利益，调动创新创业创造的积极性，这是社会主义市场经济的内在动力。

二、案例的思政元素

1. 改革开放是我国的强国之路

改革开放是当代中国最鲜明的特色，是发展中国、发展社会主义、发展马克思主义的强大动力。我国过去40多年持续发展靠的是改革开放，我国未来的发展也必须坚定不移地依靠改革开放。近年来，中国在世界经济和全球治理中的分量和作用迅速提升，中国对外开放进入"引进来"和"走出去"更加均衡的发展阶段。中国开放发展的大环境，总体上比以往任何时候都更为有利，但面临的矛盾、风险和挑战也前所未有。中国的改革开放顺应了中国要创新、要发展的历史要求和人民对美好生活的需要，契合了世界各国人民要发展、要合作、要和平生活的时代潮流；我们要坚定不移地推进改革开放，不断在制度建设和创新方面迈出新步伐，不断促进生产关系和生产力、上层建筑和经济基础相适应，促进经济社会各个领域、各个方面、各个环节相协调。改革开放只有进行时、没有完成时。今天，改革的思想基础、实践基础、制度基础、民心基础更加坚实，我国的发展前景十分光明。同时也应看到，我国仍处于并将长期处于社会主义初级阶段，我国依然是世界最大发展中国家。面对新老问题交织、新旧矛盾叠加的复杂形势，面对单边主义、保护主义不断加剧的外部环境，何以解忧？唯有改革！只有坚定不移高举改革开放伟大旗帜，坚持改革不停顿、开放不止步，坚定不移办好自己的事情，才能攻坚克难、奋力开创发展新境界。推进新时代改革开放，就要弘扬改革精神，激发敢闯敢试、开拓进取的干劲。回顾改革开放历程，从设立经济特区

"杀出一条血路",到自贸区建设大胆闯、大胆试、自主改,没有一点闯的精神,没有一点"冒"的精神,就干不出一番新事业。新时代更加呼唤敢为天下先的锐气、壮士断腕的勇气、啃硬骨头的担当、狠抓落实的作风,呼唤千千万万的改革促进派和实干家勇做弄潮儿,不断清障除弊、破局开路,把改革事业继续推向前进。

2. 人民至上是社会主义市场经济的价值理念

市场经济是人类文明演化的产物。市场经济并非资本主义特有,社会主义也可以搞市场经济。实践证明,社会主义市场经济是一个伟大创造,具有磅礴的生命力。社会主义市场经济的价值理念是人民至上,充分实现市场有效、政府有为,逐步实现共同富裕。强调价值理念,有利于避免资本主义市场经济发展中出现的各种问题,走好自己的路,使社会主义市场经济服务于中国可持续发展、服务于中华民族伟大复兴。

改革开放40多年来,我国之所以取得巨大的发展成就,就是因为解放思想、实事求是,从社会主义初级阶段的生产力水平和基本国情出发,进行市场化改革,走群众路线,激发了人民群众劳动和生产积极性,推动资源配置效率提升和社会生产力发展。在新发展阶段,激发群众就业创业的积极性,使群众积累的资本得到依法保护和有效使用,这是实现高质量发展、构建新发展格局的重要基础。社会主义市场经济为人民群众搭建了一个大显身手的大舞台,只要坚持人民至上,深化要素市场化配置改革,平等保护劳动收入和资本增值,实现包容性发展就有了条件。

这些年,我国消除了绝对贫困,全面建成小康社会,包容性发展取得积极成效。全面实现包容性发展,我们需要抓好以下几点。一是以产权制度改革为重点,推动不同所有权资本融合发展;二是加快社会改革,加快推进农民工市民化,给予每个人平等发展的机会,提升每个人的能力,促进具有更大包容性的发展;三是以人的发展作为出发点和落脚点,强调通过国民素质(包括健康素质、文化素质、技能素质等方面)和能力的普遍提升,为"发展"而不只是"增长"奠定更加广泛而坚实的基础。

人类开始进入数字文明时代,为包容性发展提供了新条件。数字化改变了人和人的交往方式、人和物的权属关系，许多资源从原来的不可交易变得可交易，资本的作用范围也由此扩大，为人们提供了新的致富机会。数字化与资本结合，将产生新的社会生产力。社会主义市场经济的包容性发展呈现新特征，同时也面临"数字鸿沟"的新挑战。推动数字化，最重要的是坚持人民至上。数据确权、平台监管、隐私保护、法治建设等都要超越工业化时代的思维范式。只有与时俱进，才能抓住数字革命带给我们的历史性机遇，为民族复兴增添新动力。

三、案例的使用说明

（一）教学目标

本案例适用于中级微观经济学或微观经济学中市场资源及其配置的相关知识点教学。

1. 知识目标

理解概念：市场经济、资源配置。

掌握理论：价格机制如何解决市场资源配置问题。

2. 能力目标

系统思维能力：教师通过对理论的讲解，帮助学生系统地了解社会主义市场经济下的资源配置问题，形成全面、系统、联系地分析问题、解决问题的思维能力。

判断实践能力：根据案例材料，设置由浅入深、由知识到能力的问题，通过解答问题帮助学生搭建一座"理论到实践、实践到理论"的思维桥梁，使学生能就市场资源配置等方面的问题搜集信息与资料，善用适当的理论知识，提出合理的解决方案

3. 素质目标

形成专业意识：理解社会主义市场经济制度下市场在资源配置中起到的作用，养成关注经济热点的学习习惯。

提高职业素养：通过案例，引入改革开放、经济政策和其他重要思政元素，拓宽学生视野，让学生理解坚持改革开放的重要性，增强学生社会责任感，形成正确的全面发展理念。

（二）教学过程

1. 课前准备

（1）学生需要预习中级微观经济学中供给需求的相关知识，对弹性、价格限制、市场均衡点等有完整的认识。

（2）授课教师可事先了解班级学生对需求价格弹性、限制价格、需求供给的影响因素的认识。分小组、分小专题针对我国疫情发展、医疗物资供给需求等内容进行总结汇报，使全班同学对我国疫情期间经济问题有较系统、全面的认识，激发学生对需求价格弹性、限制价格、医疗物资供给需求等相关问题的关注热情和学习兴趣。

2. 讲授理论知识

（1）经济制度。

（2）资源配置。

（3）中国特色社会主义市场经济制度。

（4）改革开放。

（三）案例分析要点

1. 启发思考题

（1）结合案例，分析改革开放对于我国经济发展的积极影响。

（2）结合案例，分析中国特色社会主义市场经济制度的优势。

（3）结合案例，分析社会主义市场经济与资本主义市场经济的差异。

2. 分析思路

（1）结合案例，分析改革开放对于我国经济发展的积极影响。

理论知识点：资源配置方式的转变。

参考答案：

在中国社会主义市场经济体制的探索过程中，逐步认识到市场和计划都是资源配置的手段，单一计划经济和自由市场经济都存在着制度局限性，只有协同发挥市场与计划的优势，才能最大限度发挥制度效力。

1949年新中国成立后，面对经济极其落后的局面和外部环境的严重威胁，我国确立了高度集中的计划经济体制。在当时的条件下，将有限资金、物资和人才等各种资源要素集中用于大规模工业化建设，对于建立独立的比较完整的工业体系和国民经济体系起到了历史性作用。但随着经济社会发展，高度集中的计划经济体制弊端日益暴露出来，使本应生机盎然的社会主义经济失去了活力。在改革开放之前，计划经济体制完全排斥和摒弃市场作用的发挥。尽管中央在向地方政府放权方面进行过很多探索，但这种行政性分权的改革并没有改变原有的计划体制框架和经济制度基础，因此没有取得预期的成效。

改革开放以来，随着我们党对市场与政府关系的认识不断深化，围绕让市场发挥作用和政府转变职能，一系列改革方案和重大措施陆续出台，推动着经济体制全方位、根本性变革，实现从高度集中的计划经济体制向社会主义市场经济体制的转型，经济迅速蓬勃发展，使我们国家从一穷二白的境地顺势迈入了小康社会。从我国GDP的增长层面来分析，我国人民的生活水平得到了很大的提升。1979—2004年期间，我国GDP平均每年以9.6%的速度呈现稳步增长趋势，而同一时期，世界年平均增长速度在3%～4%之间。在这漫长的26年里，有将近一半年份的年增长速度超过了10%。人均GDP增长的迅猛势态与GDP总量增长基本相似，1979—2004年我国人均GDP平均每年递增8.3%。经济呈现快速增长，致使发达地区的人民生活水平更加优越，而以往落后地区的经济水平也相应迅速提高。改革开放以来，我国取得了许多举世瞩目的成就，随着国民经济的迅猛发展，城乡居民生活水平不断提高，城乡差距也在逐步缩小，实现了从贫困到小康的历史性跨越。从全球的经济发展历程来看，改革开放处于经济全球化的汹涌潮流下，在这一过程中，中国积极引入了海外的雄厚资本与先进技术，设立了东部的多处经济地区，不仅内部开放，更向世界开放，为吸引外国资本创造了非常有利的环境。从中我们可以看出，抓住了强势的发展机遇，不仅能为我国的跨越式发展作出贡献，更推动了全球经济的稳步发展。

（2）结合案例，分析改革开放取得的成就所体现的中国特色社会主义市场经济制度的优势。

理论知识点：中国特色社会主义市场经济制度的优势。

参考答案：

制度自信是"四个自信"的重要内容。改革开放以来，中国迅速崛起，创造了经济快速发展和社会长期稳定的两大奇迹，引发了世界经济发展格局的深刻变化，显现了中国特色社会主义制度所蕴藏的巨大优势。破解完全不同于西方自由市场经济的社会主义市场经济体制的制度密码，日益成为中外学术界的热点与焦点问题。党的集中统一领导，能够坚持社会主义市场经济体制建设的正确方向，在对于计划和市场作用的探索过程中，党正确了处理市场与政府的关系。党领导下的社会主义市场经济体制，能够确保在有效利用市场机制的同时，发挥政府矫正市场弊端的机制。党的领导是新时代背景下发展经济，健全中国特色社会主义市场经济体制的显性优势。经济改革进程伴随着中国共产党领导的理论创新全过程，本质上也是中国共产党内部对市场经济与社会主义制度的理论创新。

（3）结合案例，分析社会主义市场经济与资本主义市场经济的差异。

理论知识点：社会主义市场经济制度和资本主义市场经济制度。

参考答案：

在人们的传统思想认识中，曾长期把资本主义等同于市场经济，把社会主义等同于计划经济。这种认识的根本失误在于把基本制度和资源配置方式混为一谈，没有认识到资源配置方式是从属于社会制度的，社会基本制度的特征规定了市场经济配置资源的范围、方式和目的。市场经济与资本主义制度结合是资本主义市场经济，与社会主义制度结合则为社会主义市场经济。

社会主义市场经济与资本主义市场经济的根本区别在于基本制度不同。前者以社会主义初级阶段的基本经济制度为基础，不同于资本主义私有制经济制度。社会主义初级阶段的基本经济制度是以公有制为主体、多种所有制经济共同发展的经济结构，坚持这一基本经济制度是维系社会主义市场经济的前提条件。我国社会主义基本经济制度不但要求公有制经济占主体地位，而且要求国有经济起主导作用。而要保证国有经济对国民经济起主导作用，国家应控制国民经济命脉，使国有经济的控制力、影响力和竞争力得到增强。在社会主义经济中，国有经济的作用不是像在资本主义制度中那样，主要从事私有企业不愿意经营的部门，补充私人企业和市场机制的不足，而是为了实现国民经济的持续稳定协调发展，巩固和完善社会主义制度。为了实现国民经济的持续稳定协调发展，国有经济应主要集中于能源、交通、通讯、金融等基础设施和支柱产业中。这些都是关系国民经济命脉的重要行业和关键领域，在这些行业和领域中国有经济应该有"绝对的控制力""较强的控制力"，国有资本要保持独资或绝对控股或有条件的相对控股，这些都是中央文件所规定和强调的。国有经济对这些部门保持控制力，是为了对国民经济有计划地进行调控，以利于它持续稳定协调发展。

（四）教学组织实施

教学组织安排如下表所示。

学习阶段	学习内容	时间限制	学习目标
课前	要求学生分组，并预习课本知识，查阅相关资料，了解中国特色社会主义市场经济制度。	提前一周	熟悉案例背景。
课中	讲授知识点，引入案例。	10分钟	掌握基本理论知识
	各组用PPT展示改革开放前后资源配置方式的转变，分组讨论。	15分钟	进一步熟悉案例背景。
	随机抽取3个小组进行发言。	15分钟	结合理论分析问题，小组案例分析报告作为一次平时成绩。
	进行归纳总结，注意思政元素与中国特色社会主义市场经济制度的结合。引导学生学会运用微观经济学的理论知识解决现实问题。	10分钟	归纳用到的关键理论，并对各组表现做一个简单点评。
课后	请学生继续关注中国经济制度情况。		增进记忆，巩固知识。

（五）总结

现代微观经济学的发展对我国社会主义市场经济体制的改革提供了方向和思路。改革开放以来，我国的经济体制由完全的计划经济向以计划经济为主、市场调节为辅进行转变，这项政策的制定就在宏观上要求我们要对市场经济以及市场对经济的影响有更深层次的认识。随着时代的发展，市场在经济体制改革中的地位越来越突出，而我国经济体制也逐步深入推进并且取得了良好的效果。现代微观经济学的发展提倡在经济发展中要重视市场运作和市场分析，并且在近年来的新发展中提出了国家、政府与市场的作用，与我国党的十八大报告中提出的经济体制改革相符合。在"百年未有之大变局"这样的国际形势下，要充分发挥中国特色社会主义经济制度的显著优势，坚定"四个自信"，把握机遇，迎接挑战，实现经济的高质量发展，使发展成果更好地惠及广大人民。

参考文献

[1] 何成学. 以40年伟大成就扬起新时代改革开放伟大旗帜——兼谈深圳改革开放40年[J]. 特区实践与理论, 2020（2）: 86-94.

[2] 刘尚希. 社会主义市场经济的价值理念[EB/OL]. 经济日报, 2022-5-25.

[3] 顾海良. 对社会主义市场经济的创造性理论贡献[EB/OL]. 经济日报, 2020-9-20.

[4] 孙维谦. 现代微观经济学的新发展与中国经济体制改革[J]. 商, 2015（34）: 56.

[5] 李民圣. 社会主义市场经济是对资本主义市场经济的全面超越和扬弃[EB/OL]. 红旗文稿, 2018-01-15.

价格管制与新冠肺炎疫情下医疗用品的价格

一、案例正文

案例1：疫情下口罩供求变化与价格管制

新冠肺炎疫情发生后，摇号、限购成为不少商家销售口罩的特别方式，但大批消费者还是买不到口罩，只能求助海外代购、微商。随着越来越多的人返岗复工，口罩消耗速度进一步加快，许多人抢购平价口罩如买车摇号"每天给手机上闹铃，一到时间就猛戳手机，双11的时候都没这么认真"。在这段时间，许多黑心商家发现了"商机"。北京市济民康泰大药房丰台区第五十五分店大幅抬高N95型口罩销售价格，当事人借口罩等防疫用品需求激增之机，将进价为200元/盒的3M牌8511CN型口罩（十只装），大幅提价到850元/盒对外销售，而同时期该款口罩网络售价为143元/盒。天津市旭润惠民大药房连锁有限公司柳盛道分公司以12元/只购进KN95口罩，提价至128元/只销售；以进价15.2元/盒购进片仔癀防雾霾口罩（成人1只装），提价至58～78元/盒销售。武威市凉州区益生堂大药房将前一日进货价为15元/只的KN95折叠式防颗粒物呼吸器以30元/只的价格销售；将前一日进货价为10元/包的一次性口罩以20元/只的价格销售。上海市普陀区桃浦路313号快客便利店从2020年1月21日开始，以69元/袋的价格从其他便利店购进PITTA口罩（三只装），在"美团外卖"平台上以198元/袋的价格对外销售。湖北省黄冈市黄州区普瑞康大药房在2020年1月22日至27日将N95口罩的售价从19元抬高至35元。黑龙江省讷河市天一药店将一次性口罩售价由3元/包大幅抬高至20元/包，且未按规定进行明码标价。当时，诸如此类哄抬物价的案例在全国各地频频发生。

针对乱象，北京、上海、广东等多省市迅速行动，严查借防疫之机哄抬物价，并采取多项措施部署开展相关医药用品价格监管工作，稳定价格秩序。电商巨头第一时间向平台商家发出公告，要求所有口罩绝不允许涨价，同时启动官方专项补贴。一些口罩生产商也紧急召回已经回家过年的工人，加紧赶工，尽量保证需求。小口罩饱含民生大关切，疫情当前，从政府部门到相关各方，紧密配合、积极协作，直面现实痛点，彰显出强大的社会组织力和聚合力。市场监管总局高度重视近期防疫物资价格再度暴涨情况，组成专案组，赴江苏、上海、浙江、广东等地严查中间商和生产厂家价格违法行为，坚决斩断哄抬熔喷布等防疫物资价格的违法链条。新冠肺炎疫情发生以来，各地市场监管局坚决贯彻习近平总书记重要指示精神，紧紧围绕各地防疫工作领导小组的决策部署，一直坚守在战"疫"工作第一线。各地市场监管局将继续履行工作职能，突出抓好市场价格监管，持续加大对防疫用品、民生用品等重要商品的价格监管力度，维护好市场价格秩序，坚决打赢这场疫情防控阻击战。

案例2：解决防疫物资短缺需要政府与市场协同用力

随着全国防疫工作向纵深推进以及各地逐渐进入复工复产的关键时期，社会对于口罩、防护服等防疫物资的需求更为迫切。从目前来看，口罩不仅是广大人民群众的防疫生活必需品，也是广大企业复工复产的必需品。当前，尽管我国的应急物资储备体系还需要继续改进，但医药储备无论是从体制还是数量上看，都在基本运转正常的状态中。我国国家医药储备实行的是中央和省两级储备，基本原则是"实物储备为主，实行品种控制、总量平衡、动态管理、有偿调用"，储备的品种包括各类药品、器械、试剂等，共同特点是标准高、生产周期长，价值也相对高昂。目前，国家医药储备的管理职能归属于工信部，方式上采用的是企业代储，中央一级由国家医药集团承担，2019年的储备规模大约在7亿元左右，地方一级多为本地的国有医药企业等。

要利用价格机制，合理引导防疫物资需求。世界卫生组织总干事谭德塞先生说得好，"在非常时期，要让最急迫的物资去到最需要的地方、最需要的人手中"。当前，最需要口罩等防护物资的地方就是湖北等疫情严重地区，最需要的人就是日夜奋战在生死线上的广大"白衣战士"，政府要全力保障这些地区和人员对于防疫物资的需求。在疫情严重地区之外，政府在多数情况下还是要依靠市场机制和价格机制来解决问题。政府可以通过限购、限价、定点销售等方式，满足各家各户对于口罩的基本需求。但在基本需求之外，还是要通过经济手段、价格机制来调配资源，投入到防疫物资的生产之中。要充分考虑到部分行业用工、运输、材料等成本上涨的基础事实，给予相关企业一定利益空间。要尊重事实和经济规律，考虑实际情况，灵活调控和指导，维持企业的生产和销售积极性。

随着疫情防控形势严峻，面对医疗物资需求十分急切的情况，工信局采取"一边供货、一边办手续"的弹性机制，确保物资调拨精准、高效。严格按照"三清""两量"工作方法，落实做到"需求清、库存清、备货清"，对物资调拨有提前量、对物资存储有预留量。为及时保障新启用隔离点物资，主动提前研判需求，补库充足并安排指定仓库存放。同时，对量较大的隔离点，设置"专库"存放物资，避免在原仓库统筹调用以后临时调配不及。重点跟进"保采样、保检测、保支援、保隔离"等关键环节，派专人直接对接一线点长或医疗机构负责人，负责协调联络、接收需求制定调拨单、跟踪调拨进展、做好库存统计汇总调配明细、仓库现场跟踪督导等工作，有效避免多层管理方式转报需求，进一步提高调拨效率。

案例3：医疗物资产能基本满足国内需求

从供需情况看，医用防护服、医用防护口罩、医用隔离眼罩/面罩、测温仪、呼吸机产能已基本能满足国内的需求，企业也正在尽力组织扩大出口。针对近期国内疫情多点散发的情况，工业和信息化部加强对新冠病毒检测试剂、防护用品、治疗药物和疫苗等重点医疗物资的生产调度，密切跟踪监测重点企业生产供应情况。截至目前，抗原检测重点生产企业周产能超过5亿人份，N95/KN95口罩重点生产企业周产能超过1亿只，防护服重点生产企业周产能超过300万件，新冠病毒疫苗年产能超过70亿剂、产量超过55

亿剂，能够满足当前疫情防控形势需要。据中国医学装备协会统计，疫情发生以来，我国医疗装备生产企业已经累计向全国提供医疗装备11.5万余台，其中向湖北提供超过38种7万余台的装备，心电监护仪、血液透析机、血气分析仪等大部分医疗装备满足了疫情防控、患者救治需要。

但是，在此过程中也凸显了行业发展存在的短板和弱项，一些高端医疗装备，国内企业无法生产，有创呼吸机等供给不足，部分产品性能有待提升，标准体系尚不健全。相关部门正在组织医疗卫生、医疗装备等领域的专家深入梳理医疗装备的短板弱项，研究采取切实管用的措施，突破关键核心技术、零部件和装备瓶颈，加快补齐我国高端医疗装备的短板。目前，中国企业加班加点，为全球抗疫提供支持。但在庞大的国际需求面前，我们的能力也是有限的，同时还有诸多因素制约着我国医疗物资产能的发挥和供给能力的提升。例如，呼吸机生产受到核心零部件供应不足制约，防护服保供受到中外质量标准、使用习惯等差异的制约。在中国疫情防控形势向好、国外疫情蔓延加速的时刻，我们愿意对有关国家和地区，提供力所能及的支持和帮助。

二、案例的思政元素

1. 坚决打赢疫情防控攻坚战

疫情防控，事关人民生命安全和身体健康，也是人人有责、人人参与的全民行动。坚定信心、同舟共济，紧紧依靠人民群众，全面动员，全面部署，广泛动员群众、组织群众、凝聚群众，进行疫情防控的人民战争，是我们打赢疫情防控阻击战的制胜之本。各党政军群机关和企事业单位紧急行动起来，共产党员冲锋在前，医务人员日夜奋战，科研人员全力攻关，众多劳动者坚守岗位、默默付出，许多企业和个人慷慨解囊、捐赠捐助……人心齐，泰山移。全市人民全力奋战、英勇奋战、团结奋战，汇聚起众志成城抗击疫情的强大力量，为防控工作有力开展注入源源不断的动力。

与病毒赛跑，就是与时间竞速，跑得越快，就越能掌握战"疫"主动权。上海本轮疫情流行的毒株主要是奥密克戎 BA.2，传播速度非常快。研究显示，相比德尔塔毒株，奥密克戎毒株 BA.1 的传播速度要快 77%，而 BA.2 毒株的传播速度又比 BA.1 快 66%。如果没有任何干预措施，一个奥密克戎感染者会传染 9.5 个人。再加上奥密克戎变异株隐匿性特别强，无症状感染者和轻症病例占比非常高，而无症状感染者和轻症患者同样有传染性。从科学的角度而言，给奥密克戎变异株留下一点可乘之机，就会迅速感染一大片。只有快字当头、以快制快，强化风险管控，通过筛查找出传染源，及时转运隔离，才能避免造成大范围的传播。

2. 打造共建共治共享的社会治理格局

疫情防控是十分复杂的系统工程。联防联控、群防群治是制胜关键。只有上下同心、密切配合、广泛发动群众、紧紧依靠群众，建立全方位、立体式的"防火墙"，才能第一时间阻挡住病毒侵袭。做好疫情防控，是对各级党委、政府社会治理能力的一次"大考"，也是对各个部门、单位应急处置能力的一次"体检"。认真答好这份试卷，既要有防控之智，更要有担当之勇，必须充分形成应对疫情的工作合力，坚决做到守土有责、守土担责、守土尽责。防控疫情是一场总体战，涉及方方面面，需要充分调动各方积极性和主动性。从救治患者到医护物资生产供应，从科研攻关到各行各业，在疫情面前，我们每个人都是战斗者、奋斗者，都应该有所作为。立足本职岗位做好工作，是为疫情防控尽责任；"宅"在家里做好卫生防护，少出门、不聚集，也是为疫情防控作贡献。人人抓防控，个个都出力，方方面面都行动起来，就能涓滴成海、聚沙成塔，形成勠力同心抗击疫情的社会合力。

打造共建共治共享的社会治理格局，是社会主义本质及尊重人民群众主体地位在新时代的重要体现和实践展开。它意味着由过去偏重追求经济增长转向更加重视推动人的全面发展和社会全面进步，参与主体从政府主导转向党委领导、政府负责下的社会多元主体共同治理，治理方式从自上而下的单向管理转向政府和多元主体良性互动，等等。这一新的社会治理理念和实践强调坚持发展为了人民、发展依靠人民、发展成果由人民共享，重视全民积极参与、共同建设和共同治理，不断满足人民群众日益增长的美好生活需要。

3. 群众路线

"一切为了群众、一切依靠群众"和"从群众中来、到群众中去"是群众路线的基本内容，涵盖价值观和方法论两方面，而方法论又有宏观、微观两个层次。价值观方面，群众利益是党开展一切工作的根本目的和宗旨。方法论方面，在宏观层面，群众是党顺利开展各项工作的永恒依靠；在微观层面，只有多接触群众、多向群众学习、多倾听群众意见和诉求，才能为工作开展奠定坚实基础。凡属正确的领导，必须是从群众中来，到群众中去，也就是将群众中分散的无系统的意见集中起来，经过研究，化为系统的意见，制定出符合群众利益的路线、方针和政策，再回到群众中去，即把党的路线、方针、政策交给群众，使之化为群众的行动，并在群众行动中考验这些意见是否正确。打赢这场没有硝烟的战争，必须充分发动广大人民群众、充分依靠广大人民群众，发挥好人民群众的主体作用。

要有针对性地开展精神文明教育，更加耐心细致地做好群众工作，加强健康理念和传染病防控知识宣传，教育引导广大人民群众提高文明素质，增强防控意识，主动做好自我防护。要加强协调联动，夯实基层特别是农村、城市社区防控责任，强化源头防控，横向到边、纵向到底，不留死角盲区，不给疫情扩散可乘之机。船的力量在帆上，人的力量在心上。打好疫情防控阻击战，凝心聚力至关重要。在以习近平同志为核心的党中央坚强领导下，上下一盘棋，人民一条心，就一定能夺取疫情防控阻击战全面胜利。

三、案例的使用说明

（一）教学目标

本案例适用于中级微观经济学或微观经济学中需求、供给与价格的微观经济学知识点教学。

1. 知识目标

理解概念：供给、需求、市场均衡点、弹性。

掌握理论：供给和需求的影响因素、市场均衡点的变动、限制价格对市场均衡的影响。

2. 能力目标

系统思维能力：教师通过对理论的讲解，帮助学生系统地了解疫情经济下弹性价格、政府限价对供给需求的影响，形成全面、系统、联系地分析问题、解决问题的思维能力。

判断实践能力：根据案例材料，设置由浅入深、由知识到能力的问题，通过解答问题帮助学生搭建一座"理论到实践、实践到理论"的思维桥梁，使学生能就医疗物资供给需求等方面的问题搜集信息与资料，善用适当的理论知识，提出合理的解决方案。

3. 素质目标

形成专业意识：理解疫情经济条件下弹性价格、政府限价对供给需求的影响，养成关注经济热点、疫情情况和医疗供给需求的学习习惯。

提高职业素养：通过案例，引入群众路线、打赢防疫攻坚战和其他重要思政元素，拓宽学生视野，让学生理解国家、区域经济和社会合作的重要性，增强学生社会责任感，形成正确的全面发展理念。

（二）教学过程

1. 课前准备

（1）学生需要预习中级微观经济学中供给需求的相关知识，对价格弹性、价格限制、市场均衡点等有完整的认识。

（2）授课教师可事先了解班级学生对需求价格弹性、限制价格、需求供给的影响因素的认识。分小组、分小专题针对我国疫情发展、医疗物资供给需求等内容进行总结汇报，使全班同学对我国的疫情经济问题有较系统、全面的认识，激发学生对相关问题的关注热情和学习兴趣。

2. 讲授理论知识

（1）供给的影响因素。

（2）需求的影响因素。

（3）市场均衡点的变动。

（4）需求价格弹性。

（5）限制价格对市场均衡的影响。

3. 引入思政案例

从供给、需求的影响因素以及限制价格对市场均衡的影响引入案例1，分析案例。

从限制价格对市场均衡的影响引入案例2，分析案例。

从供给、需求的影响因素以及需求价格弹性引入案例3，分析案例。

（三）案例分析要点

1. 启发思考题

（1）结合案例及现实生活，分析在新冠肺炎疫情背景下口罩价格暴涨的原因。

（2）结合案例及现实生活，分析在新冠肺炎疫情暴发后口罩性质的变化。

（3）结合案例及现实生活，分析市场价格管制带来的影响。

2. 分析思路

（1）结合案例及现实生活，分析在新冠肺炎疫情背景下口罩价格暴涨的原因。

理论知识点：供给和需求的影响因素、市场均衡点的变动

引导学生从理论知识点出发，正确看待口罩暴涨的原因。

参考答案：

首先，市场供求不匹配。疫情发生后，普通市民疯抢、囤积口罩，使口罩商的存货迅速耗尽。复工后，口罩需求进一步上升。此外，医院的口罩短缺也在持续。生产口罩经过灭菌处理，并不能直接销售，而是要按照规定放置14天，经过检验合格才能出厂，并且用于生产口罩的聚烯烃通常需要跨省运输、异地生产，而省际交通的封锁使众多企业缺少原料，难以为继。

其次，生产成本上升。以供给理论来看，口罩生产成本上升使得口罩的市场供应量下降，公路运输由铁路运输转为公路运输，大批量货物的运输价格因此上涨。为了尽快复工，口罩厂常常开出双倍、三倍甚至五倍工资，以激发工人劳动的积极性。多倍工资增加人力成本。而口罩产业属于劳动力密集型产业，劳动力开支占其总成本的比重较高，因此，劳动力价格的大幅上涨使口罩成本也大幅上升。

综上所述，如图1-1所示，疫情暴发阶段，疫情下的社会环境也导致口罩的需求量激增，致使需求曲线 D_0 向右移动到 D_1，此时需求量增加（Q_1-Q_0），市场均衡价格从 P_0 上涨至 P_1。随后，生产成本上涨、商家囤积等因素导致口罩的供应量下降，供给曲线从 S_0 向左移动到 S_1，供给量减小（Q_1-Q_2），市场均衡价格从 P_1 涨至 P_2。需求量激增和供给量减小的共同作用，导致口罩价格一路飙涨。

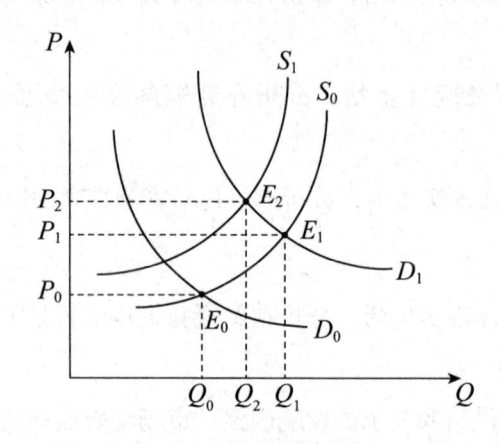

图1-1　口罩价格暴涨图

（2）结合案例及现实生活，分析在新冠肺炎疫情暴发后口罩的性质变化。

理论知识点：需求价格弹性。

引导学生根据需求价格弹性，分析口罩发生的本质变化。

参考答案：

在新冠肺炎疫情暴发后，口罩的性质变化主要体现在以下两方面：①从非必需品到必需品；②从日常消费品到稀缺资源。

从疫情发生以来，口罩已经不仅仅是日常生病后的消费品，而且成了一种稀缺资源、一种硬通货，全国口罩处于紧缺状态。口罩的稀缺性，使它成了朋友间的礼物、拉近关系的桥梁。

如图1-2所示，口罩在人们生活中的重要性显著增加，在短时间内从非必需品成为人人生活必需的产品，致使需求价格弹性减小，需求曲线斜率变大，需求曲线从 D_0 变化为 D_1，口罩上升相同价格时，造成的需求变化（$Q_4 — Q_3$）<（$Q_1 — Q_0$），说明人们对口罩涨价的容忍度提高，即对口罩的价格敏感度降低，支付意愿增强。

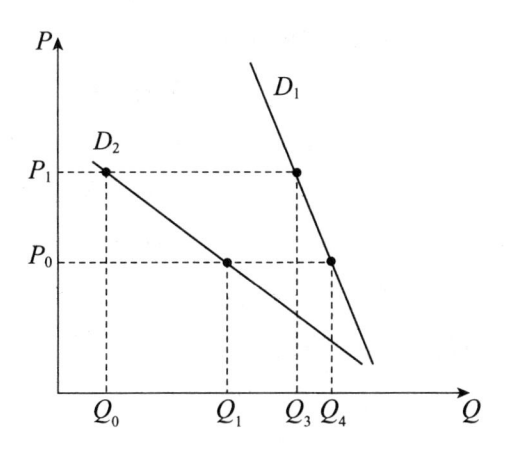

图1-2 需求价格弹性变化

（3）结合案例及现实生活，分析医疗物资市场价格管制带来的影响。

理论知识点：限制价格对市场均衡的影响。

引导学生依据限制价格的理论知识，探析医疗物资价格管制的影响。

参考答案：

为论述方便，本题暂不考虑需求价格弹性的影响，仅讨论供求关系的变动对市场均衡的影响。分析最高价格的限制产生的影响如下。

疫情初期，如图1-3所示，需求量上涨导致需求曲线从 D_0 向右平移至 D_1，均衡数量从 Q_0 增加至 Q_1，均衡价格由 P_0 增长至 P_1，但由于政府价格限制的存在，价格强行被限制在 P_0 水平上，则会导致市场需求数量与市场供给数量之间产生（Q_2-Q_0）的巨大缺口，即在 P_0 的价格水平下，市场愿意并且能够应对疫情需要而支付此价格的消费者的需求量为 Q_2，而此时厂商愿意并且能够供给的数量仅为 Q_0 的水平，这就意味着供给与需求无法达到经济学意义上的均衡状态，市场供给数量根本无法满足市场的需求数量，限价导致了严重的短缺现象。

在供给端，限价会严重打击供应商的积极性，不利于当期市场供应量的增加和后期生产厂家增产扩产；在需求端，意识到赚了便宜的消费者会早买多买。结果是恶化了市场的供需矛盾，加剧市场的短缺局面。同时，最高价格限制相当于实行冻结价格紧急措施，停止价格调节，破坏健康市场机制，刺激黑市交易，中长期负面社会影响不可低估。

基于此，当疫情来临时，对市场采取强制性的限价政策表面上看起来有利于通过稳定的市场价格水平造福消费者，确保收入水平较低的消费者不会因价格的提高而买不起，实际上这一政策的实施将导致供应不足，难以满足市场的需求，无法为社会提供疫情冲击下市场自发供求力量起作用时所能为消费者供给的数量，即限价行为将造成市场中消费者最终能够获得的数量 Q_0 比市场自动运行下的最终获取量 Q_1 少。

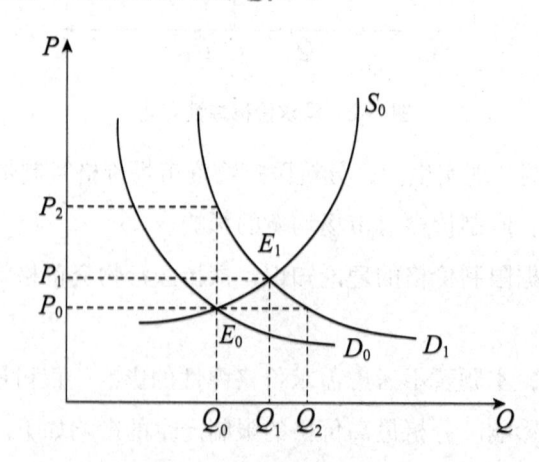

图 1-3　疫情初期供求变化图

考虑到限价的弊端，政府不可以长时间保持限价政策，而是需要在合适的时间点解除或逐步放松限价政策，即适度限价。

（四）教学组织实施

教学组织安排如下表所示。

学习阶段	学习内容	时间限制	学习目标
课前	要求学生分组，并预习课本知识，查阅相关资料，了解中国疫情医疗物资供给需求。	提前一周	熟悉案例背景。
课中	讲授知识点，引入案例。	10分钟	掌握基本理论知识。
	各组用PPT展示防疫攻坚战发展现状，分组讨论。	15分钟	进一步熟悉案例背景。
	随机抽取3个小组进行发言。	15分钟	结合理论分析问题，小组案例分析报告作为一次平时成绩。
	进行归纳总结，注意思政元素与医疗物资供求的结合。引导学生学会运用微观经济学的理论知识解决现实问题。	10分钟	归纳用到的关键理论，并对各组表现做一个简单点评。
课后	请学生继续关注疫情经济发展情况		增强记忆，巩固知识

（五）总结

新冠肺炎疫情使得全国范围内出现了医护防疫物资的短缺。针对疫情反映出的医用物资储备不足情况，国家应设立专门机构在全国范围内建立起统筹兼顾的协调应急保障医疗物资动态储备体系。由国家与地方政府统一采购和各级医疗机构分购相结合，将医疗物资储备到医院、防疫等机构。同时，建立国内医疗物资的生产线协调机制，保障物资的有效供应。在此基础上也要加强在全球层面的医疗物资采购，借助世界其他各国的生产能力和技术来为我国的物资供应服务。

坚信在党中央的坚强领导下，在全国人民上下一心、精诚团结下，只要继续坚持依法科学防控，认真落实各项政策，一定能最终打赢这次疫情攻坚战并由此建立起更加完善和有效的国家医疗防护体系，更好地保障广大人民群众的生命健康安全。

参考文献

[1] 史梦娟. 新冠肺炎疫情下口罩市场的供需变动分析[J]. 经济研究导刊, 2022（16）: 28-30, 51.

[2] 王刚, 唐永文. 打造共建共治共享的社会治理格局: 理论逻辑、现实困境及建构维度[J]. 新东方, 2020（5）: 43-49.

[3] 肖智星. 新冠肺炎疫情暴发期口罩价格管制研究[J]. 现代商业, 2020（30）: 133-135.

弹性理论与中国粮食安全

一、案例正文

案例1：中国粮食安全成就巨大但仍有进步空间

2019年10月14日，国务院新闻办公室发表《中国的粮食安全》白皮书，这是继1996年后，中国政府发表的第二部《中国的粮食安全》白皮书。白皮书指出，党的十八大以来，以习近平同志为核心的党中央把粮食安全作为治国理政的头等大事，提出了"确保谷物基本自给、口粮绝对安全"的新粮食安全观，确立了以我为主、立足国内、确保产能、适度进口、科技支撑的国家粮食安全战略，走出了一条中国特色粮食安全之路。发布的数据显示，从2010年起，中国粮食总产量先后跨过5.5亿吨、6亿吨、6.5亿吨三大台阶，2015年开始连续4年稳定在6.5亿吨以上水平。截至2019年，中国人均粮食占有量达到470公斤左右，高于人均400公斤的国际粮食安全标准线；小麦、水稻自给率超过100%，玉米自给率达到95%以上，实现了谷物基本自给，能确保口粮绝对安全。

作为全球最大的发展中国家，中国积极参与全球粮农治理，推动农业国际合作，分享中国农业农村发展的经验和实践。联合国《2019年全球粮食危机报告》显示，2018年全球仍有53个国家的大约1.13亿人处于重度饥饿状态。报告认为，来自中国的农业援助和技术支持，正在助力非洲等贫困地区饥饿问题的缓解。联合国粮农组织前任总干事迪乌夫和达席尔瓦表示，中国为世界解决了五分之一人口的吃饭问题，是对世界粮食安全的最大贡献。柬埔寨官员埃塔说，中国成功保障自身粮食安全的做法，值得其他国家学习。联合国粮食峰会特使卡里巴塔评论道："中国很好地管理好了自己的粮食库存，不仅保障了中国人民的粮食供给，也为世界人民的粮食安全作出了贡献。"中国政府2021年9月公布的数据显示，在作物生产、畜牧业水产养殖、农田水利、农产品加工等领域，中国向多个国家进行1500多项技术推广和示范，带动项目区平均增产40%～70%，超过150万户小农从中受益。

与此同时，我国粮食供求中长期基本态势仍将是紧平衡，保障国家粮食安全任务依然艰巨。粮食经济研究中心原主任丁声俊认为，目前我国谷物基本自给、口粮绝对安全是有保障的，但也必须清醒地看到不安全因素。例如，我国人口众多，总体上人均收入水平还较低；我国农业资源总量大，但人均资源量少，而且禀赋较差，尤其是淡水、耕地资源约束性还将会加重；国际市场粮食贸易量有限；过多进口粮食必定会打压国内粮食市场，冲击本国粮食生产和农民就业。一位来自浙江的人大代表也表示，当前全国各地牢牢守住18亿亩红线指标，保障了耕地安全，但从调研情况来看，在粮食安全方面还存在种粮效益不高，农民种粮积极性下降；部分地区粮食自给率较低，抗风险能力有待加强；粮食产需缺口较大，对外购粮食依赖性强；散户缺乏规模种粮补贴，种粮连续性难以保障等问题。

案例2：确保粮食安全是乡村振兴的首要任务

2017年10月18日，习近平总书记在十九大报告中提出，实施乡村振兴战略。农业农村农民问题是关系国计民生的根本性问题，必须始终把解决好"三农"问题作为全党工作重中之重。2021年2月21日，《中共中央、国务院关于全面推进乡村振兴加快农业农村现代化的意见》发布，这是21世纪以来第18个指导"三农"工作的中央一号文件。文件指出，民族要复兴，乡村必振兴。专家、学者也普遍认为实施乡村振兴战略，对于解决新时代我国社会主要矛盾和实现"两个一百年"奋斗目标具有重要意义。北京大学中国农业政策研究中心主任黄季焜表示，农业在任何时候都是经济社会发展的基石，具有"压舱石"作用，对稳定低收入人群的生计有重要作用。中国人民大学农业与农村发展学院院长唐忠表示，与发达国家相比我国农村人口占比依然较高，城乡二元结构依然突出，新发展阶段要解决好城乡公共服务均等化等问题，才能在2035年基本实现社会主义现代化。

国无农不稳，民无粮不安，粮食产业是乡村振兴的基础，粮食安全是国家安全的重要基础。习近平总书记在2020年中央农村工作会议上指出，脱贫攻坚取得胜利后，要全面推进乡村振兴，这是"三农"工作重心的历史性转移；并强调，要牢牢把住粮食安全主动权，粮食生产年年要抓紧。《光明日报》刊文称，确保国家粮食安全，把中国人的饭碗牢牢端在自己手中，特别是在新冠肺炎疫情引发的国际粮食市场存在不确定性形势下，确保粮食及重要农产品有效供给，是乡村振兴的题中应有之义。2020年，面对新冠肺炎疫情和不利天气影响，中国粮食产量创历史最高水平，达到13 390亿斤。2021年全国粮食产量再创新高，达到13 657亿斤，比上年增加267亿斤，增长2.0%，已连续7年保持在1.3万亿斤以上。我国农业农村的稳定发展为应对风险挑战起到了重要作用。

乡村振兴重在产业振兴，尤其是农业的产业安全。根据粮食供求形势的变化，自2020年以来，中央一号文件持续释放信号，要重视和保障粮食生产。"十四五"时期，我国开启全面建设社会主义现代化国家新征程，我国"三农"工作进入全面推进乡村振兴、加快农业农村现代化的新发展阶段，对保障国家粮食安全提出了更高要求。2020年12月中央经济工作会议明确指出，保障粮食安全，关键在于落实藏粮于地、藏粮于技战略。要加强高标准农田建设，推进育种创新。通过提高粮食价格或增加农业补贴方式，实现农民收益增加，从而调动农民产粮、售粮的积极性，确保国家粮食储备的稳步增长。国务院发展研究中心农村经济研究部部长、研究院叶兴庆也发文称，筑牢国家粮食安全防线，要做到加强耕地保护和质量建设、促进粮食生产科技创新和成果转化、推进粮食生产经营方式创新、调整完善粮食生产支持保护制度。

案例3：加强粮食产能建设确保国家粮食安全

我国是一个有着10多亿人口的发展中大国，粮食问题始终是国计民生中的头等大事。2004年至2015年，我国粮食连续11年增产，综合生产能力迈上6亿吨新台阶，为维护改革开放、经济发展大局作出了巨大贡献。但在消费带动和国内外粮价倒挂的影响下，我国出现了粮食增产、库存增加、进口同时增多的新情况，同时又面临着农产品价格"天花板"封顶、生产成本"地板"抬升、资源环境"硬约束"加剧等新挑战，粮食生产发展空间受到多重挤压。未来我国粮食生产是否能够继续保持稳定增长的势头，直接关系到国家现代化能否稳步进行。2015年7月30日，国务院办公厅印发的《关于加快转变农业发展方式的意见》明确提出，要坚持把增强粮食生产能力作为首要前提，坚守耕地红线，做到面积不减少、质量不下降、用途不改变，稳定提升粮食产能，确保饭碗任何时候都牢牢端在自己手中，夯实转变农业发展方式的基础，并把增强粮食生产能力，提高粮食安全保障水平作为转变农业发展方式的首要任务。这需要从我国粮食需求和供给两个方面加以认识。

从粮食需求看，按其用途可分为口粮用粮、饲料用粮、工业用粮及种子用粮；按其品种属性可分为谷物、豆类和薯类。从粮食供给看，我国粮食连续多年保持增产态势实属不易。我国只能也必须长期坚持主要依靠国内生产为主、适当进行国际市场调剂为辅的指导方针。在保持粮食适度进口的同时，到2020年国内人均粮食消费量维持在500公斤以上，粮食总产需增至6.41亿吨以上，粮食自给率在90%以上，才能满足需求，并且还要维持巨大的国储粮规模。这就是新时期国家粮食安全战略"以我为主、立足国内、确保产能、适度进口、科技支撑"的应有之义。值得警醒的是，我国粮食连年增产的同时也累积了要素过量投入、环境恶化等诸多问题，社会上放松粮食生产的议论及做法也多了起来。如有人认为，当前国际农产品供需相对宽松，应减少国内粮食生产，鼓励粮食等农产品大量进口，这种认识片面有害。实际上，在联合国粮农组织（FAO）食物分类中，谷物仅是稻谷、小麦、玉米及高粱等，这些都是人们的基本食物来源，而大豆是油料作物，并不在食粮分类中。我国大量进口大豆，未引起缺粮国的紧张，其主要原因在此。目前全球还有8亿多饥饿人口缺乏食物，谷物及玉米国际贸易量各为2.7亿吨、1亿吨左右，仅为我国谷物、玉米总产的49%、47%，国际市场可供给我国的粮食贸易增量有限，我国拥有世界上最大的人口食物需求，粮食进口量的些微变化就可能引发国际粮价波动。今后我国农村仍有数亿人口，发展粮食生产依然是解决农村就业、增加农民收入的重要渠道。

二、案例的思政元素

1. 保障粮食安全是全面推进乡村振兴的首要任务

习近平总书记在党的二十大报告中指出："全方位夯实粮食安全根基，全面落实粮食安全党政同责，牢牢守住十八亿亩耕地红线，逐步把永久基本农田全部建成高标准农田，深入实施种业振兴行动，强化农业科技和装备支撑，健全种粮农民收益保障机制和主产区利益补偿机制，确保中国人的饭碗牢牢端在自己手中。"

党的十八大以来，以习近平同志为核心的党中央始终把解决粮食安全问题作为治国理政的头等大事，重农抓粮一系列政策举措有力有效，我国粮食产量站稳1.3万亿斤台阶，实现谷物基本自给、口粮绝对安全。我们把饭碗牢牢端在自己手中，为保障经济社会发展提供了坚实支撑，为应对各种风险挑战赢得了主动。

迈上新征程，广大干部群众表示，要始终绷紧粮食安全这根弦，把党的二十大提出的目标任务落到实处，踔厉奋发、勇毅前行，稳产量、提产能、强机制、增效益，全方位夯实粮食安全根基，把饭碗牢牢端在自己手中，为全面建设社会主义现代化国家提供更加坚实的保障。

2. 将全面深化改革进行到底，实现中华民族的伟大复兴

改革是实现中华民族伟大复兴的关键一招，党的十八大至十九大之间的五年，是全面深化改革夯实垒台、积厚成势、攻克艰难、砥砺奋进的五年，是改革集中推进、全面深入、成果显著、积累经验的五年，以习近平同志为核心的党中央以前所未有的决心和力度推进全面深化改革，做出一系列重大战略部署，先后出台重点改革文件360多个，推出改革措施1500多项。人民有所呼，改革有所应。一个国家一个民族要振兴，就必须在历史前进的逻辑中前进、在时代发展的潮流中发展。

改革开放以来，我国广大农民为推进工业化、城镇化作出了巨大贡献。

农业发展和农村建设也取得了显著成就，为我国改革开放和社会主义现代化建设打下了坚实基础。我国拥有14亿人口，不管工业化、城镇化进展到哪一步，城乡将长期共生并存。40多年前，我们通过农村改革拉开了改革开放大幕。40多年后的今天，我们应该通过振兴乡村，开启城乡融合发展和现代化建设新局面。实施乡村振兴战略，是实现中华民族伟大复兴的重要内容。2020年，我国已经全面建成小康社会，即实现了第一个奋斗目标，为全面建成社会主义现代化强国奠定了坚实基础，实现了中华民族伟大复兴的关键一步。

中国实行改革开放的目的，是解放和发展生产力，使全体人民共同富裕。这是中国特色社会主义经济理论的精髓。改革开放是双目标，不是单目标，不是只限于解放和发展生产力，还要实现共同富裕，让人人共享改革发展的成果。我们目前的政策重点是要推动共同富裕，解决发展问题是第一位，分配问题也很重要，需要实现高质量发展，需要构建体现效率、促进公平的收入分配体系，需要企业"办好自己的事"。中国特色社会主义道路的特点就是要以人民为中心，发展为了人民，发展依靠人民。具体到我国国情，近年来虽然城镇化发展取得显著成就，但是农民仍然占到全部人口的一半左右，农村仍然是我国发展的最广阔空间。所以，解决好近一半人口的生活质量、满足其日益增长的美好生活需求，是实现以人民为中心发展的重要体现，也是中国特色社会主义制度的重要体现。实施乡村振兴战略，就是更好解决近一半人口的发展问题，其意义之重大不言而喻。

3. 推进国家治理能力和治理体系现代化

党的十九届四中全会将"坚持和完善中国特色社会主义制度、推进国家治理体系和治理能力现代化"作为中心议题，显示了党的工作重心和战略发展目标非常明确和坚定。推进乡村治理体系和治理能力现代化建设是实现乡村全面振兴、巩固党在农村执政基础、满足农民群众美好生活需要的必然要求，是推进国家治理体系和治理能力现代化的重要环节。目前我国乡村治理体系和治理能力虽取得一定成绩，但离现代化水平还有很大距离，所肩负的责任重大、面临的问题多，可谓任重道远。某种程度上说，乡村治理体系和治理能力现代化是关键，它直接关系到国家现代化的速度、幅度、力度和深度甚至成败。

习近平总书记高度重视"三农"工作，特别是党的十九大以来，对实施乡村振兴战略作出许多重要指示，科学回答了为什么要振兴乡村、怎样振兴乡村等一系列重大认识问题和实践问题。新时代乡村振兴战略是总书记基于长期担任地方领导的实践和担任党的领导核心以来的深刻洞察，以马克思主义城乡关系理论为指导，借鉴中国优秀传统农耕文明和国际经验教训而形成的，是对新中国70多年城乡发展的经验总结和理论思考，是新时代加快农村发展、改善农民生活、推动城乡融合发展的"总抓手"，具有丰富的理论内涵。

与国家治理体系和治理能力现代化相比，广大乡村还处于较低层次，面临的瓶颈问题较为突出，需要引起党和国家及各级政府的高度重视。不解决这一问题，不仅不能快速提升乡村治理体系和治理能力现代化，还会影响国家战略发展。乡村治理体系和治理能力现代化应成为国家的重中之重，也应成为国家探索创新的先行者。只有这样，国家治理体系和治理能力现代化才能走上宽阔道路。中国是一个农业大国，有着两千多年的封建专制传统，长期以来较为落后的状况使我们离现代化还有一定距离。这就成为乡村治理体系和治理能力现代化的巨大挑战，同时也是一个难得的机遇。因此，我们应从广大农民、农村、农业着眼，快速提高治理体系和治理能力现代化水平，在观念、制度、实践和方式上同时发力、齐头并进，力求短期内产生实效。

三、案例的使用说明

（一）教学目标

本案例适用于中级微观经济学或微观经济学中弹性理论的微观经济学知识点教学。

1. 知识目标

理解概念：一般均衡、弹性、需求供给。

掌握理论：一般均衡和价格波动、弹性的影响、有效供给理论。

2. 能力目标

系统思维能力：教师通过对理论的讲解，帮助学生系统地了解惠农政策、乡村振兴对粮食安全的影响，形成全面、系统、联系地分析问题、解决问题的思维能力。

判断实践能力：根据案例材料，设置由浅入深、由知识到能力的问题，通过解答问题帮助学生搭建一座"理论到实践、实践到理论"的思维桥梁，使学生能就弹性、粮食安全等方面的问题搜集信息与资料，善用适当的理论知识，提出合理的解决方案。

3. 素质目标

形成专业意识：理解惠农政策与乡村振兴对粮食安全的影响，养成关注经济热点、惠农政策、粮食安全的学习习惯。

提高职业素养：通过案例，引入实现伟大复兴、现代化和其他重要思政元素，拓宽学生视野，让学生理解国家、区域经济和社会合作的重要性，增强学生社会责任感，形成正确的区域发展理念。

（二）教学过程

1. 课前准备

（1）学生需要预习中级微观经济学中弹性与粮食安全的相关知识，对一般均衡、弹性、需求供给等有完整的认识。

（2）授课教师可事先了解班级学生对需求供给、粮食安全和一般均衡的认识。分小组、分小专题针对我国惠农政策、乡村振兴、有效供给等内容进行总结汇报，使全班同学对我国的粮食安全问题有较系统、全面的认识，激发学生对粮食安全、乡村振兴、乡村现代化等相关问题的关注热情和学习兴趣。

2. 讲授理论知识

（1）需求供给。

（2）一般均衡和价格波动。

（3）弹性与收益。

（4）税收和补贴。

（5）有效供给。

3. 引入思政案例

从一般均衡和价格波动引入思政案例1，分析案例。

从弹性与收益、税收和补贴以及有效供给引入思政案例2，分析案例。

从需求供给引入思政案例3，分析案例。

（三）案例分析要点

1. 启发思考题

（1）结合案例，从需求供给角度分析我国粮食安全方面面临的新问题。

（2）结合案例，从弹性方面分析惠农政策实施效果及问题。

（3）结合案例，分析税收和补贴等政策为乡村振兴战略提供的启示借鉴。

2. 分析思路

（1）结合案例，从需求供给角度分析我国粮食安全方面面临的新问题。

理论知识点：需求供给的一般均衡和价格波动。

引导学生从国内粮食的需求供给和进出口以及全球粮食市场等层面，对粮食安全面临的问题展开研究。

参考答案：

首先，"非必需"的大量进口破坏了国内粮食平衡。"非必需"进口量的增加，会对国内粮食市场产生明显的影响，冲击了原有的粮食供需平衡体系。一方面，"非必需"进口的激增增加了库存压力，也影响了国内粮食自给率。另一方面，大量的"非必需"进口冲击了国内粮价，进口粮食价格的"天花板"效应比较明显，不仅导致了农民卖粮难，而且也加大了政府收储压力并加重了公共财政负担。另外，从长远角度考虑，主粮市场被大量的低价进口同类产品挤占甚至是替代，对国内粮食生产产生了明显的负面效应，要求国内粮食生产支持及补贴政策必须做出适当改革。

其次,国际粮食市场的复杂性加剧了外部粮源的输入性风险。一方面,全球粮食生产及出口依然是由发达国家所主导,地缘政治、意识形态等非市场因素对国际粮食市场及全球粮食贸易秩序的影响越来越大,给中国粮食安全保障体系带来了较大的不确定性。另一方面,除了气候变化引发的自然灾害、人口增长带来的粮食需求格局之变等常规影响因素之外,原油价格波动、生物质能源的发展、金融资本的操控等因素对全球粮食市场供给及价格的影响也在不断加大,加剧了国际粮食市场的价格波动,这同样给中国粮食安全保障体系带来了一定的压力。

(2)结合案例,从弹性方面分析惠农政策实施效果及问题。

理论知识点:弹性与收益。

引导学生结合弹性理论和惠农政策对政策实施效果进行分析。

参考答案:

中国有句古话叫"谷贱伤农",意思是粮食丰收了农民收入反而减少了。这一问题由经济学中需求价格弹性理论来解释即为:需求价格弹性是价格的变动会引起需求量的变动,但不同商品需求量的变动对价格变动的反应程度是不同的。以农产品为典型的生活必需品,缺乏需求价格弹性,当商品价格下降时,需求量的增加幅度小于价格下降的幅度,故而农民收入会减少,如图1-4所示。

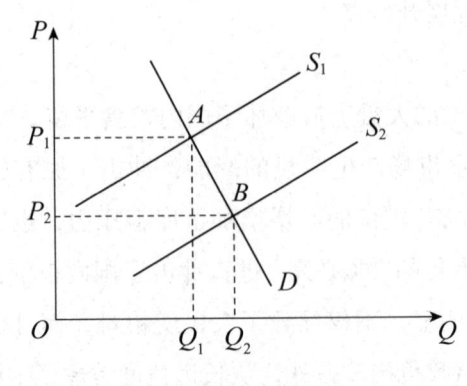

图1-4 "谷贱伤农"原理

图1-4中农产品的需求曲线 D 是缺乏弹性的。农产品的丰收使供给曲线 S_1 的位置向右平移至 S_2 的位置,农产品的均衡价格大幅度地由 P_1 下降为 P_2。由于农产品均衡价格的下降幅度大于农产品的均衡数量的增加幅度,最后致使农民总收入大量减少。总收入的减少量相当于图中矩形 OP_1AQ_1 和 OP_2BQ_2 的面积之差。由以上分析可见,"谷贱伤农"的产生是建立在两个基本假设基础上的:一个是农产品的需求弹性系数是小于1的,即 $|Ed|<1$,另一个是农产品需求曲线位置不变。

在惠农政策总体满意程度较高的情况下,农民对惠农政策的评价呈现出分化的特点,即对不同惠农政策的评价是有差异的,对取消农业税满意度较高,对农村最低生活保障、农机具购置补贴满意度低。总的来说,惠农政策的实施效果仍需进一步提升。

(3)结合案例,分析税收和补贴等政策为乡村振兴战略提供的启示借鉴。

理论知识点:税收和补贴。

引导学生从农民主体、基层政府、中央等层面展开分析。

参考答案:

首先,乡村振兴战略作为国家施加于农村及农民的"外力",要充分地发挥作用,必须契合农民真实需求,即实施的动力在农民,主体在农民。农民的需求是乡村振兴战略的根本动力和基础,乡村振兴战略之所以能够提出来,其推动力在于农民的社会需求。因此,在乡村振兴战略下,无论是"产业兴旺""生态宜居",还是"乡风文明""治理有效""生活富裕",各个具体目标的实现,都需要国家出台符合农民需求的相关政策和措施。

其次,乡村振兴战略的最终实施效果,更多地取决于基层政府对该战略的落实效果,在国家提出乡村振兴战略后,基层政府需要积极落实。为此,既要基层政府切实转变职能和作风,实现基层政府的转型,也需要中央政府加强监管,建立起相应的监督和考核机制,统筹协调好各方主体力量,形成政策合力,使乡村振兴战略在实施过程中能够汇聚力量、回馈主体诉求、满足主体发展。

最后,在实施乡村振兴战略时,要适应农民需求变化,强化政策供给,使政策覆盖范围不断扩大,支持力度不断加强,由促进农业生产转向促进农业、农村、农民全面发展。今后我国乡村振兴战略中的农村政策必须要在适应农民需求变化的基础上进行调整,由注重"物"到"物"与"人"并重,以提升政策供给的有效性,促进乡村振兴战略的落实。

(四)教学组织实施

教学组织安排如下表所示。

学习阶段	学习内容	时间限制	学习目标
课前	要求学生分组,并预习课本知识,查阅相关资料,了解中国粮食安全问题状况。	提前一周	熟悉案例背景。
课中	讲授知识点,引入案例。	10分钟	掌握基本理论知识。
	各组用PPT展示惠农政策与乡村振兴发展现状,分组讨论。	15分钟	进一步熟悉案例背景。
	随机抽取3个小组进行发言。	15分钟	结合理论分析问题,小组案例分析报告作为一次平时成绩。
	进行归纳总结,注意思政元素与粮食安全的结合。引导学生学会运用宏观经济学的理论知识解决现实问题。	10分钟	归纳用到的关键理论,并对各组表现做一个简单点评。
课后	请学生继续关注粮食安全情况。		增进记忆,巩固知识。

(五)总结

随着2020年我国全面建成小康社会,我国的国民经济显著提升,人们的可支配收入也随之增加,人民的生活明显得到改善,但也存在部分问题,我国的粮食等部分农产品仍在向国外大量进口,城乡经济差距巨大。因此,乡村振兴得到国家的重视。乡村振兴需要发挥农村的比较优势,即大力帮扶农产品产量的提升,而由于谷贱伤农等现象的存在,农民的人数却在逐渐减少,所以本案例运用微观经济学中需求供给的一般均衡和价格波动、弹性与收益、税收和补贴、有效供给等知识点分析其微观政策效力。结果证明,中国重视粮食安全,推进乡村振兴的种种决策的确可以保障农民收入、提升农民种植积极性，从而促进我国农产品的产量提高，解决了粮食问题，保证民生，从而推进国家治理能力和治理体系现代化，实现中华民族的伟大复兴。

参考文献

[1] 全方位夯实粮食安全根基[N].经济日报，2022-10-20（9）.

[2] 全方位夯实粮食安全根基（全面推进乡村振兴）[N].人民日报，2022-11-09（1）.

[3] 胡祖才.以深化改革开放增强发展动力活力[N].人民日报，2021-01-05（9）.

[4] 解决好吃饭问题始终是治国理政的头等大事[N].人民日报，2019-10-16（4）.

帕累托最优与供给侧改革

一、案例正文

案例1：供给侧管理的理论渊源

供给侧管理来源于新古典经济学理论，主要代表是"萨伊定律"，即认为供给本身会创造需求，但随后"大萧条"的到来使得"萨伊定律"被全面否定。供给管理的理论基础是经济增长理论中的生产函数：$Y=F(A,K,L)$，理论核心为通过提高全要素生产率 A 促进经济增长，其主要政策是通过减税和控制货币供应量来创造需求，进而促进经济发展。但我国的供给侧改革与"里根经济学"的政策主张并不一致，我国的供给侧改革旨在调整经济结构，使供给与需求相匹配。因此，传统"供给侧"学派的理论并不能很好地解释我国的供给侧改革。

亚当·斯密《富国论》理论体系也是从分析分工为逻辑起点，认为劳动是国民财富的源泉，他就是从供给方来研究经济增长的源泉。当今经济学的供给学派所强调的"劳动分工会促进劳动生产率的提高"是直接来源于古典经济学派的观点。近代法国经济学家萨伊则是把古典经济学家提出的供给理论推到顶峰，指出供给决定需求，供给创造需求，供给是第一位，需求是第二位的。这些观点被学者称为"萨伊定律"。萨伊虽然继承古典经济学注重供给的经济理念，但他是用来论证只要对生产不加干涉，就不会出现普遍的生产过剩。实质是强调市场机制是灵敏有效的，能够自动实现总需求与总供给在充分就业水平上的平衡，不可能出现生产过剩的经济危机。可见萨伊定律并不是在强调结构性改革。党中央强调供给侧结构性改革是从问题导向出发，着眼我国经济下行趋势还没有结束，难点在投资。我国固定资产投资增速持续下滑，出口仍在负增长，消费还算平稳，这表明，继续单纯通过"三驾马车"的需求侧管理刺激经济,空间不大又有限,必须调整经济发展的理念与思路,把目光放在供给与生产端,通过解放生产力、调整结构,解决供给水平弱化的主要矛盾,建立供需相匹配的新经济结构,打造中国经济的调整升级版,目的是提高供给体系质量和效率,增强经济持续增长动力,推动我国社会生产力水平实现整体跃升。由此可见我们强调供给侧结构性改革与萨伊定律没有理论来源关系,是党中央和习近平总书记立足我国经济社会发展现实问题,立足解决实际问题的理论回应和实践创新。

案例2:在竞争中才能成就百年老店

(1)京东方,很多人对这个品牌并不熟悉,而它生产的各种尺寸、各种载体的液晶屏产品,却几乎已经成为延伸的人体"器官",时刻离不开。近年来,这家企业的产品在世界市场占据多项第一,更值得一提的是,它还成为两家入围美国专利授权量全球前50名的中国大陆企业之一,另一家是华为。

"没有疲软的市场,只有疲软的产品。"解剖这样的案例,分析它跌宕的成长历程,就是要告诉人们:只有瞄准市场需求,瞄准科技前沿,不畏艰险,努力攻克核心技术,才能真正走出一条提高供给质量、促进社会生产力水平、实现整体跃升的路子。

放眼世界,一个国家发展从根本上要靠供给侧推动。正如京东方前董事长王东升分析预测的四次工业革命历程那样,从蒸汽机到电力,从信息技术尤其是互联网技术再到人工智能加基因技术,一次次科技和产业革命,带来一次次生产力提升,创造着难以想象的供给能力。

当然,难以想象的供给能力背后,是难以想象的艰辛和付出。

事非经过不知难。"在国际竞争中,你要赢得别人尊敬,自己首先要强大。只有你比他强,人家才能对你好。"在谈到国际合作中的教训时,年近六旬的京东方前董事长王东升竟有些哽咽。他的哽咽,蕴含着多少个日日夜夜的奋斗和拼搏;他的哽咽,更折射出一个真理:当今时代,社会化大生产的突出特点,就是供给侧一旦实现了成功的颠覆式创新,市场就会以波澜壮阔的交易生成进行回应。

科技创新是第一动力，不仅会带来科技本身的飞跃，更会为经济发展注入强劲动力。正因如此，才要牢固树立创新发展理念，推动新技术、新产业、新业态蓬勃发展，为经济持续发展提供源源不断的内生动力；要培育一批敢于创新、勇于冒险的创新型企业家；无论是企业家还是科研人员，都要加强学习，掌握世界科技发展大势，敢于挑战国际科技前沿。

（2）2017年上半年，北京京东方在智能手机液晶显示屏、平板电脑显示屏、笔记本电脑显示屏出货量上均位列全球第一。从20世纪90年代末带领企业一头扎进资金投入高、回报周期长、技术难度大的液晶显示产业，到今天打造物联网时代"智慧端口（Intelligent Interface）"的多元化跨界转型，王东升始终像一位孤独的探索者，思索着产业与时代变革的过去和未来，引领京东方从20多年前一家改制求生的国营老厂，成长为今天全球半导体显示产业巨头，完成了从"悲剧"到"神话"的飞升。

这究竟是一家怎样的企业？它是怎样走出一条供给侧改革之路的？

这是一位怎样的企业掌门人？为什么有人说王东升是"寡人"？他手上为什么会有一道疤？

带着一系列问题，记者和京东方科技集团董事长王东升面对面，倾听他讲述京东方崛起之秘，展望未来图景。

①"创新企业发展的好时候来了。"

记者：2016年1月，习近平总书记到重庆京东方光电科技有限公司考察，对你们以多项自主创新形成比较明显的技术优势和品牌效应给予充分肯定，提出"创新作为企业发展和市场制胜的关键，核心技术不是别人赐予的，不能只是跟着别人走，而必须自强奋斗、敢于突破"，后来又称你们为"供给侧改革的成功案例"，您怎么看总书记的认可？

王东升：那天总书记到我们重庆公司视察，现在回想起来我还非常激动！总书记的鼓励和认可，既是对我们多年来坚持自主创新的肯定，更是对我们进一步赶超世界的鞭策。创新引领发展，是根植于京东方企业文化中的基因，我们要做就要做最好，要在全球竞争中获胜，成为受人尊敬的伟大企业。我们会为此坚持不懈地奋斗。总书记的鼓励不仅是对我们，也是对所有中国企业同仁坚持自主创新的期许。创新企业发展的好时候来了！

②"真正好的产品是不可能卖不出去的。"

记者：您如何理解供给侧改革？

王东升：通过技术、产品和应用创新，提供更高层次新供给，拓展更高层次新需求，这是我理解的供给侧改革。我们多年来坚持一个观点：没有疲软的市场，只有疲软的产品。市场疲软从根本上来说，是因为你提供的产品是"疲软的"、缺乏竞争力的，真正好的产品是不可能卖不出去的。

③供给侧改革：促进中国产业界在全球更好赶超。

记者：您认为供给侧改革将给中国产业发展带来怎样的变化？

王东升：京东方在半导体显示领域已形成了全球领先的基础，并且通过跨界创新，我们在若干物联网细分市场和健康医疗领域也有了相当的技术积累，随着供给侧改革的推进，国家新理念、新政策的深化落实，我们在全球的竞争优势将发挥出来。我国有市场需求和工程技术人才的规模优势，众多产品内需市场已经是全球第一。同时，我们拥有大量工程技术人才。

京东方每年从大学招收工程技术类毕业生约5千人，大部分是硕博士，这在其他国家很难做到。还有，国家产业发展规划和政策越来越具有针对性和引领性，这种产业规划和政策的供给，也是我国特有优势。比如说，"中国制造2025"，这里面有很多有内涵的东西，可以创造出很多新需求。总之，供给侧改革将促进中国产业界运用自身优势在全球竞争中更好实现赶超。

（3）推进供给侧结构性改革，是当前和今后一个时期经济发展和经济工作的主线。

过去几年，有一家高科技企业——生产薄膜晶体管液晶显示器的京东方，被习近平总书记称赞为"供给侧改革的成功案例"。

这是一家怎样的企业？从"一无所有"到"供给全球"，从最初的亏损多年到近年的快速发展，"京东方奇迹"给人以怎样的启示？党的十九大召开前夕，新华社记者走进总部位于北京亦庄的京东方集团，探寻中国大陆液晶面板产业蕴含的供给侧改革"密码"。

"创新作为企业发展和市场制胜的关键,核心技术不是别人赐予的,不能只是跟着别人走,而必须自强奋斗、敢于突破。"2016年1月6日,习近平总书记来到重庆京东方光电科技有限公司考察,对这家企业以多项自主创新形成比较明显的技术优势和品牌效应给予充分肯定。

12天后即2016年1月18日,习近平总书记在省部级主要领导干部学习贯彻党的十八届五中全会精神专题研讨班上指出:"元旦过后,我到重庆看了一家公司,他们生产的薄膜晶体管液晶显示器就是供给侧改革的成功案例。"

二、案例的思政元素

1. 有效增长与告别速度情结

改革开放以来,经济持续高速增长,使我们充满自豪感和成就感,也使我们形成了惯性思维和速度情结。现在增长速度下降,往往使人从情感上接受不了,有的还认为现有的就业和分配格局是在高增长的背景下形成的,已经形成了速度刚性。由此有人主张继续扩大总需求,使增长速度继续维持在较高水平。这种观点具有一定的代表性,但是忽略了马克思主义政治经济学的一个基本原理。马克思认为,商品包括使用价值和价值,个别劳动创造商品的使用价值,社会必要劳动时间决定商品的价值,商品的价值要通过交换通过价格才能实现。如果生产的商品卖不出去,虽然耗费的活劳动和物化劳动也反映了经济的增长,但凝结在卖不出去的商品上的劳动就是无效劳动。因此,经济增长应该是有效的增长,无效的增长毫无意义,甚至有害。由此可见,中央横下一条心进行供给侧结构性改革,而不是单纯地刺激总需求,符合马克思主义政治经济学的基本原理。

2. 全要素思维与理性发展

习近平总书记在阐述供给侧结构性改革时,把落脚点放在"提高全要素生产率"上。总书记强调的"全要素生产率",具有政治经济学的学理性。

可以从几个方面加以理解：一是投入的所有要素的价值总量与产出的价值总量之比；二是强调全社会及整体的要素之和的生产效率；三是全要素运用的可持续效率；四是在要素构成中体现"全"，至少包括劳动、生产资料、资金资源等要素，还包括技术、组织管理、专业化水平、生产或商业模式等要素；五是各要素的合理结构和有效配置。

3. 科技创新与赶上时代

习近平总书记多次从历史的纵深谈到技术革命的极端重要性，并且从我国的历史经验教训出发，强调要抓住机遇、推进科技创新，赶上和引领时代。在肯定我国的一些企业推进供给侧结构性改革成功经验时，也列举了手机和显示器等自主创新的案例。他还强调指出："当今时代，社会化大生产的突出特点，就是供给侧一旦实现了成功的颠覆性创新，市场就会以波澜壮阔的交易生成进行回应。"这体现了我们党对社会化大生产规律的认识达到了新高度。我们党是先进生产力的代表，科技是第一生产力，这些都是中国特色社会主义政治经济学的重要思想资源。

4. 深化供给侧结构性改革

"供给侧"是指经济运行的主要矛盾在供给侧。近些年来，随着我国宏观经济运行中供求矛盾发生变化，主要矛盾在供给侧，宏观经济管理需要从注重需求管理转变为注重供给管理。

"结构性"是指供给侧的矛盾主要是"结构"而非"总量"。习近平总书记指出："我国经济运行面临的突出矛盾和问题，虽然有周期性、总量性因素，但根源是重大结构性失衡。"解决结构性失衡，必须从供给侧、结构性改革上想办法、定政策，用改革的办法推进结构调整，减少无效和低端供给，扩大有效和中高端供给，增强供给结构对需求变化的适应性和灵活性。为此，习近平总书记指出："'结构性'三个字十分重要，简称'供给侧改革'也可以，但不能忘了'结构性'三个字。"

"改革"是指解决供给侧结构性矛盾的途径是深化改革。经济运行之所以出现供给侧和结构性问题，根本原因是存在体制机制障碍，市场在配置资源中的决定性作用发挥不充分，政府干预过多。解决这些问题，必须依靠改革创新。一方面要发挥市场在资源配置中的决定性作用，积极稳妥从广度和深度上推进市场化改革，大幅度减少政府对资源的直接配置，让市场在所有能够发挥作用的领域都充分发挥作用，推动资源配置实现效益最大化和效率最优化；另一方面市场在资源配置中起决定性作用，并不是全部作用。我国实行的是社会主义市场经济体制，仍然要坚持发挥我国社会主义制度的优越性、发挥党和政府的积极作用。要切实转变政府职能，明确界定政府和市场的边界，让政府在保持宏观经济稳定、加强和优化公共服务、保障公平竞争、加强市场监管、维护市场秩序、推动可持续发展、促进共同富裕、弥补市场失灵等方面发挥作用。必须深化行政体制改革、创新行政管理方式，优化政府发挥作用的方式，减少行政性命令，更多依靠市场手段和法律手段，在尊重市场规律的基础上，用改革激发市场活力，用政策引导市场预期，用规划明确投资方向，用法治规范市场行为。

三、案例的使用说明

（一）教学目标

本案例适用于中级微观经济学或微观经济学中一般均衡与帕累托最优的微观经济学知识点教学。

1. 知识目标

理解概念：供给曲线、需求曲线、均衡价格、帕累托效率。

掌握理论：市场均衡、比较静态分析。

2. 能力目标

系统思维能力：教师通过对理论的讲解，帮助学生系统地了解供给、需求、市场均衡以及比较静态分析方法，形成全面、系统、联系地分析问题、解决问题的思维能力。

判断实践能力：根据案例材料，设置由浅入深、由知识到能力的问题，通过解答问题帮助学生搭建一座"理论到实践、实践到理论"的思维桥梁，使学生能就供给和需求、帕累托效率等方面的问题搜集信息与资料，善用适当的理论知识，提出合理的解决方案。

3.素质目标

形成专业意识：理解需求和供给变动对市场均衡的影响以及如何追求帕累托效率，养成关注经济热点、自主思考、自主学习的习惯。

提高职业素养：通过案例，拓宽学生视野，让学生理解经济学应用于生活的重要性，增强学生社会责任感，形成正确的经济理念。

（二）教学过程

1.课前准备

（1）学生需要预习中级微观经济学中一般均衡与帕累托最优等相关知识，对需求与供给曲线、需求和供给的变动、市场均衡等知识点有较为系统完整的认知。

（2）授课老师在授课前可先了解本班学生对需求和供给曲线等重点知识的认识。可将学生分小组、分小专题针对需求和供给曲线发生变动对市场均衡的影响等内容进行总结汇报，使全班同学对供给和需求曲线及市场均衡有较系统和全面的认识。激发同学们对市场需求和供给、市场均衡等相关知识的关注热情与学习兴趣，形成全面、系统、独立地分析问题以及解决问题的思维能力。

2.讲授理论知识

（1）需求曲线。

（2）供给曲线。

（3）市场均衡。

（4）比较静态分析。

（5）帕累托效率。

3.引入思政案例

从供给曲线的变动引入案例1，分析案例。

从短期市场均衡引入案例2，分析案例。

（三）案例分析要点

1. 启发思考题

（1）试谈谈在供给侧结构性改革背景下，采取哪些经济政策来引导产业升级，刺激消费活力？

（2）我国供给侧结构性改革提出的"三去一补一降"是什么？并且谈谈应该如何做到"三去一补一降"？

（3）谈谈如何从供给端着手，激发消费潜力，提高消费增长？

（4）试从劳动者收入和商品种类的角度，解释劳动供给曲线弯曲。

2. 分析思路

（1）试谈谈在供给侧结构性改革背景下，采取哪些经济政策来引导产业升级，刺激消费活力？

理论知识点：供给管理政策与供给侧结构性改革。

参考答案：

①从消费入手

从消费着手，有效协同供给侧结构性改革与需求侧管理。随着我国经济发展，消费结构不断升级，产生了明显的时间差异性，这对供给侧提出了新的适配性要求。及时充分实现供需适配，意味着及时充分释放经济发展的潜力。针对最近一轮消费升级的新特点，使消费品支出结构更加多元化、注重消费品质量提升、服务消费增长势头强劲等，除了应从需求侧做好政策引导，即主要提升居民消费升级的意愿和能力，还应改善产品和产业结构以形成有效供给。

②从投资着手

一般来说，供给侧结构性改革通过提升供给对内需的适配性而推动经济发展。其中，优化投资结构是关键一环。这就需要在消费牵引下，通过优化投资结构使供需双侧形成良性互动；需要通过投资来优化供给，推动消费提质扩容和提档升级，形成需求牵引供给、供给创造需求的更高水平动态平衡。

③从创新着手

我国需要扭住创新链，形成新供给、激发新需求。在新一代信息技术引领下，相关产业突飞猛进。特别是网络经济呈现出跃升的态势，它因广泛联系生产和日常生活而具有催生新业态发展的优势。从总体上看，新业态不仅扩大了需求的规模，而且弥补了旧业态的不足。特别是在新冠肺炎疫情防控期间，借助网络实现的无接触交易和互动等，因克服了空间障碍而给我们提供了极大方便。

（2）我国供给侧结构性改革提出的"三去一补一降"是什么？并且谈谈应该如何做到"三去一补一降"？

理论知识点：

参考答案：

"三去一降一补"即去产能、去库存、去杠杆、降成本、补短板五大任务，是习近平总书记根据供给侧结构性改革提出的。供给侧改革主要涉及产能过剩、楼市库存大、债务高企这三个方面，为解决好这一问题，就要推行"三去一降一补"的政策。

从微观角度来说，"去杠杆"是必须"因企制宜"讨论的问题，并没有一个"一刀切"的合理解决方案，政府一般也不应按某个量值作硬性要求，关键是企业在竞争中要结合自己的生产经营战略策略，力求于定制化处理中达到对负债经营较高水准的风险防控。微观的"去杠杆"，实质是一个个企业特定的"资金供给管理方案"问题。是应对目前实体经济杠杆率潜在风险，通过改善债务结构、增加权益资本比重，防范金融风险压力的行动。

而对于"去产能"问题，在行业里高高低低可比的产能中，工作重心应放在"去落后产能"这个实质问题上，才能更直接、更聚焦地对应我们所追求的结构优化和打造升级版。同时，它又是在引领新常态过程中可以把一部分所谓过剩产能成功转为有效产能、进行有效投资和"聪明投资"的创新机制。

去库存，主要针对的是房地产库存的降低，通过建立完善市场机制、加强分类调控等手段，实现"住有所居"保障。

降成本，是以降低企业成本为重点的政策部署，具体包括降低制度性交易成本、进一步清理规范中介服务、降低税费负担和物流成本。

补短板，是针对严重制约经济社会发展和民生改善的突出问题，结合实施"十三五"规划确定的重大项目，加大补短板力度，加快提升公共服务、基础设施、创新发展、资源环境等支撑能力。

总而言之，"三去一降一补"作为供给侧结构性改革的重要抓手，将是供给侧结构性改革当前和今后一个时期的重点任务。

（3）谈谈如何从供给端着手，激发消费潜力，提高消费增长？

理论知识点：供给对消费的积极作用。

参考答案：

随着收入的增长，消费者对中低端产品的消费逐渐趋于饱和，消费需求多样化，在消费中越来越看重品牌与质量。然而当前我国供给端的产品主要以中低端商品为主，其特征是"价廉物不美"，导致供给与需求的结构性失调。我国供给侧改革的重点之一就是化解过剩产能，发展新兴产业。消费者出于追求自身效用最大化的考虑，随着收入的增长，会要求种类越来越丰富的商品供给。这很好地解释了当前国内消费疲软与出国购物热现象并存的矛盾。此外，如果把公共服务也看作商品，我国公共需求快速增长与公共服务供给不足的矛盾也可解释。

（4）试从劳动者收入和商品种类的角度，解释劳动供给曲线弯曲。

理论知识点：劳动供给曲线。

参考答案：

劳动供给曲线弯曲的现象由市场上可消费商品的种类和劳动者收入共同决定。通常的认识是，劳动供给曲线弯曲只有在劳动者工资很高的情况下才会出现。但其实即便劳动者工资不算高，如果市场上可消费商品种类过少，如只有生活必需品，劳动供给曲线仍然有可能出现弯曲，这一点可以在市场力量薄弱的农业社会得到例证。在生产力落后的农业社会，市场上可消费的商品种类数量极少，劳动者（农民）在农闲时节，通常会选择休闲而不是寻找机会工作。而当可消费商品的种类极多时，即便劳动者收入提高，劳动供给曲线也不会发生弯曲，这也解释了为何很少出现劳动供给曲线弯曲的现象。

在其他条件不变的情况下，市场上可消费的商品种类越多，消费者的消费越高，同时商品在不同价格上的分布情况也会影响到消费。而在消费者满足基本需求的前提下，边际效用递减速度较慢的商品更能促进消费。这对当前的供给侧改革提供了微观层面的理论解释。

（四）教学组织实施

教学组织安排如下表所示。

学习阶段	学习内容	时间限制	学习目标
课前	要求学生分组，并预习课本知识，查阅相关资料，了解供给侧改革。	提前一周	熟悉案例背景。
课中	讲授知识点，引入案例。	10分钟	掌握基本理论知识。
	分组讨论需求、供给曲线的变动对市场均衡的影响。	15分钟	进一步熟悉案例背景。
	随机抽取3个小组进行发言。	15分钟	结合理论分析问题，小组案例分析报告作为一次平时成绩。
	进行归纳总结，注意思政元素与供给侧结构性改革的结合。引导学生学会运用微观经济学的理论知识解决现实问题。	10分钟	归纳用到的关键理论，并对各组表现做一个简单点评。
课后	请学生继续关注中国供给侧改革情况。		增进记忆，巩固知识。

（五）总结

以供给侧结构性改革为主线建设现代化经济体系，要求深化产权制度改革和要素市场化改革。深化产权制度改革的目的是使各种所有制经济和各种类型的产权得到清晰界定、严格保护和顺畅流转，以保障良好市场秩序、激发市场主体活力、稳定市场预期。现阶段特别需要深化国有企业改革，发展混合所有制经济，培育具有全球竞争力的世界一流企业；同时，支持民营企业发展，激发各类市场主体活力。深化要素市场化改革的目的是贯彻等价交换原则，提升市场竞争的公平性和真实性，现阶段特别需要全面实施市场准入负面清单制度，清理废除妨碍统一市场和公平竞争的各种规定与做法，尤其是打破行政性垄断、防止市场垄断；同时，完善市场监督机制，最大限度地发挥市场决定价格的作用。通过这两大改革，实现产权有效激励、要素自由流动、价格反应灵活、竞争公平有序、企业优胜劣汰，有效提高微观主体活力。

参考文献

[1] 甄浩.供给侧改革的微观基础[J].经济研究导刊，2016（30）：5-7，134.

[2] 伍山林.充分利用大国优势加快构建新发展格局[J].人民论坛·学术前沿，2021，16：90-97.

[3] 李斌，李萌，季小波，等.解码京东方：一块屏的供给侧改革之路[N].经济参考报，2017-09-22（5）.

[4] 新华社.京东方王东升：没有疲软的市场 只有疲软的产品[EB/OL].（2017-09-22）https：//www.sohu.com/a/193789423_267106.

供给需求理论与家电下乡

一、案例正文

案例1：家电下乡专项行动，改善农村居民生活品质，促进消费需求

2020年4月13日，经广东省政府同意，省发改委、公安厅、财政厅、商务厅、农业农村厅等十个部门联合制定印发了《广东省关于促进农村消费的若干措施》。措施中提到广东省财政将拨款5.8亿元开展家电下乡专项行动，在改善农村居民生活品质的同时，也希望能够推动消费市场尽快走出阴霾。

该项行动为在广东省内购买家电下乡产品的本省户籍农村居民提供市场售价10%（含）以上的价格优惠。优惠资金由省级财政安排补贴和家电下乡参与企业让利共同组成。10%的价格优惠部分，省级财政和参与企业各承担50%，即分别承担5%的优惠；超过10%的价格优惠，由参与企业承担。

据了解，此次"广东版家电下乡"共有25家企业参与，补贴产品共有8类，且广东商务厅表示，参与企业对家电下乡产品质量安全、价格承诺和销售行为承担责任。此次广东省的家电下乡主要就是针对疫情对于经济的影响，促进消费。

事实上，在2007年至2013年的家电下乡活动中，从最初的山东、河南、四川进行试点到全国推行，产品覆盖范围广泛，涉及产品有电视机、洗衣机、冰箱（冰柜）、手机、电脑、热水器、微波炉、电磁炉、电动自行车等，当时家电下乡主要是为了应对全球金融危机。

案例2：汽车下乡，一项拉动消费带动生产的惠农政策

我国的产品下乡经历了三个阶段：家电下乡、汽车下乡、消费品下乡。

家电下乡意在满足乡镇、农村居民的基本生活需求，提升基本生活质量；汽车下乡着眼于乡镇、农村的经济提振——"要想富，先修路"，有了路，必然刺激汽车的需求；而当下我们所说的消费品下乡则是为了乡镇、农村居民生活质量的二次提升，是供给侧结构性改革的要求，更是当下各大行业探寻蓝海的必由之路。

汽车下乡是国务院在2009年1月14日公布的《汽车行业调整振兴规划》中提出的一项惠农政策，是国务院作出的重要决策，既是实现惠农强农目标的需要，也是拉动消费带动生产的一项重要措施。

为深入实施《新能源汽车产业发展规划（2021—2035年）》，稳定增加汽车消费，促进农村地区新能源汽车推广应用，引导农村居民绿色出行，助力全面推进乡村振兴，支撑碳达峰、碳中和目标实现，2021年新能源汽车下乡活动正式拉开序幕。新能源汽车下乡是促进农村地区新能源汽车推广应用、引导农村居民绿色出行、扩大汽车消费、助力乡村振兴的重要行动。上汽通用五菱作为新能源汽车销量领先企业，积极参与其中。

汽车下乡有利于支持全面推广节能汽车和加大新能源汽车示范推广力度，继续实施老旧汽车报废更新补贴政策，加快汽车产业结构调整升级，促进节能减排和资源循环利用。

案例3：响应家电下乡，助力政府采购电商化发展

2020年是特殊的一年，年初全国爆发的新冠肺炎疫情，给我国政府采购工作带来前所未有的挑战和困难，如何保障一线抗疫物资的供应？危急时刻，更能彰显企业的担当和社会责任。

据了解，为了响应"不见面"采购号召，苏宁推出"不见面、无接触"解决方案，向各省援鄂医疗队及一线抗疫人员提供防疫物资；此外，面向政府、企事业单位、慈善公益组织免费开放全国仓储资源，为抗疫物资提供应急中转仓储和应急仓储运营服务；与各省商务厅等部门合作，发放消费券，帮助当地商贸企业复工营业，同时还帮助湖北当地农产品上线电商平台，实现二次援鄂。以更专业的服务、高效的互联网技术，推动政府采购电商化、智能化发展。

2020年的政府工作报告，充分彰显助力全面建成小康社会的信心和决心。贫困地区的发展，是决胜全面建成小康社会的重中之重，企业作为市场发展的主体，必须要积极投身到产业扶贫的浪潮中去。产业扶贫要从三方面发力，全面助力乡村振兴。

首先，要以数字技术推动农业产业升级，通过前端市场需求的数据分析，来反向推动农产品、手工艺品等生产制造的产业化发展，培育契合市场需求的各类特色生产基地。

其次，要以互联网平台推动农产品品牌化发展，通过打通农产品销售的各类线上线下平台，打造永不落幕的农产品交易会，实现农产品品牌升级，真正造福农人。目前苏宁已经上线的400多个以销售当地农产品和工艺品为主的中华特色馆，正是对这一方式的具体实践。

再次，要通过新业态推动农村消费升级，将全链路的零售能力向农村市场输出，让农村市场的消费者也同样享受到品质化商品和便捷服务。

据悉，苏宁通过各种渠道进行电商扶贫，运用"互联网＋政府采购"实施了众多扶贫举措，利用长期扶贫实践经验和强大采购能力推进政府采购扶贫。比如，借助苏宁物流、冷链和配送能力，降低物流成本，提高物流效率；对扶贫产品的网络销售渠道实行"零收费"，向更多采购单位和消费者推销、政府采购扶贫产品等。

二、案例思政元素

1. 家电下乡有利于加快构建国内大循环为主体、国内国际双循环相互促进的新发展格局

党的十九届六中全会通过的《中共中央关于党的百年奋斗重大成就和历史经验的决议》对习近平新时代中国特色社会主义思想作了系统概括，强调加快构建以国内大循环为主体、国内国际双循环相互促进的新发展格局。这是党中央着眼于实现第二个百年奋斗目标，统筹中华民族伟大复兴战略全局和世界百年未有之大变局，根据我国发展阶段、环境、条件变化作出的重大

战略谋划，是一项关系我国发展全局的重大战略任务，要从历史和全局的高度准确把握并积极推进。

新冠肺炎疫情全球大流行使全球产业链、供应链面临的风险隐患进一步暴露。我国作为全球第二大经济体和制造业第一大国，在国际形势充满不稳定性不确定性的背景下，依托国内大市场优势，充分挖掘内需潜力，构建以国内大循环为主体、国内国际双循环的新发展格局，有利于化解外部冲击和外需收缩带来的影响，有利于在极端情况下保证我国经济基本正常运行和社会大局总体稳定，确保第二个百年奋斗目标顺利实现。家电下乡新政立足当下，补贴农民，刺激消费，拉动内需，有利于加速新发展格局的构建。

2. 家电下乡新政为乡村振兴战略开新局

乡村振兴战略是实现全体人民共同富裕的必然选择。乡村兴，则国家兴。我国人民日益增长的美好生活需要和不平衡不充分的发展之间的矛盾在乡村最为突出，我国仍处于并将长期处于社会主义初级阶段，它的特征很大程度上表现在乡村。全面建成小康社会和全面建设社会主义现代化强国，最艰巨最繁重的任务在农村，最广泛最深厚的基础在农村，最大的潜力和后劲也在农村。实施乡村振兴战略，是解决新时代我国社会主要矛盾、实现"两个一百年"奋斗目标和中华民族伟大复兴中国梦的必然要求，具有重大现实意义和深远历史意义。

家电普及程度是体现农村物质文明和精神文明的重要标志之一。家电下乡有利于提高农民生活质量。实施家电下乡，将大大降低农民的消费支出成本，缩小城乡差距。有利于建立起面向农村市场的工业生产和流通体系。实施家电下乡，不仅是给一些财政支持，一"补"了之，而是通过给农民的直接补贴，发挥杠杆作用，引导生产企业设计和生产适合农民消费特点、适应农村消费环境和条件的家电产品。

3. 家电下乡政策符合实现共同富裕的要求

改革开放以来，我国的国民经济得到了快速发展，综合国力进一步增强，人民生活水平有了普遍的提高，但是另一方面，在发展社会主义市场经济的过程中，城乡经济文化教育等差距、城乡二元结构不仅没有改善，反而更加明显。为此，党和国家审时度势，从2004年开始实施一系列的支农、惠农、强农政策，先是取消征收了2600多年的农业税，接着又实施粮农直补、大型农机具直补政策，现在又实施了家电下乡的活动。不久之后，全国又将启动汽车下乡的新政策。这些政策的贯彻和实施，既有利于提高农民的经济收入，又有利于改善农村的物质文化生活，特别是对发展农业的生产力、缩小城乡差距、改善城乡的二元化结构有非常大的现实意义，这既是落实科学发展观和构建社会主义和谐社会的需要，也符合实现共同富裕的社会主义市场经济的根本目标。

4. 家电、汽车下乡政策促进国家经济的平稳发展

出口、消费、投资是拉动经济发展的三驾马车，现如今，全球经济受新冠肺炎疫情影响，我国出口不断下降，只能靠投资和消费来拉动经济的发展，而最终能从本质上带动经济发展的只能是消费。按照宏观经济理论，货币政策和财政政策必须配套执行，才能发挥其宏观调控的综合作用。为了避免经济的大起大落，我国又开始实施了较宽松的货币政策和积极的财政政策。积极的财政政策最主要的特点是增加财政支出，转移支付是最典型的增加支出方式，家电、汽车下乡补贴就属于此类。以补贴的方式促进消费，进而促进生产，推动国民经济又好又快发展。

家电、汽车下乡政策不是我国政策工具箱中的新政策工具。10多年前，国家曾实施过家电和汽车下乡政策。2008年12月开始，国家实施了为期3年多的家电下乡政策；2009年1月开始，也实施了为期近2年的汽车下乡政策。相关政策的主要目的，是缓解国际金融危机对我国生产企业和消费市场造成的冲击，这些政策也在拉动消费、带动生产方面发挥了积极作用。按照大家电产品10年左右的使用寿命计算，上一轮家电下乡的产品已逐步进入淘汰期，具备以旧换新的需求空间。新一轮家电和汽车下乡政策的着力点，不是为了简单地扩大消费增量，更不是为了消化现有库存产品，而是紧紧对接当前市场增长潜力最大的更新置换需求。这体现出存量优化和增量扩张的并重，扩大消费、绿色发展和改善民生的兼顾，更大程度发挥政策对消费市

场的杠杆作用。

三、案例的使用说明

（一）**教学目标**

本案例适用于中级微观经济学或微观经济学中需求与供给曲线、预算约束及消费者选择知识点的教学。

1. **知识目标**

理解概念：预算约束、消费者剩余、无差异曲线、最优选择。

掌握理论：预算约束、消费者选择。

2. **能力目标**

系统思维能力：教师通过对理论的讲解，帮助学生系统地了解收入变化对消费者行为的影响，形成全面、系统、联系地分析问题、解决问题的能力。

判断实践能力：根据案例材料，设置由浅入深、由知识到能力的问题，通过解答问题帮助学生搭建一座"理论到实践、实践到理论"的思维桥梁，使学生能够善用适当的理论知识对现实生活中的收入变化对消费者选择的影响做出合理的分析。

（二）**教学过程**

1. **课前准备**

（1）学生需要预习微观经济学中需求曲线、供给曲线、预算约束和消费者选择的相关知识，对供需分析、预算线、无差异曲线等知识有完整的认识。

（2）授课教师可事先了解班级学生对供给与需求、消费者预算、效用等知识的认识，分小组、分小专题针对我国税收、补贴政策对消费者需求的影响进行总结汇报，使全班同学对收入变化引起的消费者需求变化等经济问题有清晰的认识，激发学生对财政政策、消费者行为理论等知识的学习兴趣。

2. 讲授理论知识

（1）供给曲线和需求曲线。

（2）预算约束。

（3）预算线的变化。

（4）税收、补贴和配给。

（5）无差异曲线。

（6）最优选择。

3. 引入思政案例

从需求曲线及供给曲线的应用引入思政案例1，分析案例。

从政府补贴引入思政案例2，分析案例。

从消费者选择引入思政案例3，分析案例。

（三）案例分析要点

1. 启发思考题

（1）结合案例，分析家电下乡和汽车下乡补贴对生产者和消费者的影响。

（2）结合案例，分析家电下乡和汽车下乡价格补贴的本质。

（3）结合案例，分析消费券发放对单个消费者的影响。

2. 分析思路

（1）结合案例，分析家电下乡和汽车下乡补贴对生产者和消费者的影响。

理论知识点：需求曲线及供给曲线的应用。

引导学生思考不同情况下消费者剩余。

参考答案：

对家电和汽车进行补贴，其实就是税收的相反操作，无论是对消费者进行补贴还是对生产者进行补贴，最后都是由生产者和消费者共同拥有，得到的比例最终取决于双方的弹性，具体见图1–5。

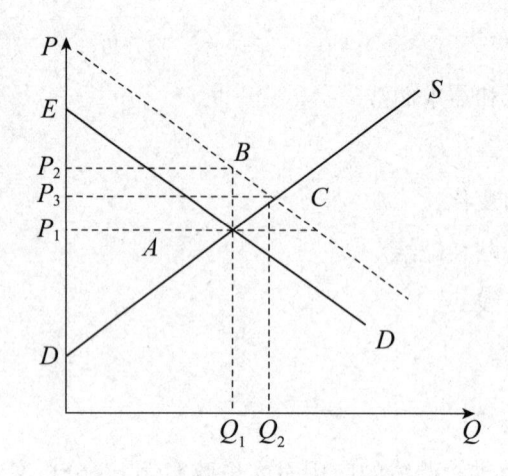

图1–5 补贴对生产者和消费者的影响

没有对消费者进行补贴时，消费者剩余 AP_1E，生产者剩余 AP_1D，产量为 Q_1。对消费者进行补贴后，收入增加需求曲线右移（在每一个价格水平上需求量都增加）形成新的均衡点 C，此时的均衡产量为 Q_2，可以看到消费数量增多。此时消费者剩余为 CP_3P，生产者剩余为 CP_3D 都较原来增大。价格升高，对消费者进行的补贴最终也会有一部分被生产者得到（因为最初补贴全部被消费者得到，所以需求量比供给量大，导致价格逐渐升高，补贴向生产者转移一部分），而且社会还有一份净增加三角形 ABC，生产的增多造成的补贴为 ABP_2P_1，被生产者和消费者得到，得到量取决于各自弹性。

（2）结合案例，分析家电下乡和汽车下乡价格补贴本质。

理论知识点：补贴理论。

引导学生思考家电下乡和汽车下乡政策受买卖双方欢迎的原因。

参考答案：

以下以家电下乡政策补贴为例进行分析，《家电下乡推广工作方案》中规定：实施地区农民购买财政补贴家电下乡产品，国家财政比照出口退税率直接补贴农民消费者。彩电、冰箱（含冰柜）洗衣机、手机均按产品销售价格的13%给予补贴。补贴资金由中央财政和省级财政共同负担，其中，中央财政负担80%，省级财政负担20%。

政府对下乡家电按照销售价格的13%给予补贴，消费者支付的实际价格要低于商家出售的价格,这其中的差价由政府支付。依照微观经济学的补贴理论,商家增加了销售量,并与农民共享了政府补贴。这也是家电下乡政策受到买卖双方欢迎的原因。我们可用图1-6来描述家电补贴的本质。

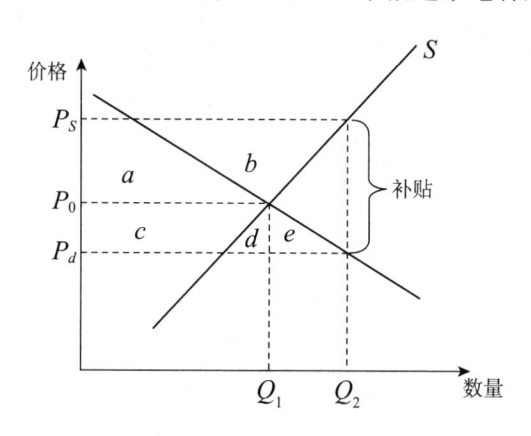

图1-6 家电补贴本质

如图所示,在没有政府补贴的市场环境中,均衡价格是 P_0,均衡数量 Q_0;当政府实行补贴后需求量增加至 Q_1,消费者支付 P_d,商家出售价格为 P_s,补贴额是 P_s-P_d,实行价格补贴后消费者剩余面积增加 $c+d+e$,生产者剩余面积增加 $a+d$,实际福利的增加正是买卖双方欢迎家电下乡政策的原因。

需要补充的一点是,下乡家电和汽车的价格并非像图中所示的高于没有补贴时的均衡价格 P_0。中央电视台《经济半小时》重庆调查显示,相同质量、相同性能的下乡冰箱比非下乡产品标价便宜几百元,可见国家的家电下乡专项活动是真正让利于农民的促销活动。

(3)结合案例,分析消费券发放对单个消费者的影响。

理论知识点:消费者行为理论。

引导学生根据消费者行为理论,引用预算线和无差异曲线来描述消费券的影响。

参考答案:

1.货币型消费券的影响

如图1-7所示,通用型消费券的发放直接使消费者的收入增加而预算线右移，预算线与新的无差异曲线形成新的消费均衡点 E_2，效用水平从 U_1 提高至 U_2。这表明，通用型消费券能够保证特殊家庭的正常生活需要，起到普惠民生的作用。但是，居民却可将原本用于基本生活支出的货币转化为储蓄，从而削弱了消费券的扩大支出效用。

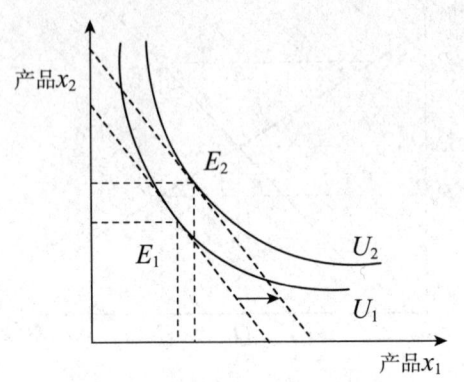

图1-7 货币型消费券的影响

2.特定场景消费券的影响

特定场景消费券属于对于消费者的消费对象具有一定限制，如出行消费券、旅游消费券等。根据图1-8分析，由于特定场景消费券的存在，消费券产品或服务的相对价格下降了，以致消费券产品与其他产品的预算线的斜率改变，由 C_1 变化至 C_2。作一条平行于新预算线 C_2 的预算线 C_3。替代效应指由于消费券产品相对价格下降，消费者通过增加对消费券产品的购买而减少对普通产品的需求。其中，B_1B_2 为替代效应，B_2B_3 为其收入效应，B_1B_3 为特定消费券所带来的消费券产品总需求的提高，均衡点从 E_1 变化至 E_2。消费券导致了消费者总效用的提高，同时消费券的捆绑作用能够带来额外的现金支付。

结论：货币型消费券首先会被居民用于其偏好的基本支出，特定场景消费券更能带动除基本生活需求以外的消费，但是此类消费券也限制了民众用脚投票的消费选择。两种消费券应该搭配发放，合理分配权重予以发放。

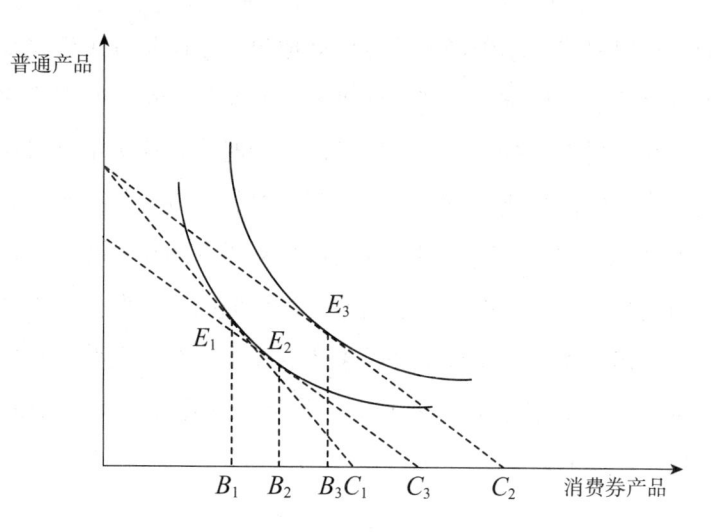

图1-8 特定场景消费券的影响

（四）教学组织实施

教学组织安排如下表所示。

学习阶段	学习内容	时间限制	学习目标
课前	要求学生分组，并预习课本知识，查阅相关资料，了解预算约束及消费者选择。	提前一周	熟悉案例背景和了解基本知识。
课中	讲授知识点，引入案例。	10分钟	掌握基本理论知识。
课中	组织学生对案例进行分组讨论。	15分钟	进一步熟悉案例背景。
课中	随机抽取3个小组进行发言。	15分钟	结合理论分析问题，小组案例分析报告作为一次平时成绩。
课中	进行归纳总结，注意思政元素与消费者选择。引导学生学会运用微观经济学的理论知识解决现实问题。	10分钟	归纳用到的关键理论，并对各组表现做一个简单点评。
课后	请学生继续关注中国财政补贴政策情况。		增进记忆，巩固知识。

（五）总结

党的十九大报告提出实施乡村振兴战略，开启了新时代美丽乡村建设的新征程。我国政府部门推出的"家电下乡""汽车下乡"以及"电商扶贫"等专项行动，旨在顺应城乡居民消费升级的总趋势，通过支持企业实施惠民活动,帮助农村居民尽早享受经济社会发展成果,不断提高生活水平。电商渠道为推动农村经济发展方式转变、促进农村产品提质增效和农民增收做出巨大贡献,也为乡村振兴打下了坚实的基础。同时农村成为不可忽视的大消费市场,助力我国经济高质量发展。建设新农村,实现乡村振兴,有利于加快构建国内大循环为主体、国内国际双循环相互促进的新发展格局。

本文通过分析补贴理论、需求曲线、供给曲线及消费者行为理论等微观理论模型,得出了家电下乡价格补贴本质、家电下乡对消费者和生产者的影响以及政府采购中的社会福利效益等,证实了家电下乡是一项促进消费需求、带动生产的惠农政策。

参考文献

[1] 广东2020年家电下乡启动:补贴空调等8类产品[J].家电科技,2020(3):24.

[2] 周波,肖承睿.财政补贴真能促进消费吗——来自家电下乡微观数据的证据[J].中国经济问题,2021(3):118-132.

[3] 王青.汽车家电下乡宜"三结合"[N].经济日报,2022-03-15(9).

[4] 王凌聪,刘俊杰,洪扬.浅议消费券的经济刺激作用——基于西方经济学[J].价值工程,2020(17):18-19.

效用论与幸福观

一、案例正文

案例1：习近平总书记的"奋斗幸福观"

"奋斗幸福观"是习近平新时代中国特色社会主义思想的重要组成部分。科学地回答了"为谁奋斗，谁来奋斗，为何奋斗，如何奋斗"的重大理论和现实问题，具有深刻的理论渊源。奋斗是为了人民的幸福、幸福都是奋斗出来的、奋斗本身就是一种幸福、新时代是奋斗者的时代，是对习近平总书记的"奋斗幸福观"的生动阐述，培育和践行"奋斗幸福观"具有十分重要的理论和实践意义。

1969年，不满16岁的习近平在陕北梁家河开始了7年的知青生活，习近平在文章《我是黄土地的儿子》里讲到在梁家河过的"四关"：跳蚤关、饮食关、劳动关、思想关。在梁家河的7年就是对"奋斗幸福观"的摸索和实践，在7年艰苦实践中，习近平养成了实事求是、吃苦耐劳的精神，从最初的迷茫、彷徨到后来的坚定、充满自信。在梁家河担任村支书后，办铁业社、打井、办沼气，为人民群众办实事，真切地了解了基层群众的疾苦和贫困地区群众生活的艰难，坚定了群众立场。习近平同志在河北、福建、浙江、上海等地主政和历练，"当县委书记一定要跑遍所有的村，当市委书记一定要跑遍所有的乡镇，当省委书记一定要跑遍所有的县市区"。始终强调中国共产党人要以人民为中心，履职尽责，与人民同甘共苦，与人民共同奋斗。党的十八大以来，习近平总书记在不同场合针对"奋斗"和"幸福"提出了一系列新论断，构成了内涵丰富、层次分明的"奋斗幸福观"。

习近平总书记的"奋斗幸福观"，充满真理的伟大力量，奏响奋斗的时代旋律。新时代党员干部践行习近平总书记的"奋斗幸福观"。党的十九届六中全会审议通过的《中共中央关于党的百年奋斗重大成就和历史经验的决议》，全面总结了中国共产党百年奋斗的重大成就、历史意义和宝贵经验，为全党"开创未来"指明了方向，发出了动员令。

案例2："奋斗幸福观"的时代阐释

习近平总书记在2022年春节团拜会上强调："世界上最大的幸福莫过于为人民幸福而奋斗。心中装着百姓，手中握有真理，脚踏人间正道，我们信心十足、力量十足。"这是习近平总书记着眼于世界百年未有之大变局和中华民族伟大复兴战略全局，从逻辑与历史相统一、理论与实践相结合、传承与创新相融通的视角，以深邃的历史智慧、深厚的理论修养和深沉的人民情怀，对中国共产党人"奋斗幸福观"作出的具有原创性、标识性和前瞻性的理论阐发。明确把"世界上最大的幸福"定位为"为人民的幸福而奋斗"，这既是马克思主义幸福观和中华优秀传统幸福观的文化传承和创新表达，也是对党的十八大以来习近平总书记关于"幸福"的一系列重要论述的承接和概括，更是对中国共产党人百年"奋斗幸福观"的巨大肯定和时代阐释。

幸福不是形式逻辑上的一个抽象概念，而是实践哲学中的一个特定命题，体现了主观动机与客观事实的统一、目标引领与实现路径的统一、推进过程与实践结果的统一、价值追求与切身体验的统一。从某种意义讲，幸福来自实践需求，又回归于实践体悟，表现出非常显著的实践性。

历史与现实证明：只有从实践的角度来理解和阐释幸福，才能真正把握幸福的本质和本源，才能切实体悟幸福的真谛和要义。党的十八大以来，习近平总书记以深邃的哲学思维、深厚的理论功底和深切的实践体悟，创造性地提出并阐述了一系列关于幸福的新论述，既深刻指出"幸福不会从天而降""世界上没有坐享其成的好事，要幸福就要奋斗"，也精辟论述了"新时代是奋斗者的时代""幸福都是奋斗出来的""奋斗本身就是一种幸福"，还特别阐明"只有奋斗的人生才称得上幸福的人生""奋斗者是精神最为满足的人，也是最懂得幸福的人、最享受幸福的人"，更由衷强调"世界上最大的幸福莫过于为人民幸福而奋斗"。从整体上看，这些重要论述并不是彼此孤立的，而是层层递进、环环相扣、相辅相成、互为支撑，构成一个有机统一的奋斗幸福观，其中自始至终贯穿了一个带有根本性的实践逻辑，即幸福源于奋斗，奋斗的过程就是幸福，奋斗带来幸福的人生。

习近平总书记所阐发的"奋斗幸福观"，从本源意义上讲，来自伟大而生动的现实实践，是对中华民族五千年自强不息、上下求索的历史升华，也是对中国共产党百年奋斗、求实创新的经验总结，更是对新时代中国人民奋发向上、逐梦前行的智慧激励。与传统思辨的幸福观、形而上学的幸福观不同的是，"奋斗幸福观"既闪耀着思想的光芒，也氤氲着大地的芬芳，还浸透着汗水的甘醇，更彰显出实践的力量。

二、案例的思政元素

1. 奋斗幸福观

马克思主义始终将人的全面发展作为自己追求的目标，人的全面发展包含物质和精神两个层面的发展。人既有物质层面的需求，也有精神层面的需求，其中物质需求是基础，是解决人的生存发展问题的关键，而精神需求是人与动物之间根本区别所在，能否拥有高层次的精神追求也直接地拉开了人与人之间的差距。从现代人的幸福体验而言，一方面，物质生活条件是影响现代人幸福体验、衡量生活是否幸福的不可缺少的重要指标，人的物质生活会掣肘对精神生活的追求；另一方面，物质满足带来的幸福和快感是短暂的，人的物质需求满足后就会转向对精神需求的追求，只有精神需求的满足才是长久而又崇高的，人若没有精神追求，即使再富足也难谈幸福。因此，高尚的精神追求可以延展幸福的高度与深度，实现个体幸福体验的升华。

总之，无论是物质追求还是精神追求，我们都应该认真落实习近平总书记提出的"奋斗幸福观"。首先，奋斗是促进全社会进步的动力，是个人通往幸福的桥梁。正如习近平总书记所说："有梦想，有机会，有奋斗，一切美好的东西都能够创造出来。"其次，幸福的真谛在于奋斗。习近平总书记指出："奋斗者是精神最为富足的人，也是最懂得幸福、最享受幸福的人。"最后，这是一个奋斗的年代，就像习近平总书记说的："只要13亿多中国人民始终发扬这种伟大奋斗精神，我们就一定能够达到创造人民更加美好生活的宏伟目标！"青年应自觉肩负使命，敢于担当，积极拼搏，做新时代的奋斗者。

2. 个人幸福与社会幸福的和谐统一

人是社会的人，社会是人的社会。所以，社会离不开个人，个人也离不开社会。马克思指出："人的本质不是单个人所固有的抽象物，在其现实性上，它是一切社会关系的总和。"由此可见，个人与社会并不是孤立的、对立的，而是有机统一体。因此，个人幸福与社会幸福息息相关，个人幸福不能脱离社会幸福，个人幸福要建立在社会幸福的基础之上。对此，习近平总书记指出："牢记我们党从成立起就把为共产主义、社会主义而奋斗确定为自己的纲领，坚定共产主义远大理想和中国特色社会主义共同理想，不断把为崇高理想奋斗的伟大实践推向前进。"在习近平总书记看来，在社会层面要奋斗的幸福，就是实现共产主义远大理想和中国特色社会主义共同理想。这一幸福内容，可谓紧密联系了中国社会发展的特定语境，同时隐性地强调了个人幸福与社会幸福本身所具有的一致性，应该努力实现个人幸福与社会幸福的和谐统一。

3. 幸福都是奋斗出来的

奋斗其实是劳动、创造、实践等概念的中国式表达，除了反映人的主体性、创造性外还意味着面对艰苦的环境和条件，人的主观能动性的发挥。俗话说"天下没有免费的午餐"，意在警示世人要想达成自己期望的结果就要付出辛勤的劳动，想不付出就成功是不可能的。奋斗是获得幸福生活的途径，英国哲学家休谟说："一切人类努力的伟大目标在于获得幸福。但幸福不会从天而降，于社会而言，推动历史前进的伟力在于奋斗；对于个人而言，获得人生幸福的通途只有奋斗。"幸福不止于物质生活的富裕，更要有精神世界的充盈，追求更高层次的情感、更有意义的生活方式、更有意义的人生价值。幸福是奋斗出来的，向幸福出发，需要不懈的努力，不能浅尝辄止，不能半途而废，必须有"咬定青山不放松"的意志和毅力。幸福不是毛毛雨，功夫不负有心人，努力奋斗才会不断拥有幸福。美好生活不是免费的午餐，不是天上掉馅饼，更不是一夜暴富，不劳而获。只有埋头苦干，真抓实干，才能梦想成真。习近平总书记指出，"世界上没有坐享其成的好事，要幸福就要奋斗""幸福是奋斗出来的"，奋斗是幸福的属性，是实现幸福的必由之路，有奋斗才有获得感、安全感和幸福感。有了获得感，才能提振干事创业的精气神。新时代、新起点、新征程，身处伟大的时代，每个人就如同站在巨人的肩膀上，当个人奋斗与国家发展同频同振，个人才能不断抵达新的人生阶段。

4. 奋斗本身就是一种幸福

无奋斗，不青春。党和人民是奋斗的主体。"奋斗是青春最亮丽的底色"，青年大学生应该让奋斗成为一种常态，不惧困难，不怕失败。在奋斗中成长，在奋斗中见证，在奋斗中书写美好人生。奋斗本身也是一种幸福。没有人永远青春，但永远有人正青春，青春无关年龄，不甘平庸，锐意进取是通行证，消极懈怠、安逸享乐是休止符。青年一代有理想、有本领、有担当，国家就有前途，民族就有希望，青年的价值取向决定了未来的道路。要做一个有理想、有抱负、有追求的青年，努力拼搏，奋勇向前，不负自己的青春与年华，弘扬奋斗精神，用双手创造美好生活，在这个人人皆可出彩的大舞台上，以奋斗为基调，每个人都会拥有出彩人生，拥抱幸福，唱响圆梦之歌。新时代需要奋斗，每个人都是追梦人，要坚定拼搏奋斗的信念、将改革开放进行到底的信念。新时代是幸福美好的时代，对美好生活的追求是我们每个人的憧憬和向往。逐梦是期待遇见，让我们拥抱幸福，成就梦想。新时代是奋斗者的时代，幸福都是奋斗出来的。只有奋斗的人生才称得上是幸福的人生，唯有不空想、不幻想，撸起袖子加油干，才能在奋斗中感受幸福。新时代是我们每个人的时代，人人都是新时代的亲历者、见证者、建设者和享受者，让我们满怀信心，向幸福出发，让美好发生，以奋斗为航，让幸福远航。

三、案例的使用说明

（一）教学目标

本案例适用于中级微观经济学或微观经济学中消费者行为—效用论的

微观经济学知识点教学。

1. 知识目标

理解概念：幸福公式、效用、恩格尔定律、边际效用、消费者均衡、消费者剩余。

掌握理论：幸福论、边际效用递减规律、无差异曲线、收入效应和替代效应、总效用和边际效用的关系。

2. 能力目标

系统思维能力：教师通过对理论的讲解，帮助学生系统地了解消费者想要什么（欲望）和能要什么（收入约束）及如何选择，形成全面、系统、联系地分析问题、解决问题的思维能力。

判断实践能力：根据案例材料，设置由浅入深、由知识到能力的问题，通过解答问题帮助学生搭建一座"理论到实践、实践到理论"的思维桥梁，使学生能就消费者行为等方面的问题搜集信息与资料，善用适当的理论知识，提出合理的解决方案。

3. 素质目标

形成专业意识：理解理性消费者追求效用或满足最大化的消费规律，养成关注消费模式演变规律的学习习惯。

提高职业素养：通过案例，引入奋斗幸福观、人类命运共同体和其他重要思政元素，拓宽学生视野，让学生理解预测需求和市场变动的重要性，增强学生社会责任感，形成正确的全球发展理念。

（二）教学过程

1. 课前准备

（1）学生需要预习中级微观经济学中效用的相关知识，对恩格尔定律、边际效用、消费者均衡、消费者剩余、收入效应和替代效应、总效用和边际效用等有完整的认识。

（2）授课教师可事先了解班级学生对收入效应和替代效应、总效用和边际效用的认识，分小组、分小专题针对边际效用递减规律、消费者剩余、消费者均衡等内容进行总结汇报，使全班同学对我国市场经济体系的消费环节有较系统、全面的认识，激发学生对收入效应和替代效应、总效用和边际效用等相关问题的关注热情和学习兴趣。

2. 讲授理论知识（可适当扩展知识点，但不能太多）

（1）效用。

（2）边际效用递减规律。

（3）消费者剩余。

（4）消费者均衡。

（5）无差异曲线。

（6）恩格尔定律。

3. 引入思政案例

从边际效用递减规律引入思政案例1，分析案例。

从恩格尔定律引入思政案例2，分析案例。

（三）案例分析要点

1. 启发思考题

（1）结合案例，分析边际效用递减规律的意义。

（2）结合案例，分析提高幸福感的方法。

（3）结合案例，分析当一个家庭收入增加时，其支出会有怎样的变化？

2. 分析思路

结合案例，分析边际效用递减规律的意义。

理论知识点：基数效用论、序数效用论。

引导学生结合消费者需求和效用，从经济、政治、文化等方面展开分析。

参考答案：

边际效用递减规律是需求曲线的基础。需求曲线向右下方倾斜，比较一下需求曲线和边际效用曲线的特征，我们就可以理解更深层次的原因是边际效用递减规律的作用。即随着某物品消费数量越来越多，消费者对该物品的边际效用评价越来越低，所愿支付的需求价格也越来越低，因此，需求曲线上的每一点，体现着消费者依据其对物品边际效用的评价所愿支付的需求价格。需求曲线背后是边际效用曲线。

边际效用决定物品的需求价格（或价值量），物品的价值量（更具体说是价格决定的需求方面，即需求价格）是由边际效用决定的而不是由总效用决定的。

衡量消费者剩余。消费者剩余反映的是消费者从世世代代人们的努力积累起来的经济社会中得到的好处。萨缪尔森说，为了衡量消费者剩余，人们提出许多巧妙的方法，但在这里那些方法的意义不大。重要的是使人们知道，现代高效率的经济社会的公民们是多么幸运，他们能够以低价购买品种繁多的物品，说明所有人都从他们从来没有建造过的经济世界中取得利益。

（2）结合案例，分析提高幸福感的方法。

理论知识点：幸福论。

引导学生通过分析幸福公式所揭示的影响幸福的因素，得出获得幸福感的方法和途径。

参考答案：

1970年诺贝尔经济学奖得主萨缪尔森提出了幸福公式：幸福＝效用／欲望（也有提法：幸福＝满足／欲望）。影响感觉幸福的要素，最基本的就是欲望和效用，可以认为幸福是"单位欲望所实现的效用"。幸福与欲望与反比，与效用成正比。从幸福公式来看，提高幸福的感觉度有两个方法：第一是要降低欲望，第二是要提高效用。还有一个最重要的问题就是要适时调整欲望以使效用最大化，就可以增进幸福感觉。欲望（desire 或 appetite）、效用（utility）是经济学词汇，经济学家在研究需求和消费者行为时，将它定义为"效用表示满足"。更准确地说，效用是指消费者如何在不同的物品和服务之间进行排序。我认为，对于"幸福"这个心理学范畴的概念，其"效用"也可定义为满足，是欲望实现了的满足，可等同于可观测的或可衡量的心理功效的感觉。在经济学中的"选择和效用"理论用于解释消费行为的过程中，有一个基本假定，即人们倾向于选择在他们看来具有最高价值的那些物品和服务。人们所说的"感觉幸福就是幸福"，实际上在不知不觉中运用了经济学的一个基本假定，就是人们倾向于选择在他们看来具有最高价值的幸福感觉。在解释幸福时，可以认为人们在最大化他（她）的幸福的效用，也就是说人们总是选择自己物质和精神的效用最大化的组合。这是个很有意义的公式，效用指一件物品的使用价值，这个使用价值给你带来的快乐，而且是已知的价值。比如，手机的效用一开始是打电话、发信息、拍照，这是你知道的效用，这时你会感到快乐，感到这些功能使你的生活便捷，所以你因拥有手机享受快乐而感到幸福，但是当你慢慢习惯这种效用时，你的幸福感就大大降低了，实际上，这个公式是在满足人的好奇心的基础上建立起来的。最后，你感觉手机可有可无了，这时幸福成为一个稳定的系数，但忽然有一天，你的手机可以不开机拨打急救电话，这时你所知道的效用又增加了一项，你的幸福感指数会上升。

（3）结合案例，分析当一个家庭收入增加时，其支出会有怎样的变化？

理论知识点：恩格尔定律。

引导学生通过恩格尔定律来分析家庭收入和支出之间的关系。

参考答案：

根据恩格尔定律，当家庭收入增加时，多种消费品的比例也会相应增加，用于购买食品支出的比例会下降，而用于服装、交通、保健、文娱、教育的开支及储蓄的比例将上升。恩格尔定律揭示了居民收入和食品支出之间的关系，用食品支出占消费总支出的比例来说明经济发展、收入增加对生活消费的影响程度。众所周知，吃是人类生存的第一需要，在收入水平较低时，其在消费支出中必然占有重要地位。随着收入的增加，在食物需求基本满足的情况下，消费的重心才会开始向穿、用等其他方面转移。因此，一个国家或家庭生活越贫困，恩格尔系数就越大；反之，生活越富裕，恩格尔系数就越小。

（四）教学组织实施

教学组织安排如下表所示。

学习阶段	学习内容	时间限制	学习目标
课前	要求学生分组，并预习课本知识，查阅相关资料，了解需求曲线和消费者行为。	提前一周	熟悉案例背景。
课中	讲授知识点，引入案例。	10分钟	掌握基本理论知识。
	各组用PPT展示边际效用递减规律、消费者均衡等理论，分组讨论。	15分钟	进一步熟悉案例背景。
	随机抽取3个小组进行发言。	15分钟	结合理论分析问题，小组案例分析报告作为一次平时成绩。
	进行归纳总结，注意思政元素与消费者选择的结合。引导学生学会运用微观经济学的理论知识解决现实问题。	10分钟	归纳用到的关键理论，并对各组表现做一个简单点评。
课后	请学生继续关注消费市场需求情况。		增进记忆，巩固知识。

（五）总结

改革开放40多年来取得的举世瞩目的成就，中国奇迹的创造，都是中国人民奋斗的结果。习近平奋斗幸福观丰富了马克思主义幸福观，是对马克思主义幸福观的继承和发展。马克思主义幸福观是对幸福本质的科学解释，是人们的世界观、人生观、价值观在幸福问题上的反映，马克思主义幸福观提倡集体主义幸福观，科学地解释了个人发展与集体发展的关系，要求人们正确处理眼前幸福和长远幸福的关系。"人类的美好理想，都不可能唾手可得，都离不开筚路蓝缕、手胼足胝的艰苦奋斗。"习近平总书记的"奋斗幸福观"有助于正确认识中华民族的奋斗史诗，理解大无畏的革命精神。要系统认识我国的市场经济系统的消费环节，以"奋斗幸福观"为指引，坚持奋斗，努力创造美好幸福的生活，提高自身素质，做全面发展的大学生。

参考文献

[1] 魏大璋，马玉霞.习近平奋斗幸福观的科学内涵[C]//2020年南国博览学

术研讨会论文集（二），2020：960-970.

[2] 张云丽，虞满华.论习近平奋斗幸福观的人民立场及其哲学底蕴[J].商丘师范学院学报，2021，37（11）：47-51.

[3] 赵佳鸣.习近平奋斗幸福观研究[D].沈阳：沈阳师范大学，2021：46-49.

[4] 杜敏.奋斗幸福观时代阐释[DB/OL].红网，2022-04-30.

[5] 萨缪尔森，诺德豪斯.微观经济学[M].萧琛，等译.第16版.北京：华夏出版社，1999.

厂商供给与激发市场主体活力

一、案例正文

案例1：激发市场主体活力，弘扬企业家精神

2020年7月21日，习近平总书记主持召开企业家座谈会并发表重要讲话。他强调，改革开放以来，我国逐步建立和不断完善社会主义市场经济体制，市场体系不断发展，各类市场主体蓬勃成长。新冠肺炎疫情对我国经济和世界经济产生巨大冲击，我国很多市场主体面临前所未有的压力。市场主体是经济的力量载体，保市场主体就是保社会生产力。要千方百计把市场主体保护好，激发市场主体活力，弘扬企业家精神，推动企业发挥更大作用实现更大发展，为经济发展积蓄基本力量。

市场主体是我国经济活动的主要参与者、就业机会的主要提供者、技术进步的主要推动者，在国家发展中发挥着十分重要的作用。新冠肺炎疫情发生以来，各类市场主体积极参与应对疫情的人民战争，团结协作、攻坚克难、奋力自救，同时为疫情防控提供了有力物质支撑。

改革开放以来，一大批有胆识、勇创新的企业家茁壮成长，形成了具有鲜明时代特征、民族特色、世界水准的中国企业家队伍。企业家要带领企业战胜当前的困难，走向更辉煌的未来，就要弘扬企业家精神，在爱国、创新、诚信、社会责任和国际视野等方面不断提升自己，努力成为新时代构建新发展格局、建设现代化经济体系、推动高质量发展的生力军。

案例2：持续优化营商环境，激发市场主体活力

2021年11月，国务院颁布了《关于开展营商环境创新试点工作的意见》（以下简称《意见》）。《意见》提出，综合考虑经济体量、市场主体数量、改

革基础条件等，选择部分城市开展营商环境创新试点工作。首批试点城市为北京、上海、重庆、杭州、广州、深圳6个城市。强化创新试点同全国优化营商环境工作的联动，具备条件的创新试点举措经主管部门和单位同意后在全国范围推开。《意见》共提出10方面、百余项改革举措，坚持把创新行政管理和服务方式作为重中之重，不搞政策洼地，而是要着力打造制度创新的高地。《意见》提出的改革试点举措主要包括以下方面：进一步破除区域分割和地方保护等不合理限制，健全更加开放透明、规范高效的市场主体准入和退出机制，持续提升投资和建设便利度、支持市场主体创新发展，进一步提升跨境贸易便利化水平，优化外商投资和国际人才服务管理，加强和改进反垄断和反不正当竞争执法，进一步加强和创新监管，依法保护各类市场主体产权和合法权益等。这些改革举措的共同特点是比较精准务实，针对性和普惠性较强，直接回应市场主体期盼、直接服务产业发展、直接助力经济民生。

2021年11月20日，为深入贯彻落实党中央、国务院深化"放管服"改革优化营商环境的决策部署和市委、市政府工作要求，坚持不懈统筹推进新一轮营商环境改革，制订了《北京市培育和激发市场主体活力持续优化营商环境实施方案》，其中明确提到，要加强和改进反垄断和反不正当竞争执法。

2021年12月8日至10日，中央经济工作会议在北京举行。"微观政策要持续激发市场主体活力。"中央经济工作会议在部署下一年经济工作时，将保护和激发市场主体活力放在重要位置，再次释放出强烈政策信号，有效提振市场主体信心。

进入新发展阶段，制度竞争力成为支撑中国高质量发展的关键因素，营造市场化法治化国际化营商环境，降低制度性成本，有助于提升中国国际竞争新优势，是进一步对外开放的重要举措，也是实现高质量发展、实现治理体系和治理能力现代化的内在要求。不断优化的营商环境是我国经济发展稳中向好、市场主体不断壮大的基础，也是我国吸引外资进入、不断提高外资利用率的"法宝"。营商环境一头连着国家或地区经济软实力和综合竞争力，一头连着企业这个重要市场主体的生存发展。无论是优化经济发展"大底盘"，还是激发市场主体"新活力"，优化营商环境都是一项基础性、系统性工程，更是一项持久工程，任重而道远，需要各个方面精诚聚力，创享未来。

二、案例的思政元素

1. 构建新发展格局，推动高质量发展

加快构建以国内大循环为主体、国内国际双循环相互促进的新发展格局，"需要从全局高度准确把握和积极推进。只有立足自身，把国内大循环畅通起来，才能任由国际风云变幻，始终充满朝气生存和发展下去"。习近平总书记取于势、明于变，给出了坚定答案，明确了我国经济现代化的路径选择。

进入新发展阶段，我国内外部环境经历着深刻变化，迫切需要与时俱进作出战略抉择、进行中长期经济格局再定位。环顾国内，生产力水平快速提升，需求结构发生重大变化，同时生产体系内部循环不畅、供求脱节现象凸显，技术领域"卡脖子"问题突出，经济结构优化的复杂性上升。这是大国经济发展的关口，我们要主动适应变化，推动高质量发展。放眼全球，不稳定和不确定的因素明显增多，尤其是当前新冠肺炎疫情仍在蔓延，全球经济陷入衰退，跨国贸易投资大幅萎缩，过去那种市场和资源"两头在外"的发展模式难以为继。面对新矛盾新挑战，必须把立足点放在国内，统筹发展和安全，加快构建新发展格局。

加快构建新发展格局，出发点还是发展，是要实现更高质量、更有效率、更加公平、更可持续、更为安全的发展。这样的发展，其本质特征是高水平的自立自强，重要支撑是强大的国内市场，实践路径是相互促进的国内国际双循环，而这一切都离不开创新、协调、绿色、开放、共享的新发展理念的引领与推动。新发展理念把改革发展着力点厘清了，把发展重大问题梳理出来了，新发展格局的构建要在形态上成型、功能上成熟、运行上成势，最关键、最根本的就是牢固树立并完整、准确、全面地贯彻新发展理念。

2. 发挥市场在资源配置中的决定性作用

社会主义市场经济理论和改革开放以来的实践证明，市场配置资源是最有效的形式。

首先，在社会主义市场经济运行中，市场在资源配置中起决定作用是通过市场价格上下波动实现的。一般来说，某产品市场价格上升，也说明产品需求大于供给，而在生产成本既定情况下，产品生产经营者利润增加，生产经营者愿意扩大生产规模，从而吸引生产要素流向这一行业，导致这一行业产品市场供给量增加；反之，生产要素会流出这一行业，市场供给量减少。而对商品购买者来说，价格上升会增加支出，从而降低其购买意愿，导致市场需求下降。反之，市场需求上升。正是商品市场价格的上下波动，引导着生产要素在各地区各生产部门的流动，调节社会产品供求，使社会生产与社会需求相一致，从而提高资源配置效益，减少浪费，实现资源优化配置，推动社会经济发展。

其次，市场竞争促进市场主体行为的调整变革，推动市场经济运转，使市场在资源配置中起决定作用得以实现。在社会主义市场经济条件下，各市场主体参与市场经济活动的目的是为了实现自身利益，而要实现自身利益，就要在市场竞争中获得发展。市场竞争是促进社会经济发展的最强动力。在社会主义市场经济运行中，市场竞争使商品价格涨落，调节各市场主体的经济行为，从而激发各经济主体参与市场竞争的激情，迫使他们不断采用新技术、新工艺，加强管理，提升自身素质，增强市场竞争能力，积极开拓市场。正是市场竞争，促进了生产要素在各地区各行业之间流动，推动产业结构的调整优化，进而提高资源利用率和经济效益，真正使市场在资源配置中起决定作用得到贯彻实现。

最后，市场供求变化引导资源流动配置，使市场在资源配置中起决定作用。在市场经济运行中，市场供求关系同价格、竞争紧密联系。当产品供不应求时，产品的市场价格会高于价值，刺激生产；当产品价格供过于求时，产品的价格会低于价值，抑制社会生产。正是供求变化，引起商品市场价格的涨落，推动商品市场供需之间的动态平衡。供给按照与价格相同的方向变动，需求按照与价格相反的方向变动，从而实现对商品流通的调节，使商品流通能更好地满足人们生存发展需要。

3. 弘扬企业家精神

党的十八大以来，以习近平同志为核心的党中央高度重视企业家群体和企业家精神在国家发展中的重要作用。习近平总书记在多个场合强调弘扬企业家精神，鼓舞着广大企业家更加积极进取、奋发有为。

市场活力来自人，特别是来自企业家，来自企业家精神。改革开放以来，我国逐步建立和不断完善社会主义市场经济体制，市场体系不断发展，各类市场主体蓬勃成长。截至2021年11月初，我国市场主体总量已突破1.5亿户，其中个体工商户突破1亿户。伴随各类市场主体的成长和勃兴，一大批有胆识、勇创新的企业家茁壮成长，形成了具有鲜明时代特征、民族特色、世界水准的中国企业家队伍。他们怀着对国家、对民族的崇高使命感和强烈责任感，把企业发展同国家繁荣、民族兴盛、人民幸福紧密结合在一起，主动为国担当、为国分忧，顺应时代发展，勇于拼搏进取，为积累社会财富、创造就业岗位、促进经济社会发展、增强综合国力作出了重要贡献。在波澜壮阔的历史进程中积淀形成的企业家精神，成为中国共产党人精神谱系的重要组成部分。

新时代呼唤与时俱进的企业家精神。当前，世界百年未有之大变局正加速演进，新一轮科技革命和产业变革带来的激烈竞争前所未有，气候变化、疫情防控等全球性问题对人类社会带来的影响前所未有，单边主义、保护主义抬头，经济全球化遭遇逆流，世界经济在脆弱中艰难复苏。同时，我国已进入高质量发展阶段，人民对美好生活的要求不断提高，继续发展具有多方面优势和条件，但发展不平衡不充分问题仍然突出，创新能力还不适应高质量发展要求。国内外发展环境发生的深刻复杂变化，对我国企业发展带来了不小挑战、提出了更高要求。越是面临挑战，越要大力弘扬企业家精神，发挥企业家作用，推动企业实现更好发展，为我国经济发展积蓄基本力量。

企业好经济就好，居民有就业、政府有税收、金融有依托、社会有保障。面向未来，大力弘扬企业家精神，充分调动广大企业家积极性、主动性、创造性，更好发挥企业家作用，在新征程上敢闯敢干、不懈奋斗，形成更多具有全球竞争力的世界一流企业，我们就一定能推动高质量发展不断取得新成效，为实现第二个百年奋斗目标、实现中华民族伟大复兴的中国梦作出新的更大贡献。

三、案例的使用说明

（一）教学目标

本案例适用于中级微观经济学或微观经济学中厂商供给和行业供给的微观经济学知识点教学。

1. 知识目标

理解概念：厂商短期供给、厂商长期供给、行业供给。

掌握理论：厂商短期供给决策、厂商停业点、厂商长期供给均衡、行业供给。

2. 能力目标

系统思维能力：通过对理论知识点的分享，帮助学生系统地了解在完全竞争市场厂商短期供给和长期供给决策，生产者剩余和社会福利问题，形成全面、系统、联系地分析问题、解决问题的思维能力。

判断实践能力：根据案例材料，引入知识点讲解。由现实中存在的企业问题联系到理论知识，再将理论知识应用于现实企业中去。设置多个问题，引导学生进行思考，加深对企业短期供给和长期供给以及行业供给的理论知识的理解。

3. 素质目标

形成专业意识：理解厂商的短期供给和长期供给决策，通过作图和公式推导的方式，求解在完全竞争市场中单个厂商生产利润和停业点。

提高职业素养：通过案例，引入发挥企业家作用，推动企业实现更好发展、中国经济高质量发展等思政元素，拓宽经济视野，帮助学生理解企业在经济发展中的重要作用。

（二）教学过程

1. 课前准备

（1）预习中级微观经济学中关于厂商供给和行业供给的相关知识，对完全竞争市场中厂商边际成本曲线、厂商可变成本曲线、厂商成本曲线和厂商供给曲线有一定了解。从短期推到长期供给，从单个厂商到行业供给。

（2）从思政案例引入相关知识，从实践引入理论知识，激发学生深入学习的兴趣。通过PPT展示单个厂商的生产决策，并联系实际情况，解释现实生活中厂商的决策的科学性。设置相关问题，使同学对该问题进行独立思考。

2. 讲授理论知识

（1）完全竞争市场的特征。

（2）厂商短期供给的生产决策。

（3）厂商利润和生产者剩余。

（4）从短期到长期：厂商长期供给均衡。

（5）从单个厂商到行业：行业供给均衡。

3. 引入思政案例

从完全竞争市场引入思政案例1，分析案例。

从厂商供给和行业供给引入思政案例2，分析案例。

（三）案例分析要点

1. 启发思考题

（1）结合案例1，分析习近平总书记强调激发市场主体的重要性。

（2）结合案例1，分析完全竞争市场单个厂商短期供给决策和停业点。

（3）结合案例1，分析厂商的利润和生产者剩余。

（4）结合案例2，分析单个厂商长期供给决策。

（5）结合案例2，分析行业供给的短期均衡和长期均衡。

2. 分析思路

（1）结合案例1，分析习近平总书记强调激发市场主体的重要性。

理论知识点：完全竞争市场

引导学生分析市场主体重要性和完全竞争市场的联系，从完全竞争市场的特征理解习近平总书记为什么要强调激发市场主体。

参考答案：

市场主体是市场经济体制的微观基础，是社会生产力的基本载体，是社会财富的创造者，是经济发展内生动力的源泉，是稳就业的"顶梁柱"、经济增长的"发动机"。为企业打造完全竞争的市场主体环境，促使微观经济运行保持高效率，市场主体独立发挥资源配置作用，促进生产率的提高，最大化满足生产者和消费者的需求，使社会福利最大化。

（2）结合案例1，分析完全竞争市场单个厂商短期供给决策和停业点。

理论知识点：厂商短期供给均衡。

引导学生结合优化营商环境的措施，思考在完全竞争市场中单个厂商的供给决策。

参考答案：

在完全竞争市场中，厂商面临的需求曲线在市场中价格处是水平的，高于市场价格，厂商的销售量为零，低于市场价格，厂商面临的就是整个市场需求曲线。厂商的目标就是利润最大化，当边际成本等于边际收益时，厂商利润最大化，单个厂商的边际收益等于价格，也就是说，边际成本等于价格时，达到供给均衡。

图1-9表明厂商获得利润的情况，在均衡点 E 处边，商品价格大于平均成本，利润为阴影面积。图1-10为厂商不获得超额利润的情况，只能获得正常利润。图1-11表明厂商亏损，价格小于平均成本，大于平均可变成本，亏损为阴影面积，厂商不生产的亏损大于生产，所以厂商继续生产。图1-12表明厂商亏损，价格小于平均成本，等于平均可变成本，亏损为固定成本，此时厂商生产或不生产亏损相同，E 为厂商的停业点，如果价格低于该点，厂商停止生产。图1-13表明厂商亏损，价格低于平均可变成本，厂商停止生产，亏损为固定成本。

图1-9　厂商获得利润

图1-10　厂商不获得超额利润

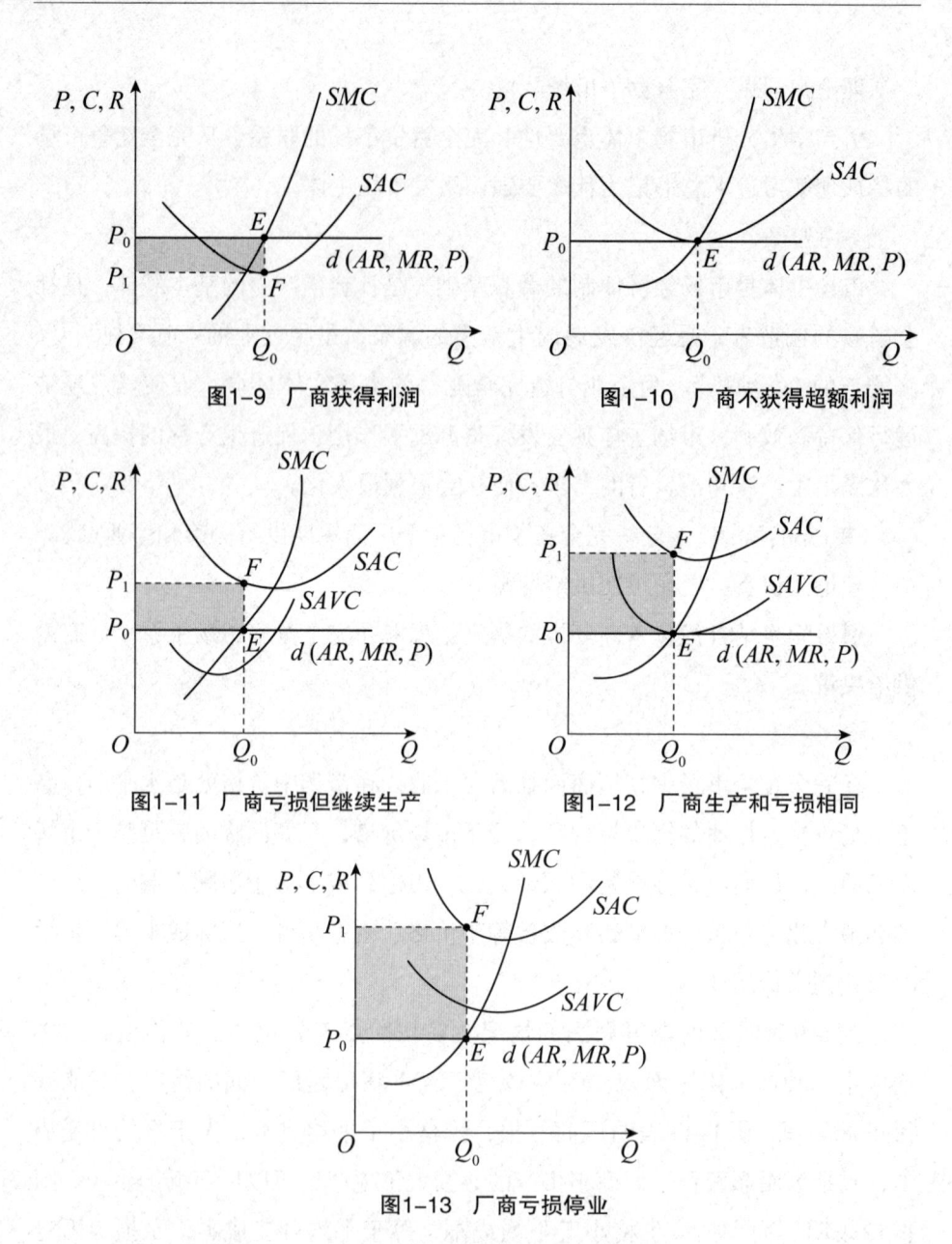

图1-11　厂商亏损但继续生产

图1-12　厂商生产和亏损相同

图1-13　厂商亏损停业

（3）结合案例1，分析厂商的利润和生产者剩余。

理论知识点：利润和生产者剩余。

引导学生分析不同厂商决策的利润和生产者剩余。

参考答案：

利润是总收益和总成本之间的差额，生产者剩余等于收益扣除可变成本，或者等价地，生产剩余等于利润加不变成本：

$$利润 = py - c_v(y) - F \qquad （式1-1）$$

$$生产者剩余 = py - c_v(y) \qquad （式1-2）$$

（4）结合案例2，分析厂商长期供给决策。

理论知识点：企业长期供给均衡。

引导学生从厂商的短期供给决策推导至长期供给决策。

参考答案：

厂商短期和长期供给决策不同点在于，短期内厂商无法退出或进入市场，也就是说市场内厂商的数目是固定的。而长期则不同，厂商可以根据实际情况选择进入或退出市场。

与短期相比，厂商的某些生产要素的供给量是固定的，但在长期内，这些要素是可变的，因此，在产出价格变化时，厂商在长期内比在短期内拥有更多的选择进行调整。这就意味着，与短期供给曲线相比，长期供给曲线对价格的变化更为敏感，即更有弹性，如图1-14。在长期内，行业内厂商的数目是变动的，行业内厂商如果能获得正常经济利润之外的额外利润，将会吸引新的厂商加入行业，供给提高，直至价格下跌至每个厂商只能获得正常的经济利润为止，新的厂商不再加入行业，如图1-15。反之，如果行业内厂商亏损也会离开行业，价格上升至均衡状态。

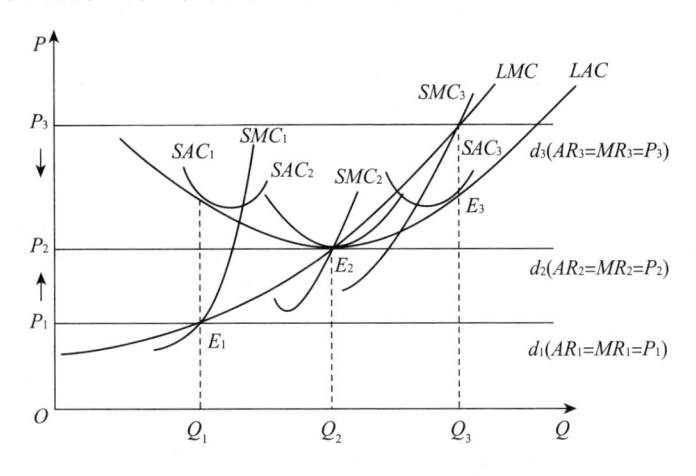

图1-14　厂商进入或退出行业与厂商均衡

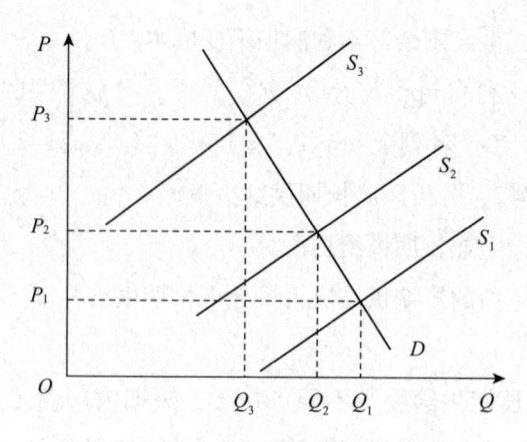

图1-15　行业供给变化与市场均衡

（5）结合案例2，分析行业供给的短期均衡和长期均衡。

理论知识点：行业供给的短期均衡和长期均衡。

引导学生从单个厂商的供给决策推导至整个行业的供给决策。

参考答案：

短期内，行业的供给是所有厂商的供给之和，短期内厂商无法调整使用的生产要素等，因为在均衡条件下，有些厂商盈利，有些厂商亏损，只要亏损部分不超过固定成本，这些厂商都不会退出市场。

长期内，厂商可以调整所有生产要素，选择进入或退出市场，直至 MC=P=AC 时，行业内厂商数量保持稳定，整个市场达到均衡。

（四）教学组织实施

教学组织安排如下表所示。

学习阶段	学习内容	时间限制	学习目标
课前	要求学生分组，并预习课本知识，查阅相关资料，了解中国经济的微观现状。	提前一周	熟悉案例背景。
课中	讲授知识点，引入案例。	10分钟	掌握基本理论知识。
	用PPT展示厂商的生产决策。	15分钟	进一步熟悉案例背景。
	随机抽取3个小组进行发言。	15分钟	结合理论分析问题，小组案例分析报告作为一次平时成绩。

续　表

学习阶段	学习内容	时间限制	学习目标
课中	进行归纳总结，注意思政元素与单个企业生产的结合。引导学生学会运用微观经济学的理论知识解决现实问题。	10分钟	归纳用到的关键理论，并对各组表现做一个简单点评。
课后	请学生继续关注实际上的企业生产情况。		增进记忆，巩固知识。

（五）总结

在社会主义市场经济运行过程中，各市场主体参与市场经济活动的目的是为了获得更多的利润和占领更多的市场份额，为此，他们必须在价格、竞争、供求的相互作用下，不断改进技术，强化经营管理，降低生产成本，提高劳动生产率，提高产品质量等，从而保持国民经济旺盛的生机、活力和发展后劲，推动社会经济资源的优化配置，促进社会生产和需求协调发展。

突如其来的疫情对我国经济和世界经济产生巨大冲击，我国很多市场主体面临前所未有的压力。面对风险挑战，党中央明确提出要扎实做好"六稳"工作、落实"六保"任务，各地区各部门出台了一系列保护支持市场主体的政策措施，从加大宏观政策调节力度，到全面强化稳就业举措，从全力支持和组织推动各类企业复工复产，到帮扶中小微企业渡过难关，有力推动我国经济发展呈现稳定转好态势。在2020年7月21日的企业家座谈会上，习近平总书记从落实好纾困惠企政策、打造市场化法治化国际化营商环境、构建亲清政商关系、高度重视支持个体工商户发展等四个方面提出了明确要求，目的就是进一步加大政策支持力度，更好激发市场主体活力，使广大市场主体不仅能够正常生存，而且能够实现更大发展。

参考文献

[1] 林兆木.使市场在资源配置中起决定性作用[N].光明日报，2013-11-29（2）．

[2] 新华社.习近平主持召开企业家座谈会并发表重要讲话[EB/OL]．（2020-07-21）[2022-12-26].http://www.gov.cn/xinwen/2020-07/21/content_5528789.htm

[3] 金观平. 构建新发展格局, 推动高质量发展[N]. 经济日报, 2021-01-15
（1）.

[4] 黄锡富. 使市场在资源配置中起决定性作用[J]. 当代广西, 2018（20）:
14-15.

[5] 弘扬企业家精神, 为国家作出更大贡献[N]. 人民日报, 2021-12-06（2）.

厂商理论与企业高质量发展

一、案例正文

案例1：华为5G基站

华为在北京举办5G发布会暨2019世界移动大会预沟通会，发布了全球首款5G基站核心芯片——华为天罡，致力打造极简5G，助推全球5G大规模快速部署。目前，华为已经获得30个5G商用合同，25 000多个5G基站已发往世界各地。

华为秉承"把复杂留给自己，把简单留给客户"的理念，积极投入、持续创新。华为可提供涵盖终端、网络、数据中心的端到端5G自研芯片，支持"全制式、全频谱（CBand3.5 G、2.6 G）"网络，并将最好的5G无线技术和微波技术带给客户。华为常务董事、运营商BG总裁丁耘表示："华为长期致力于基础科技和技术投入，率先突破5G规模商用的关键技术；以全面领先的5G端到端能力，实现5G的极简网络和极简运维，推动5G大规模商业应用和生态成熟。"

全球首款5G基站核心芯片。华为发布全球首款5G基站核心芯片——华为天罡，在集成度、算力、频谱带宽等方面，取得了突破性进展：极高集成，首次在极低的天面尺寸规格下，支持大规模集成有源PA（功放）和无源阵子；极强算力，实现2.5倍运算能力的提升，搭载最新的算法及Beamforming（波束赋形），单芯片可控制高达业界最高64路通道；极宽频谱，支持200 M运营商频谱带宽，一步到位满足未来网络的部署需求。同时，该芯片为AAU带来了革命性的提升，实现基站尺寸缩小超50%，重量减轻23%，安装时间比标准的4G基站节省一半时间，有效解决站点获取难、成本高等挑战。

极简5G，助推全球5G快速规模部署。2018年，华为奏响5G规模部署的序章，率先发布全系列商用产品、率先全球规模外场验证、率先开始全球规模商用。截至2018年底，华为已完成中国全部预商用测试验证，推动了5G进入规模商用快车道。2019年1月9日，华为"5G刀片式基站"凭借创新性采用统一模块化设计等技术突破，获得2018年度"国家科学技术进步奖"一等奖；该基站实现所有单元刀片化、不同模块间任意拼装，使5G基站的安装像拼装积木一样简单便捷。华为5G产品线总裁杨超斌表示："华为全系列全场景极简5G解决方案，在兑现5G极致性能和体验的同时，能够大幅提升部署和运维效率，使5G部署比4G更简单。"

引入AI，打造自动驾驶网络。本次会上，华为介绍了近期推出的全球首款装有AI大脑的数据中心交换机，其性能业界最高，可实现以太网零丢包，端到端时延降至10微秒以下；其最大功耗只有8 W，一颗这样的AI芯片能力，超过当前主流的25台双路CPU服务器的计算能力。

面向未来，华为提出"自动驾驶网络"的目标，积极引入全栈全场景AI技术，打造SoftCOMAI解决方案，帮助运营商在能源效率、网络性能、运营运维效率和用户体验等方面实现价值的全面倍增。[1]

案例2：太极DATAKEEPER数据科学计算平台

太极DATAKEEPER数据科学计算平台通过全自动化一站式服务流程，极大简化了机器学习模型的构建过程，包括执行不同阶段的数据科学项目生命周期所需的所有过程工具。帮助数据科学家更快地运行、跟踪、复制、共享和部署分析模型，从而增强分析能力。同时可执行、比较多个并行模型实验，并利用本产品建立软件平台进行训练、超参数调整。提供基于GUI的机器学习开发环境系统，能让用户以拖放的方式创造、安装、提交、监控、共享他们的机器学习流程。此外，可以利用流水线在各种云和服务平台上部署和管理生产中的模型。平台包含机器学习大多数基础问题，让使用者不必再通过代码编写程序的方式进行对数据集的操作，而是在Web界面流畅直观地完成数据导入、数据筛选、特征选取、模型训练、预测等操作。目前，该平台已服务中国华能、天津渤化、西安热工研究院等数字化先行企业，实现多个智能化应用场景落地，成功助推企业数字化转型与商业创新。[2]

案例3：降低成本提升经营能力

作为重要的市场主体，中小微企业是稳增长、促就业、保民生的核心力量。中小微企业的生存与发展也获得了各界广泛关注，近日，中国社会科学院社会发展战略研究院针对上海地区中小微企业的经营状况开展问卷调研，有效样本近千份。调研结果显示，受访的中小微企业，主要困难体现在经营成本方面，超过5成的受访者认为房租成本高，近4成受到订单少、缺少业务的影响。总体来说，个体企业经营中面临的主要困境源自经营成本和经营能力，降成本、促进能力提高是改善其运营的关键。此外，从受访者反馈来看，税费负担已经不再是主要困难。近两年，各个部门都出台相关举措，支持中小微企业的发展。2021年，央行及多部委联合下发有关金融机构降费让利的通知，各大银行、机构以及支付平台纷纷跟进。财付通公司也对符合减费标准的中小微商户采取网络支付业务手续费打九折、减免小微商家支付账户提现手续费两项措施。数据显示，2021年9月至2022年6月，微信支付（财付通）在支付服务手续费方面已累计让利约30亿元，惠及小微商家超过2000万元。整个降费周期将持续到2024年，财付通预计将实现三年100亿元减费让利的总体目标。除了手续费的减降，中小微企业还从互联网平台获得了其他支持，比如来自平台的数字化经营指导等。调研还建议平台化企业可以通过展开员工志愿服务，深入了解中小微企业目前的痛点，提供有针对性的经营辅导。调研还显示，超过一半的商户面临缺少资金的困境。为了应对资金困境，亲友借款仍然是中小微企业寻求解决资金问题的首要渠道，超过4成的受访者选择通过这种方式解决资金困境。尽管在经营中面临一些问题，但大部分受访者对未来的经营仍持谨慎乐观的态度。

二、案例的思政元素

1. 坚持创新的核心地位，推动经济高质量发展

创新是引领发展的第一动力，抓住创新便抓住了发展全局的"牛鼻子"。党的十九届五中全会坚持新发展理念，坚持创新在我国现代化建设全局中的核心地位，对推动创新发展、建设科技强国、发展现代产业体系作出一系列重大部署，为推动经济高质量发展提供了重要遵循。

抓创新就是抓发展，谋创新就是谋未来。从推进以科技创新为核心的全面创新，到构建以企业为主体、市场为导向、产学研相结合的技术创新体系，再到加快推进人才发展体制和政策创新，近年来我国不断强化创新驱动发展的顶层设计，努力破除制约创新的思想障碍和制度藩篱，坚持创新发展形成了从发展理念到发展战略再到行动落实的完整链条。

中国经济的庞大体量和阶段特征，决定了实现高质量发展既要依靠前沿创新领域的发展，更需要将创新扩散在整个经济体系、各个行业发展中。网购"足不出户"，网课跨越"教育鸿沟"，高铁让"天涯若比邻"，智能设备在疫情防控中大放异彩……回眸"十三五"，一个个利民惠民的创新案例，编织成全面小康的蓝图，稳稳托起中国人对美好生活的向往。

"十三五"时期，我国研发投入强度从2.06%增长到2.23%，基础研究经费增长近一倍，全球创新指数排名从第29位升至第14位，重大创新成果竞相涌现，创新型国家建设取得重大进展。"十四五"时期，是我国全面建成小康社会、实现第一个百年奋斗目标之后，乘势而上开启全面建设社会主义现代化国家新征程、向第二个百年奋斗目标进军的第一个五年。站在新的历史起点上，经济社会发展和民生改善比任何时候都更加需要增强创新动力。为此，必须坚持创新在我国现代化建设全局中的核心地位，抢抓新一轮科技革命和产业变革的重大机遇，构建新发展格局、塑造发展新优势，这样才能在危机中育先机、在变局中开新局。

2. 建设世界科技强国

习近平总书记在中国科学院第二十次院士大会、中国工程院第十五次院

士大会和中国科协第十次全国代表大会上的重要讲话,视野宏阔、内涵丰富、思想深刻,具有很强的政治性、思想性、战略性、指导性,为加快我国科技事业发展、建设世界科技强国指明了前进方向、提供了根本遵循。我们要深入学习贯彻习近平总书记重要讲话精神,自觉肩负起时代赋予的重任,勇攀科技发展高峰,努力建设世界科技强国。科技立则民族立,科技强则国家强。习近平总书记指出:"我国广大科技工作者要以与时俱进的精神、革故鼎新的勇气、坚忍不拔的定力,面向世界科技前沿、面向经济主战场、面向国家重大需求、面向人民生命健康,把握大势、抢占先机,直面问题、迎难而上,肩负起时代赋予的重任,努力实现高水平科技自立自强!"习近平总书记的重要讲话,对于我们建设世界科技强国、实现高水平科技自立自强具有重要指导意义。

党的十九届五中全会提出,"把科技自立自强作为国家发展的战略支撑"。实现高水平的自立自强,是构建新发展格局最本质的特征,是全面建设社会主义现代化国家的必然要求。在这次大会上,习近平总书记对实现高水平科技自立自强提出五个方面重要战略部署和重点任务,深刻回答了新时代实现高水平科技自立自强一系列方向性、根本性、战略性重大问题,是我们建设世界科技强国的行动指南。我们要深刻把握习近平总书记提出的重要战略部署和重点任务,完成好历史赋予我们的光荣使命。

3. 确立企业创新主体地位

习近平总书记在科学家座谈会上强调:"要发挥企业技术创新主体作用,推动创新要素向企业集聚,促进产学研深度融合。"面对国内外环境发生的深刻复杂变化,积极推动科学研究向高精尖发展,加快应用基础研究成果转化,打通产学研用通道,都需要夯实企业创新主体地位。

发挥政府部门的宏观调控作用,注重面向企业需求建立人才培养体系。科技竞争归根到底是人才竞争。科技发展历程表明,企业、科研院所、高校、高等职业教育机构,以及政府相关部门等,是创新体系的基础。当前,我国的科研院所、高校等拥有一大批优秀科技工作者。然而全链条的科技人才培养体系还需要完善。促进科技成果加快转化,推动科技创新实现"四个面向"，需要依靠企业发挥更大作用。因此，夯实企业创新主体作用，需要建立产学研用全链条的人才培养体系，为企业创新提供源源不断的人才。

完善知识产权保护制度，为科学家与企业协同合作创新提供制度保障。正如习近平总书记所强调的，"我们很多产业链供应链都需要科技解决方案，能够提供这种解决方案的只能是奋战在一线的千千万万科技工作者和市场主体"。只有科学家和企业人员之间能够毫无保留地进行创新思维、创新理念、前沿科技的及时分享，才能真正实现应用基础研究及新技术等成果转化。这就需要政府相关部门完善知识产权使用的双向约束和保护制度，让创新要素充分流动。

加大对科技服务业的政策倾斜，充分发挥其桥梁纽带作用。任何一项技术的推广，最终依靠的是市场。当前，科研工作者，特别是从事应用基础研究的一大批科研工作者拥有相当数量的发明专利，但让这些专利走向应用并非科研工作者的专长，科技成果转化率不高。让科技成果更好转化，需要培育好科技服务业，更好向社会提供智力服务。我们需要充分发挥科技服务业的桥梁纽带作用，促进全社会的技术和产品能够实现跨地域、跨行业的顺畅流动，为产业发展提供重要科技创新支撑，培育产学研用无缝对接的生态体系。

企业是最活跃的创新主体。在科技发展史上，很多科技创新成果是企业完成的，很多基础研究上的创新，也是通过企业转化为产品的。进一步夯实企业创新主体地位，将更好地为中国科技创新注入不竭动力。

4. 推动供给侧结构性改革

自2018年以来，习近平总书记先后在多次重要讲话中，反复强调要加大减税降费力度。总书记指出要抓好供给侧结构性改革降成本行动各项工作，实质性降低企业负担。要加大减税力度。对小微企业、初创企业可以实施普惠性税收免除。要根据实际情况，降低社保缴费名义费率，稳定缴费方式，确保企业社保缴费实际负担有实质性下降。

做好减法、做对加法。在供给侧结构性改革的推动下，钢铁、煤炭等重点行业去产能目标完成，一批落后产能和僵尸企业出清，重点领域补短板力度加大，重大科技创新成果不断涌现，战略性新兴产业和现代服务业加快发展，新技术新产业新业态迅速成长。实践充分证明，关于深化供给侧结构性改革的决策是完全正确的，为经济持续健康发展打造了新引擎、构建起新支撑。

推动中国经济高质量发展，必须处理好供给侧结构性改革和需求侧管理的关系。前者重在解决长期结构性问题，强调通过改革的办法，优化要素配置来提高供给体系质量和效率，更好地适应、引领和创造新需求；后者则重在保持总需求稳定，实施扩大内需战略，持续壮大国内市场。两者既缺一不可又相互促进，是社会主义市场经济内在关系的两个方面，共同构成供给创造需求、需求牵引供给的国民经济供需循环。

近些年，经济全球化遭遇逆流，国际经济循环格局发生深度调整，特别是新冠肺炎疫情、地缘政治冲突等超预期因素的出现，对我国供给和需求带来了较大影响，尤其是内需不足成为当前影响我国经济恢复增长的主要问题之一。对此，党中央深入研判指出，这种冲击和影响并没有改变我国经济运行内在机理和长期向好的发展趋势，也没有改变我国经济结构中存在的供需不匹配问题，推进供给侧结构性改革同扩大内需战略是一致的，而不是简单的替代关系。不仅如此，推进供给侧结构性改革，还要用好需求侧管理这个重要工具，在构建充满韧性、满足最终需求的供给体系过程中，实现更高水平和更高质量的供需动态平衡。

三、案例的使用说明

（一）教学目标

本案例适用于中级微观经济学或微观经济学中厂商理论的微观经济学知识点教学。

1. 知识目标

理解概念：边际产品、规模报酬、技术替代率、生产的扩展线。

掌握理论：边际报酬递减、边际技术替代率递减、企业利润最大化的决定。

2. 能力目标

系统思维能力：教师通过对理论的讲解，帮助学生系统地了解边际报酬递减对企业生产的影响和如何实现企业利润最大化，形成全面、系统、联系地分析问题、解决问题的思维能力。

判断实践能力：根据案例材料，设置由浅入深、由知识到能力的问题，通过解答问题帮助学生搭建一座"理论到实践、实践到理论"的思维桥梁，使学生能就企业创新和规模报酬等方面的问题搜集信息与资料，善用适当的理论知识，提出合理的解决方案。

3. 素质目标

形成专业意识：理解企业成本最小化的推导过程，通过作图和公式推导的方式得出企业短期成本曲线，并由短期过渡到长期，由此来分析厂商追求利润最大化的行为。

提高职业素养：通过案例，引入企业创新、供给侧改革和其他重要思政元素，拓宽学生视野，让学生理解企业在经济发展中的重要性，增强学生社会责任感，形成正确的发展理念。

教学过程

1. 课前准备

（1）学生需要预习中级微观经济学中的相关知识，理解短期生产的三个阶段和生产者实现生产均衡的条件以及各类短期成本曲线的特征和相互关系。

（2）从思政案例引入相关知识，从实践引入理论知识，激发学生深入学习的兴趣。分组讨论如何降低企业生产成本和提高企业生产技术，结合厂商实际情况设置相关问题。

2. 讲授理论知识

（1）边际报酬递减规律成立的原因。

（2）从短期总成本曲线推导长期总成本曲线。

（3）降低长期成本。

3. 引入思政案例

从边际产品、规模报酬引入思政案例1，分析案例。

从技术替代率引入思政案例2，分析案例。

从生产扩展线引入思政案例3，分析案例。

（三）案例分析要点

1. 启发思考题

（1）结合案例，分析边际报酬递减、规模报酬给企业创新有什么启示。

（2）结合案例，分析边际技术替代率递减给我国经济高质量发展有什么启示。

（3）结合案例，分析企业长期利润最大化是如何决定的。

2. 分析思路

（1）结合案例，分析边际报酬递减、规模报酬给企业创新有什么启示。

理论知识点：边际报酬递减、规模报酬。

引导学生在学习企业在生产中经历的规模报酬递增、不变、递减以及边际报酬递减规律的基础上，分析这些给企业创新带来哪些启示。

参考答案：

边际报酬递减规律是指企业在生产中技术以及其他投入要素不变的前提下，连续投入一种要素，边际产量先增加再减小的规律。边际报酬递减规律告诉我们，在技术给定的前提下企业生产的投入要素有一个适当的比例，不合适的投入会导致资源非最高效率的利用，因此需要企业改进技术，追求创新，尽可能最大效率利用资源。企业从初期到成长期再到成熟期，规模由小到大，一般会经历规模报酬递增、不变、递减阶段，企业规模过大可能造成内部组织不协调、人员分工不合理、资源分配不合理等问题，因此需要企业不断进行管理创新、技术创新，避免规模报酬递减。

（2）结合案例，分析边际技术替代率递减给我国经济高质量发展带来什么启示。

理论知识点：边际技术替代率递减。

引导学生在学习了边际技术替代率递减的基础上，分析其对我国经济高质量发展的启示。

参考答案：

边际技术替代率递减规律告诉我们生产投入需保持适当的比例，如果某一部门投入过多的生产要素，其实效率是很低的。比如我国某些劳动密集型产业，廉价劳动力投入过多，根据边际技术替代率递减规律，只需多投入一些资本，就可以释放大量劳动力到其他部门。长期以来我国经济增长都是粗放型增长模式，并且资金、人员大量集中在低技术行业，我国经济要实现高质量发展，产业间要素配置需要合理高效，因此需要合理引导资金、劳动力等流向高新技术企业。

（3）结合案例，分析企业长期利润最大化是如何决定的。

理论知识点：边际技术替代率递减。

引导学生在学习企业生产扩展线的基础上，分析企业长期利润最大化是如何决定的。

参考答案：

长期情况下，企业根据可投入要素和技术以及成本的限制决定使自己利润最大化的产量，表现为扩展线上的每一投入组合对应的产量，但是这样是以资源消耗为代价，企业若想长期生存下去，需要改进技术。在投入要素不变的前提下，如果企业进行创新、改进技术，就会获得更大产量，表现为整个产量曲面向上扩张，同时，由于投入要素不变，成本也不变，故能获得比改进技术之前更多的利润。因此，企业若想可持续发展、获得长期最大利润，则需要创新，不断改进技术。

（四）教学组织实施

教学组织安排如下表所示。

学习阶段	学习内容	时间限制	学习目标
课前	要求学生分组,并预习课本知识,查阅相关资料,了解中国政策状况。	提前一周	熟悉案例背景。
课中	讲授知识点,引入案例。	10分钟	掌握基本理论知识。
	各组用PPT展示厂商生产决策,分组讨论。	15分钟	进一步熟悉案例背景。
	随机抽取3个小组进行发言。	15分钟	结合理论分析问题,小组案例分析报告作为一次平时成绩。
	进行归纳总结,注意思政元素与财政政策的结合。引导学生学会运用微观经济学的理论知识解决现实问题。	10分钟	归纳用到的关键理论,并对各组表现做一个简单点评。
课后	请学生继续关注中国企业情况。		增进记忆,巩固知识。

(五)总结

企业作为市场的竞争主体,应始终把降低成本作为企业核心战略。而企业降低成本离不开国家政策支持。近年来,随着国家对企业降低成本政策的不断深化,使得各行各业尤其是制造业企业生产成本的不断上升趋势得到缓解。政府通过大规模减税降费为市场主体节省大量资金,进而使得企业可以扩大投资,增加研发投入。但是,原材料成本、人工和物流成本仍然过高,只有创新才是根本出路。一方面,政府要创新,在原政策基础上推动改革式降成本。另一方面,企业要创新,加大研发投入,提高核心竞争力。坚持创新的核心地位,推动经济高质量发展。

参考文献

[1] 华为发布全球首款5G基站核心芯片致力打造极简5G[EB/OL].(2019-01-24)[2022-12-26].https://www.huawei.com/cn/news/2019/1/huawei-first-5g-base-station-core-chip-5g.

[2] 2021中国式创新案例TOP100(1-50)[EB/OL].(2021-07-19)[2022-12-26].http://www.enet.com.cn/article/2021/0719/A20210719125205.html.

[3] 针对上海地区中小微企业调研显示:降低成本提升经营能力是改善运营的关键[EB/OL].(2022-08-16)[2022-12-26].http://www.news.cn/video/

2022-08/16/c_1211676670.htm.

[4] 弘毅，松间，新亭.2021中国式创新案例TOP100（1-50）[J].互联网周刊，2021（16），34-44.

[5] 高有才，汤凯.临空经济与供给侧结构性改革——作用机理和改革指向[J].经济管理，2017，39（10）：20-32.

垄断市场与公平竞争

一、案例正文

案例1：反垄断，我们一直在路上

2021年9月，市场监管总局发布《中国反垄断执法年度报告（2020）》（以下简称《报告》）。《报告》指出，坚决贯彻落实党中央、国务院决策部署，加强平台经济领域反垄断执法。依法查处阿里巴巴收购银泰商业股权等3起平台企业未依法申报经营者集中案件，对阿里巴巴集团实施"二选一"行为涉嫌垄断案立案调查，树起反垄断执法权威。切实加强线上经济和规范社区团购秩序行政指导，引导企业依法合规经营，促进平台经济规范有序创新健康发展。与此同时，深化民生领域反垄断执法。强化医药领域反垄断执法，对3家葡萄糖酸钙原料药经销企业罚没3.255亿元，查处扬子江药业、先声药业等实施垄断案，指导地方查办12个品种原料药垄断案件。持续加强公用事业、机动车检测、二手车、建材等领域反垄断执法，曝光一批典型案件。

2020年反垄断执法十大典型案例：

（1）四川省水泥协会组织6家水泥经营者达成并实施垄断协议案。

经调查，2016年10月，四川省水泥协会组织和推动6家水泥经营者，在成都区域内推涨散装水泥价格，达成并实施统一散装水泥涨价时间、调价幅度的垄断协议。2020年12月，四川省市场监管局依法作出行政处罚，责令当事人停止违法行为，没收违法所得并处罚款共计5981.13万元。

（2）浙江省嘉兴市二手车行业协会组织9家二手车交易市场企业达成并实施垄断协议案。

经调查，2018年5月，嘉兴市二手车行业协会组织全市9家会员单位达成二手车服务费涨价协议，涉案9家企业均按照协议规定上涨二手车交易服务费。2020年12月，浙江省市场监管局依法作出行政处罚，责令当事人停止违法行为，没收违法所得并处罚款共计441.37万元。

（3）山东康惠医药有限公司等3家公司滥用市场支配地位案。

经调查，2015年8月至2017年12月，山东康惠医药有限公司、潍坊普云惠医药有限公司和潍坊太阳神医药有限公司滥用在中国注射用葡萄糖酸钙原料药销售市场的支配地位，实施以不公平的高价销售商品、附加不合理交易条件的垄断行为，排除、限制了市场竞争，损害了消费者利益。2020年4月，市场监管总局依法作出行政处罚，责令当事人停止违法行为，没收违法所得并处罚款共计3.255亿元。

（4）南京水务集团高淳有限公司滥用市场支配地位案。

经调查，2014年以来，当事人滥用在南京市高淳区城市公共自来水供水服务市场的支配地位，没有正当理由，限定房地产公司只能与其指定的设计、监理和工程施工单位进行交易，排除、限制了当地供水工程设计、监理和施工环节的市场竞争，损害了房地产公司和消费者的利益。2020年12月，江苏省市场监管局依法作出行政处罚，责令当事人停止违法行为，并处罚款182.09万元。

（5）英伟达公司收购迈络思科技有限公司股权案。

经审查，本案涉及半导体市场，具体包括图形处理器加速器、专用网络互联设备等5个相关商品市场。市场监管总局认为此项集中对全球和中国GPU加速器、专用网络互联设备、高速以太网适配器市场可能具有排除、限制竞争效果。2020年4月，市场监管总局依法附加限制性条件批准本项集中。

（6）丹纳赫公司收购通用电气医疗生命科学生物制药业务案。

经审查，本案主要涉及生物制药仪器与耗材。市场监管总局认为，此项集中对全球和中国微载体、中空纤维切向流过滤器、一次性低压液相层析系统、中试/生产规模常规低压液相层析柱等10个市场，具有或可能具有排除、限制竞争效果。2020年2月，市场监管总局依法附加限制性条件批准本项集中。

（7）阿里巴巴投资有限公司收购银泰商业（集团）有限公司股权未依法申报经营者集中案。

阿里巴巴投资有限公司通过多种方式取得银泰商业73.79%的股权，并于2017年6月完成交割，在此之前未向市场监管总局申报，构成未依法申报违法实施的经营者集中，但不具有排除、限制竞争的效果。2020年12月，市场监管总局依法对阿里巴巴投资有限公司处以罚款50万元。

（8）阅文集团收购新丽传媒控股有限公司股权未依法申报经营者集中案。

阅文集团是腾讯控股有限公司的控股子公司。阅文集团收购新丽传媒100%股权，并于2018年10月31日完成股权变更登记，在此之前未向市场监管总局申报，构成未依法申报违法实施的经营者集中，但不具有排除、限制竞争的效果。2020年12月，市场监管总局依法对阅文集团处以罚款50万元。

（9）山东省济宁市财政局滥用行政权力排除、限制竞争案。

经调查，济宁市财政局在市政府发布《公交投入和补贴资金管理办法》及配套文件后，将国营公交公司纳入成本规制管理并进行财政补贴，但民营公交公司却一直未被平等纳入管理并享有补贴，构成滥用行政权力排除、限制竞争行为。调查期间，济宁市财政局积极整改，并向山东省市场监管局报送整改情况，已将民营公交公司纳入成本规制管理，并健全公交补贴政策长效机制。

（10）湖南省怀化市住房和城乡建设局滥用行政权力排除、限制竞争案。

经调查，怀化市住建局制定《怀化市区瓶装燃气行业整治工作方案》，要求怀化市城区瓶装燃气经营企业达成《联合经营框架协议》，整合销售业务；怀化市住建局燃气办对企业签订的有关协议予以鉴证，并拒绝有关企业恢复自主经营的要求，构成滥用行政权力排除、限制竞争行为。2020年6月，湖南省市场监管局向怀化市人民政府提出依法处理的建议。怀化市人民政府复函表示，怀化市住建局已整改到位，并对相关责任人员进行了追责问责。

案例2：保障公平竞争——深意多

2021年12月8日至10日，中央经济工作会议在北京举行，会议明确下一年的经济工作要稳字当头、稳中求进，并对宏观政策、微观政策、结构政策、科技政策、改革开放政策等七大政策提出了具体要求。中央经济工作会议强调，要提振市场主体信心，深入推进公平竞争政策实施，加强反垄断和反不正当竞争，以公正监管保障公平竞争。中央经济工作会议对公平竞争政策实施的强调，值得关注。

在疫情冲击下，全球经济政治局势复杂多变，国际大循环受到严重影响，许多地方面临的经济发展压力较大。保障市场经济公平竞争，落实公平竞争审查制度，加强反垄断和反不正当竞争，营造公平的市场经济竞争环境，能更好提振各类企业积极参与市场经济发展的信心和能力，做到以公正监管促公平竞争，以公平竞争促高质量经济发展。基于此，从当前我国市场经济竞争治理法治现况和具体问题的角度，结合此次中央经济工作会议精神，保障和落实公平竞争可聚焦为以高水平创新推动高水平市场竞争、科学推进反垄断和反不正当竞争执法、落实公平竞争审查制度三个方面。

（1）以高水平创新推动高水平市场竞争。

此次中央经济工作会议，在微观政策领域提出"加强反垄断和反不正当竞争""强化知识产权保护"，充分体现了对"竞争与创新"两者一致性与互配性的准确定位和正确认识，即只有激励高水平创新才能更好实现高水平市场竞争，同时只有扎实了市场公平竞争的底线，才能让各类企业诚实、踏实地做好研发创新。当前，我国经济社会步入新发展阶段，创新显得重要且必要，高水平创新有助于市场主体，特别是那些具有头部优势地位的企业摆脱低水平竞争，推动市场公平竞争上层次、上水平。

同时，只有保障和维持高水平的市场竞争，特别是鼓励和支持那些具有颠覆式创新能力和可能的中小企业的公平竞争机会和空间，才能释放更多更优的创新因素，让企业时刻处于高度创新的状态，与新进入的中小企业展开有效的公平竞争，这样有助于相关市场及相关领域内经济的高质量发展。

（2）科学推进反垄断与反不正当竞争，夯实公平竞争。

中央经济工作会议明确提出加强反垄断和反不正当竞争，以公正监管保障公平竞争，与此同时，也强调"调整政策和推动改革要把握好时度效，坚持先立后破、稳扎稳打"。

加强反垄断和反不正当竞争，应起到提振市场主体信心、激发市场主体活力的作用，避免以不当执法冲击市场主体的创新积极性使市场丧失活力。这就对执法机构提出了科学执法的要求，同时也与鼓励创新形成呼应。特别是在数字经济时代，面对国内外经济发展情势，"扩内需保就业保民生"与互联网平台经济的健康发展密切相关，为互联网平台经济领域的市场公平竞争与公平交易建立科学适度合理的竞争治理法律机制，非常重要。

目前，互联网平台经济领域的竞争执法与司法过程中面临新问题，数据的安全保障与有效利用需要有机协调，平台企业的创新积极性需要得到切实保障，在竞争执法司法的过程中亟须对法律适用的方式方法进行相应的改革与创新，确保平台经济领域竞争治理的时效度，保障其在发展中规范，在规范中发展。

鉴于互联网平台经济领域跨界竞争特征明显，竞争关系的边界难以划清，此时在市场监管之外，由行业主管部门及时有效介入互联网行业平台企业竞争行为的合规治理也是很有必要的。

由工信部主导的平台互联互通，就是以行业内竞争治理来推动市场公平竞争秩序建设与维护的典型，可为消费者的权益实现以及中小企业创新发展提供保障，补充市场监管的不足，协力平台经济领域市场公平竞争秩序的建设和发展。

多年以来，平台屏蔽等行为屡屡发生，不仅损害到竞争者利益，也给消费者造成不便。从行业监管的角度，由行业主管部门及时予以行政指导，也符合互联网平台经济领域瞬息万变、动态竞争的特点。

在此基础上，行业监管与市场监管合力，可为互联网平台经济领域的竞争治理提供多元工具，有助于更好地实现对中小企业和广大消费者权益的保护，践行"以公平竞争促进共同富裕实现"在平台经济领域的走深走实。

（3）落实公平竞争审查制度。

会议提出要促进多种所有制经济共同发展，优化民营经济发展环境，依法保护各类市场主体产权和合法权益，政策要一视同仁、平等对待。

公平竞争的市场环境、对外开放的经济政策，要求摒除地方保护、区域封锁和行业壁垒、企业垄断，以及违法给予优惠政策或减损市场主体利益等不符合建设全国统一市场和公平竞争的现象。

通过公平竞争审查制度的完善与落实，为各类企业发展营造公平竞争的市场环境。同时，对反垄断与反不正当竞争科学合理推进，规范和矫正企业特别是优势企业的不公平竞争行为，建立健全全社会公平竞争的理念和行为规范，以公平竞争的市场化机制来激励企业的创新投入，促进市场经济的高质量发展，这些既是本次中央经济工作会议的具体要求，也是未来我国市场经济竞争治理的长期目标和行动方向。

二、案例的思政元素

1. 公平与竞争

公平竞争是市场经济的核心，公平竞争制度是建设高标准市场体系的重要内容。加快完善社会主义市场经济体制，要求建立全国统一的公平竞争制度，筑牢公平竞争这一市场经济的法治基石。立足我国社会主义基本经济制度和发展实践，及时修改反垄断法，明确国家坚持市场化、法治化原则，强化竞争政策基础地位，完善反垄断法律制度规则，有利于营造公平透明可预期的良好环境，保障各类市场主体在全国统一大市场中同台竞技、公平竞争。

推动高质量发展必然要求高水平竞争，只有高水平竞争才能推动高质量发展。经过改革开放40多年的发展，我国已经是世界第二大经济体，拥有超大规模经济体优势。要及时完善反垄断法律制度，有效破除妨碍生产要素合理配置和商品服务自由流通的垄断障碍，畅通高效的国内大循环、构建繁荣的国内大市场，充分发挥市场竞争机制的创新激励和优胜劣汰功能，增强经济的创新力和竞争力。

公平竞争是国际经贸往来的重要基础，公平竞争制度是国际经贸规则的重要内容。建设更高水平开放型经济新体制，需要积极主动适应国际开放规则的演变逻辑和趋势，不断深化竞争领域制度型开放，构建既立足我国发展实际、又与国际高标准通行规则对接的反垄断法律制度，以公平竞争增强我国超大规模市场吸引力，吸引更多的国际资源和要素进入中国，为经济发展创造更多增长机会。

2. 贯彻"依法治国"与"反垄断"相结合

习近平总书记深刻指出："'法度者，正之至也。'我们党自成立之日起就高度重视法治建设。"进入新发展阶段，在习近平新时代中国特色社会主义思想科学指引下，积极响应高质量发展新要求和数字经济新趋势，及时对反垄断法作出修改完善，意义重大、影响深远。

同时党的领导是中国特色社会主义的最本质特征，是做好反垄断工作的根本保证。党的十八大以来，在以习近平同志为核心的党中央坚强领导下，我们不断完善公平竞争法律制度体系，持续加强和改进反垄断监管执法，为建设高标准市场体系、构建新发展格局、推动高质量发展作出积极贡献。在反垄断法中明确"反垄断工作坚持中国共产党的领导"，是坚持党对一切工作领导的必然要求，确保反垄断工作始终沿着正确的政治方向前进。

准确把握反垄断法实施的战略方向。习近平总书记强调："要从构建新发展格局、推动高质量发展、促进共同富裕的战略高度出发，促进形成公平竞争的市场环境，为各类市场主体特别是中小企业创造广阔的发展空间，更好保护消费者权益。"我们要更加深刻把握反垄断的政治性、政策性、复杂性和系统性，坚决贯彻落实党中央、国务院决策部署，推动反垄断法全面有效实施。

全力抓好反垄断法贯彻落实。我们要以习近平新时代中国特色社会主义思想为指导，增强"四个意识"、坚定"四个自信"、做到"两个维护"，不断提高政治判断力、政治领悟力、政治执行力，全力贯彻实施反垄断法，为高质量发展贡献更大力量。

着力健全反垄断法律制度体系，打造公平透明可预期的竞争法治环境。

加快完善反垄断配套立法，抓紧修订完善经营者集中反垄断申报标准等法规、规章，在关系国计民生、竞争问题多发、社会高度关注的重点行业和领域制定反垄断指南，构建科学完备、系统规范、运行高效的公平竞争法律制度体系，打造全球公平竞争政策实施新高地。

着力强化重点领域反垄断监管执法，不断优化市场竞争生态。坚持对各类市场主体一视同仁、平等对待，依法加强反垄断监管执法，有效打通制约我国产业升级和高质量发展的垄断堵点，促进生产要素自由流动和资源优化配置。

着力深化竞争领域制度型开放，推动建设更高水平开放型经济新体制。加快构建多双边自贸协定高水平竞争政策体系，加强同"一带一路"沿线等国家（地区）的反垄断交流合作，打造高层次公平竞争国际交流合作平台。积极参与全球竞争治理，逐步从高标准竞争规则的接受者、跟随者向贡献者、制定者转变。完善企业境外竞争维权援助体系，维护我国"走出去"企业的合法权益。

着力完善公平竞争政策实施机制，增强竞争治理效能。充分发挥各级各类公平竞争政策协调机制的作用，加强竞争政策与宏观调控、产业发展、行业监管等政策统筹协同，更加注重从个案对接转向规则对接。完善与鼓励创新、及时监管、有效处置相适应的监管方式和工具，增强监管前瞻性。

我们要在以习近平同志为核心的党中央坚强领导下，解放思想、开拓创新、担当作为，以深入学习宣传贯彻新修改的反垄断法为契机，不断增强工作本领、提升工作能力，奋力开创反垄断和公平竞争政策实施新局面，以实际行动迎接党的二十大胜利召开。

3. 高质量发展需要强化反垄断，深入推进公平竞争政策实施

我国经济已由高速增长阶段转向高质量发展阶段。以科技创新引领高质量发展，是破解当前经济发展深层次矛盾和问题的必然选择，也是加快转变经济发展方式、调整经济结构、提高发展质量和效益的重要抓手。科技创新的实现，离不开反垄断和公平竞争政策的保障。

高质量发展离不开高水平创新，高水平创新离不开公平竞争。市场垄断

和行政性垄断，都会扭曲竞争机制、破坏竞争秩序，损害创新。只有公平的竞争环境，才能繁荣创新；只有不断繁荣创新，才能提高竞争的层次和水平；只有提高竞争的层次和水平，才能进一步推动创新繁荣，从而持续推动经济高质量发展。有竞争而无增长，有增长而无创新，均非高质量发展。因此，强化反垄断、深入推进公平竞争政策实施，就是要为创新营造公平的竞争环境，进而通过创新不断提高竞争层次，实现竞争和创新的良性互动，推动经济高质量发展。

实现共同富裕需要强化反垄断、深入推进公平竞争政策实施，带领人民创造美好生活，是我们党始终不渝的奋斗目标。要坚持以人民为中心的发展思想，在高质量发展中促进共同富裕。共同富裕是以共同发展为前提的。反垄断法是保护竞争的法律，是鼓励创新的法律，无疑也是推动共同发展的法律。反垄断法禁止横向和纵向垄断协议，防止共谋垄断市场，保障共同发展；禁止滥用市场支配地位的行为，防止排他性质或者剥削性质的排除限制竞争的滥用行为，维护共同发展；对经营者集中进行审查，对不当经营者集中予以禁止或者附加限制性条件，维护有效竞争的市场结构，推动共同发展。

三、案例的使用说明

（一）教学目标

本案例适用于中级微观经济学或微观经济学中垄断市场的微观经济学知识点教学。

1. 知识目标

理解概念：利润最大化、线性需求曲线、自然垄断、价格歧视、产品差异化。

掌握理论：两部收费制、垄断优势理论。

2. 能力目标

系统思维能力：通过对理论知识点的分享，引导学生考察这种市场势力的含义。市场势力改变了企业成本和出售价格之间的关系。竞争企业接受市场给定的其产品的价格,并选择供给量,以使价格等于边际成本。与此相比,垄断者收取高于其边际成本的价格。

判断实践能力:根据案例材料,引入知识点讲解。由现实中存在的企业问题联系到理论知识,再将理论知识应用于现实企业。设置多个问题,引导学生进行思考,考察一个行业在只有一家厂商时的产业结构即垄断。

3. 素质目标

形成专业意识:理解为什么会出现垄断,通过作图和公式推导的方式,求解垄断企业是如何制定其产品价格和产量以达到利润最大化。

提高职业素养:通过案例,引入政府的宏观调控,推动企业实现更好发展、中国经济高质量发展等思政元素,拓展经济视野,帮助同学理解政府在反垄断上的重要作用。

(二)教学过程

1. 课前准备

(1)预习中级微观经济学中关于厂商垄断的相关知识,对寻租、价格歧视、自然垄断、产品差异化有一定了解。

(2)从思政案例引入相关知识,从实践引入理论知识,激发学生深入学习的兴趣。通过PPT展示垄断是如何产生的,并且区分单一价格垄断以及价格歧视垄断,并联系实际情况,解释现实生活中厂商决策的科学性。设置相关问题,促使学生对该问题进行独立思考。

2. 讲授理论知识

(1)利润最大化。

(2)线性需求曲线和垄断。

(3)垄断的低效率和额外损失。

(4)价格歧视。

(5)从单个厂商到行业:行业供给均衡。

3. 引入思政案例

从利润最大化引入思政案例1，分析案例。

从价格歧视引入思政案例2，分析案例。

（三）案例分析要点

1. 启发思考题

（1）结合案例，分析在垄断市场上如何实现效率和公平。

（2）结合案例，分析垄断行为的影响。

2. 分析思路

（1）结合案例，分析在垄断市场上如何实现效率和公平。

理论知识点：竞争市场的效率和公平。

引导学生思考，在垄断市场上如何实现效率与公平。

参考答案：

对竞争市场的分析可以为社会有效率地组织提供帮助。当无法通过重新组织生产和分配增进每个人的满足程度时，就实现了配置效率。换句话说，若不使你的状况变坏就不再有一个人的状况有可能变好，这样的经济就是有效率的。在理想的条件之下，竞争经济可以达到配置效率。效率需要所有的企业都是完全竞争者，且没有任何污染或不完全信息之类的外部因素。效率意味着经济剩余达到了最大，在这里，经济剩余等于消费者剩余和生产者剩余之和。

效率实现的条件是：(a) 当消费者达到最大满足时，边际效用（以闲暇的形式表示）正好等于价格。(b) 当竞争的生产者供给物品时，他们选择使边际成本正好等于价格时的产量。(c) 因为 $MU=P$ 而且 $MC=P$。于是得出 $MU=MC$。这样，在完全竞争的条件下，生产某一物品的边际社会成本，正好等于以物品或以所放弃的闲暇来衡量的边际效用。社会从最后1单位消费中获得的边际收益等于社会生产最后1单位生产的成本，这一条件保证了竞争的均衡是有效率的。因此，我国需要施加严格的限制条件，以保证有效的竞争均衡的实现。

（2）结合案例，分析垄断行为的影响。

理论知识点：垄断行为。

引导学生分析垄断的后果，结合国内经济制度，探究对我国经济产生的影响。

参考答案：

第一，垄断已经成为目前我国收入不平等、拉大收入差距的重要成因之一。一方面，垄断企业提供的价格加大了消费者的支出；另一方面，垄断行业的高收入加大群体收入差距。垄断行业的工资水平远远高于社会平均水平。根据人力资源和社会保障部的统计，目前，电力、电信、金融、保险、烟草等行业职工的平均工资是其他行业职工平均工资的2～3倍。

第二，垄断企业对民营企业的发展有着很大程度上的影响。民营企业占了中国企业的很大比例，提供了社会70%的就业岗位，为中国经济的发展和稳定作出巨大贡献。然而民营企业的地位和政策远远比不上垄断企业。不但没有进入行业与垄断企业自由竞争的机会，而且在贷款融资、财税、补贴和国家政策扶持等方面皆不可能与垄断企业相提并论，从而使民营企业的发展受限。

第三，垄断容易滋生腐败。由于垄断带来的资源、地位等优势，常常会使垄断暴露出腐败的问题。垄断型国企的腐败呈上升趋势，如中石油、中石化、中国民航、中国移动腐败案等。这些案件无一不让国人对垄断企业以及国家监察制度产生怀疑与担忧。中石油原董事长蒋洁敏、中石油原总经理陈同海、首都机场集团原董事长李培英、中国移动广东公司原董事长徐龙、资兴电力公司财务总监陈春阳等垄断企业高管被查处落网，让人愤慨不已。这些现象进一步反映出对垄断企业的权力监督体制有待完善。由于垄断企业特别是国有垄断企业有着政府给予的政策庇护，形成没有竞争、没有压力的体制，因此对市场有支配地位。当所有权利与资源都攥在手里，在监督和制约不到位的情况下，追求自己利益、暗箱操作者肯定比比皆是。拥有市场的垄断权，有着对市场资源的绝对支配权，垄断企业的过大权利与性质为企业高管进行贪污提供了基础。于是垄断企业高管不断受贿、中饱私囊，垄断为他们打开了方便之门。因此，垄断企业高管的腐败现象层出不穷。垄断成了腐败的温床，这不仅影响经济发展，更重要的是使政府信用遭到损害，失信于经营者。腐败贪污从根源上损害的是消费者的利益，最终损害国家的经济利益。

由此分析，垄断企业的危害不可小觑，为了防止垄断对国家经济造成不利影响，政府应该采取适合中国国情的反垄断治理措施，建立健全相应的法律体系以规范相关垄断企业，避免其影响中国经济进步。政府必须根据中国经济国情，结合世界经济的发展现状与趋势，走出一条具有中国特色、符合中国国情的治理垄断的道路。国家应着重资源分配效率和公平，着眼全民利益，放眼全球和长期利益，维护中国经济的全球竞争力和国家安全，创造更加公平和合理的良好市场环境，促进中国经济稳定发展。

（四）教学组织实施

教学组织安排如下表所示。

学习阶段	学习内容	时间限制	学习目标
课前	要求学生分组，并预习课本知识，查阅相关资料，了解中国垄断的现状，以及政府的反垄断措施。	提前一周	熟悉案例背景。
课中	讲授知识点，引入案例。	10 分钟	掌握基本理论知识。
	用 PPT 展示垄断的产生。	15 分钟	进一步熟悉案例背景。
	随机抽取 3 个小组进行发言。	15 分钟	结合理论分析问题，小组案例分析报告作为一次平时成绩。
	进行归纳总结，注意思政元素与反垄断措施的结合。引导学生学会运用微观经济学的理论知识解决现实问题。	10 分钟	归纳用到的关键理论，并对各组表现做一个简单点评。
课后	请学生继续关注国家的反垄断政策。		增进记忆，巩固知识。

（五）总结

我国是人民民主专政的社会主义国家，我党始终坚持人民至上，始终维护最广大人民群众的根本利益。反垄断法保护了消费者的利益，保护消费者的合法权益是反垄断法的重要任务。在市场经济条件下，消费者总是处于弱者地位而遭受垄断行为的损害。各种形式的价格垄断、强制搭售商品的行为，严重损害了消费者的合法权益，因此，保护消费者权益是反垄断法最关键的立法宗旨。同时，公有制为主体、多种所有制经济共同发展的社会主义市场经济是我们国家的基本经济制度，反垄断是通过保护竞争机制不受扭曲，来发挥市场机制优化配置资源的作用，从而使经济效率提高并惠及全体消费者，维护了社会主义市场经济的稳定秩序，促进了我国经济的平稳健康发展。

参考文献

[1] 市场监管总局发布2020年反垄断执法十大典型案例[EB/OL].（2021-09-03）[2022-12-26].https：//www.samr.gov.cn/xw/zj/202109/t20210903_334368.html.

[2] 陈兵.中央经济工作会议强调保障公平竞争，有何深意？[EB/OL].（2021-12-15）[2022-12-26].https：//www.bjnews.com.cn/detail/163955972514917.html.

[3] 陈兵，马贤茹.全球视阈下数字平台经济反垄断监管动态与中国方案[J].统一战线学研究，2022，6（2）：66-79.

[4] 时建中.强化反垄断，深入推进公平竞争政策实施[N].人民日报，2021-10-13（14）.

[5] 刘伟.论反垄断法上的消费者利益悖论及其破除[J].经济法学评论，2018，18（2）：165-178.

市场失灵与政府干预

一、案例正文

案例1：数字经济助力消费和产业升级

英国演化经济学家卡洛塔·佩雷丝认为，每一次技术革命都形成了与其相适应的技术—经济范式。他在《技术革命与金融资本》中提出，每一次技术创新过程都会经历两个阶段，第一阶段是新兴产业的兴起和新基础设施的广泛安装和应用，第二阶段是各行各业应用的蓬勃发展和收获。在新一轮科技革命和产业变革浪潮之下，中国政府高度重视数字经济发展。"数字经济"于2017年首次出现在《政府工作报告》中，2019年至2022年更是连续4年被写入政府工作报告，相继提出"壮大数字经济""打造数字经济新优势""加快数字化发展，建设数字中国"和"促进数字经济发展，加强数字中国建设整体布局"。李克强总理在2022年政府工作报告中对数字经济做出如下成段表述，"促进数字经济发展。加强数字中国建设整体布局。建设数字信息基础设施，推进5G规模化应用，促进产业数字化转型，发展智慧城市、数字乡村。加快发展工业互联网，培育壮大集成电路、人工智能等数字产业，提升关键软硬件技术创新和供给能力。完善数字经济治理，释放数据要素潜力，更好赋能经济发展、丰富人民生活"。

数字经济主要包括产业数字化和数字化产业两方面，其中产业数字化是指以数据为关键要素，以数字技术为支撑，以价值释放为核心，以数据赋能为主线，对产业链上下游全要素实现数字化转型、升级和再造。《中国数字经济发展报告（2022年）》显示，2021年我国产业数字化规模达到37.2万亿元，同比名义增长17.2%，占GDP比重为32.5%。随着数字经济的深入推进，各行各业已充分认识到发展产业数字化的重要性，工业互联网成为制造业数字化转型的核心方法论，服务业数字化转型持续活跃，农业数字化转型初见成效。产业数字化转型已成为中国经济体系的新兴力量、实现经济创新发展的新动能、国民经济发展的重要支撑力量，进一步带动传统三次产业产出增长、效率提升，为数字经济注入源源不断的动力。从国家战略方向到产业发展实践都可以看出数字经济对产业释放的强大动能。利用数字经济促进产业转型升级，是产业高质量发展的必由之路，也是中国经济高质量发展现状对产业发展提出的客观现实要求。

随着移动互联网、大数据、云计算、人工智能（AI）等新一代信息通信技术（ICT）的深化发展和应用，现代的生产要素和生产关系等生产和生活方式也发生了新的变化。

首先，数字经济可以有效缓解信息不对称。以医美为例，随着"健康中国"的提出，其中蕴含的一个重要转变就是从以往以疾病为中心转向以健康为中心，医疗美容、抗衰老这两个领域也旨在满足人们对美好生活的需求。而随着医美的发展，许多乱象也不断出现，使得消费者对医美行业有着深深的不信任感。如果不能有效解决消费者和商家之间的这种高度不信任，就很难全面发挥出行业潜力。目前整个医美行业在探索如何解决信息不对称，基于此，市场不断涌现"E美颜选"等互联网医美企业，提供了同步国际医疗技术、开展干细胞前沿医疗技术研究的平台。这些平台为了获取阅览流量，让患者得到可靠的医疗行业信息，需要针对医美机构资质进行严格把关，并充分保障每一位客户的知情权和自主选择权。其甄选的名单完全符合国家证件许可要求，确保客户后续诊疗的安全性。此外，平台充当了咨询专家的角色，参照每一位客户的自身情况，凭借自身专业经验为客户做出高级私人定制，这种独立的网络数据信息既能实现客户的变美需求又能够有效缓解信息不对称问题，从而促进产业升级。

其次，数字经济可以有效提升劳动生产率。美国咨询机构的研究表明，在所有企业中，信息化利用率高的企业的劳动生产率要比利用率低的企业高约60～90%，在服务性行业中，对数字经济的资本利用为本行业带来的贡献率要高于传统资本利用的2～3倍。根据中国国家统计局数据显示，2022

年1—5月份，全国规模以上电子信息制造业增加值同比增长9.9%，比同期工业增加值增速高6.6%，与同期高技术制造业增加值增速持平。产业数字化加速转型，上半年网上消费保持逆势增长，实物商品网上零售额增长5.6%，占社会消费品零售总额的比重达到了25.9%；跨境电商仍保持高位增长；数字基础设施加速普及，固定宽带普及率已达到发达国家水平。

再次，数字经济是创新的一大助力，可以有效提升自身竞争力。中国数字经济应用技术研发不断取得突破，深度学习算法、混合计算框架等技术研发取得较大进展，但我国集成电路、操作系统和基础软件等对外依存度仍然较高。90%的芯片、80%以上的核心工业软件、70%的工业机器人需要进口。2021年9月6日，由中国国际数字经济博览会组委会主办，以"夯实数字经济基石，引领万物智能发展"为主题，相关方围绕打造数字经济新优势、深化数据赋能产业转型和拓展5G应用新场景等重点方向展开交流研讨，提出通过将人工智能、工业互联网、物联网、数据中心等新技术有效结合，解决产业发展问题。

最后，数字经济可以实现商业模式更新。以莫高窟为例，为了有效保护莫高窟的文物遗址，莫高窟采用了线上平台预约模式，通过大数据实现游客的分类，定时控制某一时间点的游览人数，从而使得雕塑壁画的二氧化碳、温度、湿度等能够达到保护标准。此外，还有敦煌以智慧旅游引领的产业型智慧城市，在以智慧旅游（城市）云计算中心为基础的基础上实现了"一个中心、一个基础、四大体系、八大业态"，更快速服务游客。

二、案例的思政元素

1. 以人民为中心的发展思想

党的十八届五中全会第一次提出了"坚持以人民为中心的发展思想"，这一发展思想具有极为重要的意义，是和马克思主义政治经济学的根本立场相一致的。习近平总书记也强调："坚持以人民为中心的发展思想，把增进人民福祉、促进人的全面发展、朝着共同富裕方向稳步前进作为经济发展的出发点和落脚点。这一点，我们任何时候都不能忘记，部署经济工作、制定经济政策、推动经济发展都要牢牢坚持这个根本立场。"

习近平总书记在党的十八届一中全会上就指出："检验我们一切工作的成效，最终都要看人民是否真正得到了实惠，人民生活是否真正得到了改善，这是坚持立党为公、执政为民的本质要求，是党和人民事业不断发展的重要保证。"几年来他反复强调这个道理，要求全党同志始终把人民放在心中最高位置，把人民立场作为根本政治立场，把人民利益摆在至高无上的地位，不断把为人民造福的事业推向前进。

而如上述案例所示，党和国家不断推动数字经济的发展，可以在一定程度上解决传统经济市场中存在的信息不对称的问题。

在传统的信息不对称市场中，由于消费者比生产者持有相对少的相关信息，因而在交易中也处于一个相对劣势的地位。在这种背景下，"柠檬市场"时有发生，消费者的福利也受到了严重的影响，这与党和国家以人民为中心的发展理念是不相符合的。

而如案例中的"E美颜选"给消费者提供了一个便捷有效的信息获取的数字化平台，消费者可以借助该平台了解其接受的医美项目的相关资质，并可对医美供给者加以监督，从而有效保障了消费者的合法权利，提高了消费者的福利。

因此，数字经济的发展以及它对传统市场中信息不对称问题的缓解，无疑是对党和国家以人民为中心的发展思想的顺应，有利于不断改善民生，最终通过发展社会生产力，不断提高人民物质文化生活水平，促进人的全面发展。

2. 深化供给侧结构性改革

习近平新时代中国特色社会主义经济思想中的八项任务，每一项都和民生息息相关，其中一项就是坚持深化供给侧结构性改革。供给侧结构性改革从根本上可以归结为供给和需求这一对经济学基本矛盾，强调以供需有效衔接、高水平平衡为目标来推进改革，而这一思想顺应了我国经济发展的阶段性特征和历史客观规律。

近些年城乡居民的需求水平明显提升，而供给体系明显不适应需求结构的变化，表现为无效和低端供给过多、有效和中高端供给不足。供给侧结构性改革正是从供给侧开展的以提高供给体系质量为主攻方向的结构性改革，通过有效的要素供给、产品供给和制度供给，最终有效提升供给水平和质量，从而在更高水平上实现供需的有机衔接。一方面，加快推进要素市场化改革，不断提升要素配置效率和全要素生产率，深化国有企业改革，营造公平竞争市场环境，激活微观主体活力，挖掘传统动能增长潜能。另一方面，着力加快发展新技术、新业态、新模式，着力振兴实体经济，大力培育新兴产业，加快发展现代服务业，从而确保在旧动能逐步缩小的同时，新兴动能不断发展壮大，支持经济增长保持在合理区间，实现新旧动能的稳健接续和转换。

大力推动数字经济的发展也是对供给侧结构性改革政策的积极响应。因为信息不对称所带来的"柠檬市场"问题不可避免的会导致"劣币驱逐良币"的现象，这也就会带来市场中产品质量偏低无法满足消费者需求的问题。因此，通过发展数字经济缓解信息不对称问题，可以有效提高市场上的产品质量。如案例中的智慧旅游正是通过数字技术的运用，实现产品供给的高端化、个性化、定制化，让供给能够更好地满足需求。

3. 激发各类市场主体的活力

中央经济工作会议提出的八项重点工作中第二点就谈到激发各类市场主体活力，足见其在建设现代化经济体系中的重要性。

市场主体是经济发展的基本载体，是经济活动的主要参与者、就业机会的主要提供者、技术进步的主要推动者，在国家经济发展中发挥着十分重要的作用。党的十八大以来，我国市场主体蓬勃发展、市场规模大幅拓展、市场结构持续优化、市场环境日益完善。充满活力的微观市场主体，绘就了磅礴壮观的宏观经济发展图景。

蕴藏在市场主体中并不断积累提升的生产、服务、技术及管理能力，是支撑在全面小康的社会基础上实现更高水平发展的重要战略资源，为筑牢制度基础、拓展市场空间、培厚创新土壤打好根基，持续激发各类市场主体创新活力和发展动力，推动中国经济不断育先机、开新局。

数字技术的广泛应用和数字经济的飞速发展，无疑为市场中各类主体提供了巨大的发展机遇。数字经济推广以来，许多新兴的市场主体正在蓬勃发展，如上述案例中的计算机、通信和其他电子信息制造业、快递业等多产业市场主体发展都和数字经济的发展密不可分。

奋进新征程，激发新活力，打造新优势，各类市场主体大有可为。坚持推动数字经济的蓬勃发展，为全面建设社会主义现代化国家奠定更加坚实的基础。

三、案例的使用说明

（一）教学目标

本案例适用于中级微观经济学或微观经济学中信息不对称的微观经济学知识点教学。

1. 知识目标

理解概念：市场失灵、信息不对称、逆向选择、道德风险、委托—代理问题。

掌握理论：逆向选择、道德风险导致市场失灵的原因、纠正市场失灵的方法、劣币驱逐良币的原理、科学合理的激励机制的设计。

2. 能力目标

系统思维能力：教师通过对理论的讲解，帮助学生系统地了解不完全信息对要素资源配置及价格机制所产生的影响，进而使学生形成全面、系统、联系地分析问题、解决问题的思维能力。

判断实践能力：根据案例材料，设置由浅入深、由知识到能力的问题，通过解答问题帮助学生搭建一座"理论到实践、实践到理论"的思维桥梁，使学生针对现实问题进行信息与资料搜集、利用不对称信息经济学的相关知识、提出合理的理论解释。

3. 素质目标

形成专业意识：理解在信息不对称下，利用逆向选择、道德风险导致市场失灵的原因、纠正市场失灵的方法、劣币驱逐良币的原理、科学合理的激励机制的设计等理论知识进行理论分析，养成关注经济社会热点、分析现象本质的学习习惯。

提高职业素养：通过案例，引入以人民为中心的发展思想、深化供给侧结构性改革、激发各类市场主体的活力等重要思政元素，让学生认清经济社会运行发展中的现实问题。

（二）教学过程

1. 课前准备

（1）学生需要预习中级微观经济学中信息不对称的相关知识，对市场失灵、信息不对称、逆向选择、道德风险、委托—代理问题等有完整的认识。

（2）授课教师可事先了解班级学生对基于信息不对称问题的理解认识。分小组、分小专题针对信息不对称理论的发展等内容进行总结汇报，使全班同学对信息经济学有较系统、全面的认识，使学生对旧车市场、保险市场等传统问题的认识再深化，激发其对现实相关问题的关注热情和分析兴趣。

2. 讲授理论知识

（1）基于时间和内容不同发生的信息经济学基本模型。
（2）不完全信息对要素资源配置及价格机制所产生的影响。
（3）逆向选择、道德风险导致市场失灵的原因。
（4）纠正市场失灵的方法。
（5）劣币驱逐良币的原理。
（6）科学合理的激励机制的设计。

（三）案例分析要点

1. 启发思考题

（1）结合案例，分析信息不对称对消费市场产生的不良影响。
（2）结合案例，分析数字经济如何解决信息不对称。

(3) 结合案例，分析数字经济为什么可以实现消费升级。

2. 分析思路

(1) 分析信息不对称对消费市场产生的不良影响。

理论知识点：信息的不完全和不对称。

参考答案：

信息的不对称是指市场中的不同经济主体缺乏信息的程度是不一样的，即市场中的有些人比其他人拥有更多的相关信息，而通常来说产品的卖方一般比产品的买方对产品的质量有更多的了解。比如，出售二手汽车的卖主会比买主更加了解自己汽车的缺陷；出售"风险"的投保人要比保险公司更加了解自己所面临风险的大小；出售劳动的工人要比雇主更加了解自己劳动技能的高低。

通常来说，消费市场中的信息不对称会导致逆向选择、道德风险和委托—代理问题。

①信息与商品市场——逆向选择

逆向选择是指在买卖双方信息非对称的情况下，差的商品总是将好的商品驱逐出市场；或者说拥有信息优势的一方，在交易中总是趋向于做出尽可能地有利于自己而不利于别人的选择。

逆向选择的存在使得市场价格不能真实地反映市场供求关系，导致市场资源配置的低效率。一般在商品市场上卖者关于产品的质量、保险市场上投保人关于自身的情况等等都有可能产生逆向选择问题。

②信息与保险市场——道德风险

道德风险是20世纪80年代经济学家提出的一个经济哲学范畴的概念，即"从事经济活动的人在最大限度地增进自身效用的同时做出不利于他人的行动"，或者说，当签约一方不完全承担风险后果时，所采取的自身效用最大化的自私行为。

道德风险的存在不仅使得处于信息劣势的一方受到损失，而且会破坏原有的市场均衡，导致资源配置的低效率。道德风险分析的应用领域主要是保险市场。解决道德风险的主要方法是风险分担。

③信息不完全和激励机制——委托—代理问题

由于信息的不完全性,委托人往往不知道代理人要采取什么行动,或者即使知道代理人采取某种行动,也不能观察和测度代理人从事这一行动时的努力程度。同时,两者之间存在的利益分割关系,通常会使代理人不完全按照委托人的意图行事,这在经济学上被称为委托—代理问题。

一旦企业出现委托—代理问题,其后果不仅是使企业所有者的利润受损,也会使社会资源配置的效率受损,因为在不发生委托—代理问题的情况下,社会将生产出较高质量的产品。

由委托—代理问题而导致的效率损失不可能通过政府的干预解决,而需要通过设计有效的激励措施加以解决。解决委托—代理问题最有效的办法是实施一种最优合约。最优合约是委托人花费最低限度的成本而使代理人采取有效率的行动实现委托人目标的合约。

(2)分析数字经济如何解决信息不对称问题。

理论知识点:信息不对称。

参考答案:

信息不对称是指市场上的某些参与者拥有,但另一些参与者不拥有的信息;或者指一方掌握的信息多一点,一方掌握的信息少一点。

要想解决信息不对称的问题,提高市场的透明度就是一个很好的途径。而数字经济恰好能够在一定程度上提高市场的透明度,让原本的信息劣势方掌握更多的信息。如案例中提供的"E美颜选"就是通过一个网络平台让消费者充分了解到医美从业者的相关资质,从而让消费者拥有的信息量变大,在一定程度上可以缓解信息不对称问题。

此外,借助数字经济还可以有效解决传统消费市场中涉及中介的相关问题。在买房、买车以及许多二手市场中,由于买卖双方的信息不对称给了许多中介以可乘之机,并借此牟取高额利益。而数字经济的发展为买卖双方提供了一个可以直接相互了解和对接的渠道,从而实现C2C、O2O。

(3)分析数字经济为什么可以实现消费升级。

理论知识点:市场效率。

参考答案：

消费升级又被称为消费结构化升级，是指在消费水平和质量提高的基础上，消费结构不断优化，从而使消费由低层次向高层次发展变化的过程。

消费升级主要包括三个方面：

一是整体消费水平和消费质量的提高，而不是因某个方面消费的增加而抑制其他方面的消费需求；

二是某一种或几种新的消费热点的出现仅仅是消费升级的标志，而消费升级最终还有待于消费结构的进步合理和优化；

三是不断由低层次向高层次发展变化的新进的过程。消费者数量，一般会经历由少到多、由点到面、由局部到全部的升级历程。从消费升级所涉及的消费品的提供方式看，一般会经历由个人或社会组织的自给自足到社会化提供，且社会化程度越来越高、越来越专业化和分工细化的升级历程。

促进消费升级的因素和条件：

（1）经济的发展，可支配收入的提高是消费升级的经济基础；

（2）居民的消费增长率逐步提升；

（3）科学技术进步；

（4）新兴消费业态迅猛发展。

数字经济如何促进消费升级：

（1）数字经济可以有效缓解消费信息不对称，从而提高市场效率，提升消费，从而促进消费升级；

（2）数字经济通常依托于互联网和信息技术，数字经济的发展可以同时带动高新技术产业的发展，优化产业结构，从而实现消费升级；

（3）数字经济一定程度上颠覆了传统的商业模式，促进新兴经济模式的产生，可以通过迅猛发展新兴消费业态来促进消费升级。

（四）教学组织实施

教学组织安排如下表所示。

学习阶段	学习内容	时间限制	学习目标
课前	要求学生分组,并预习课本知识,查阅相关资料,了解信息经济学发展历史。	提前一周	熟悉案例背景。
课中	讲授知识点,引入案例。	10 分钟	掌握基本理论知识。
	各组用 PPT 展示中国经济社会中的信息不对称现象分析,分组讨论。	15 分钟	进一步熟悉案例背景。
	随机抽取 3 个小组进行发言。	15 分钟	结合理论分析问题,小组案例分析报告作为一次平时成绩。
	进行归纳总结,注意思政元素与供给侧结构性改革的结合。引导学生学会运用微观经济学的理论知识解决现实问题。	10 分钟	归纳用到的关键理论,并对各组表现做一个简单点评。
课后	请学生继续关注国家经济社会现实问题。		增进记忆,巩固知识。

(五)总结

当前,全球正处于大数据变革的新时代,移动互联网、智能终端、新型传感器快速渗透到地球的每一个角落。革命性影响将重塑生产力发展模式,重构生产关系组织结构,提升产业效率和管理水平,提高政府治理的精准性、高效性和预见性。同时,以新一代信息技术为代表的新技术体系将创造下一代互联网生态、下一代贸易形态、下一代制造业态。依托超大规模的国内市场、庞大的网民规模和活跃的创新创业生态,我国迅速成为全球数字经济发展的主要引领者。数字消费随之成为推动我国数字经济发展的关键动力,是促进国内需求加快恢复、持续扩大的重要力量。数字经济推动传统消费发展的价值主要体现在多个方面:重构商业模式、提高劳动生产率、促进产业升级、推动大众创业、创造就业能力等。对于中国而言,数字经济是我国由经济大国向经济强国迈进的必然战略选择,既是推动创新、提升效率的重大举措,也是实现中国经济优化转型和健康发展的有效方式和抓手。数字经济的建设是一个系统工程,应围绕以上关键要素有效促进消费体系升级。

参考文献

[1] 两会特别报道 | "数字经济"连续 4 年写进政府工作报告,透露了什么

信号？[EB/OL].（2022-03-09）[2022-12-26].https：//new.qq.com/rain/a/20220309A034M600.html.

[2] 激活三大动力，培育数字经济新优势 [EB/OL].（2021-03-22）[2022-12-26].http://www.jjckb.cn/2021-03/22/c_139826533.htm.

[3] 沈文玮，杨仁忠.从理论突破到体制创新：中国特色的社会主义与市场经济融合发展研究 [J].现代经济，2018，38（11）：14-24.

[4] 马修文.开展"不忘初心、牢记使命"主题教育的根本任务 [J].党课参考，2019（13）：67-85.

[5] 林丽鹏，赵展慧，侯琳良，等.坚持"两个毫不动摇"激发各类市场主体活力 [N].人民日报，2022-11-07（1）.

外部性理论与绿色发展

一、案例正文

案例1:"两山"实践创新基地——山东省枣庄市山亭区

为深入贯彻习近平生态文明思想,全面落实山东省委、省政府关于加快推进生态文明建设的部署要求,山东省生态环境厅始终坚持目标导向,高标准推进,各地也积极探索"绿水青山就是金山银山"的有效转化路径。经审核,山东省生态环境厅日前决定授予9个县(市、区)、乡镇(街道)第一批"省级生态文明建设示范区"称号,命名11个县(市、区)、乡镇、村为第一批"省级绿水青山就是金山银山"实践创新基地。枣庄市山亭区荣获"省级绿水青山就是金山银山"实践创新基地称号。枣庄市山亭区位于沂蒙山区西南麓,全区总面积4平方公里,矗立着5400多座山头,山地丘陵占全区总面积的88.36%,素有"八山一水一分田"之称。近年来,山亭区认真贯彻落实习近平生态文明思想,深入践行"两山"理念,持续在国土绿化、环境治理、林果产业、全域旅游等方面发力,在人与自然和谐共生中,将"绿水青山"的山亭转化成"金山银山"的山亭。山亭区作为生态资源富集地区,先后荣获"国家级生态示范区""全国绿化模范县""中国经济林之乡""国家级重点生态功能区""省级'两山'实践创新基地""山东省全域旅游示范区"等称号。目前,全区拥有旅游景点30余处,其中国家4A级、3A级景区9处;休闲农业与乡村旅游示范点43处;省级开心农场13个;省级精品采摘园14个。

(1) 生态立区,厚植绿色屏障。

山亭区始终实行最为严格的生态保护制度,坚守生态红线,大力开展"绿满城乡·美丽山亭"国土绿化行动,突出道路、山丘、水系、城市、镇村"五大森林体系",新增绿化造林面积5.2万亩,提升公共绿地30万平方米,建成绿道280千米,创建省级以上森林公园5处、湿地公园4处。如今,座座青山披霞翠,条条大道铺绿荫,"城在林中、路在树中、人在绿中"的景观处处可见。

(2)择业选商,强化环境准入。

面对经济欠发达既要"赶超"、又要"转型"的双重压力、双重任务,山亭区坚持生态优先、绿色发展,在招商引资过程中,严格落实建设项目环评制度,围绕绿色产业挑商选资。新上项目必须符合产业调整政策,重污染的化工项目坚决不上。三年来,先后否决了50余个化工、造纸、炼铁等高污染、高耗能项目。为整治违法排污和生态破坏行为,对51条立窑水泥生产线全部关停,先后清理土小企业189家,关闭露天矿山36处。强化环境监管执法,构筑政府、企业和社会多元主体参与互动的"共治共享"生态环境治理模式,着力打造天蓝地绿水净生态宜居的"幸福新山亭"。

(3)"借绿生金",做大林果产业。

山亭区的优势在生态,特色在林果。按照"山顶松柏戴帽、山腰果树缠绕、山脚坝堰花椒"的发展模式,全区大力推广经济林。目前,全区火樱桃、长红枣、板栗、花椒、核桃、桃等特色林果基地55万亩,杂粮基地20万亩,"三品一标"认证达到185个。高标准建设了食品产业园,引进国内知名食品加工企业入园建设。目前,全区食品加工企业已达45家,关联企业400余家,农产品加工总产值50亿元,小小山果成为群众脱贫的致富果。

(4)全域旅游,唱响"田园牧歌"。

徐庄镇葫芦套村地处连环山套之中,全村拥有山场1万多亩,森林覆盖率达95%。依托当地山水特色,实施乡村连片治理,集中打造葫芦套美丽乡村,通过突出葫芦吉祥文化与本土元素的搭配运用,发展葫芦观赏、葫芦采摘、葫芦美食、葫芦艺术,培育农家餐饮、特色住宿等业态,描绘出了一幅望得见山、看得到水、记得住乡愁的生态田园画卷。兴隆庄村依托生态优势,科学推进村民扶贫搬迁,打造翼云石头部落,开发成为国家4A级旅游景区,每年接待游客50余万人,直接带动农民就业300余人,户均增收3万元，探索出了一条美丽乡村建设与旅游扶贫开发相结合的新路子。

绿色，是新常态下最浓重的一抹颜色，是人民幸福生活的底色，是新时代发展的动力源泉。山亭区将牢固树立"两山"理念，加大绿水青山转化成金山银山的探索力度，打造生态富民的样板区。

案例2：环保税赋能企业绿色转型

2015—2016年，国务院以及各部委相继颁布了《中国制造2025》《绿色制造工程实施指南（2016—2020年）》行动纲要，标志着我国绿色转型从顶层设计到基层细节都逐步完善。然而，绿色发展不是一朝一夕、一蹴而就的过程，企业绿色转型实践中也发现增长缓慢现象，甚至出现"漂绿"行为。

国内学者从资源要素、环境规制等诸多方面对绿色转型进行研究，发现税收作为宏观调控最直接的手段之一，对制造业绿色转型起到关键作用。税收中的庇古税最初就是为纠正环境问题的负外部性，以达到帕累托最优状态而设立的。2018年排污费终止，环保税开征，标志着我国环保监管手段的法制化、常态化和多元化。西方各国环保税形式多样，覆盖广泛，效果显著。国内外学者亦对以环保税为代表的绿色税收进行了深入探讨，成果丰硕，研究主要集中在绿色税收的内涵、效用及存在的问题这三个方面。学术界对绿色税收的界定，已从单一形式的环保税（排污费）延伸至"对能源消耗和环境污染有抑制作用，对经济发展有促进作用的税收体系"。

我国绿色税收可大致分为环保税、准环保税及一切具有绿色性质的税收，即狭义绿色税收、中义绿色税收及广义绿色税收。随着对绿色税收界定的拓宽，绿色税收对环境、经济传导机制与效用分析也得到验证。研究证明，绿色税收对减少当地二氧化碳排放有显著作用，但对于不同税种、不同地区、不同行业，绿色税收的环境效率差异巨大。此外，狭义的绿色税收政策对经济数量增长存在抑制效应，但在经济质量增长上表现亮眼；绿色税收政策对经济增长的作用受区域异质性等其他外部因素影响。研究还发现，纳税人绿色税收意识薄弱、绿色税收政策碎片化、课税范围过窄等问题都是削弱绿色税收发挥功效的主要原因。企业绿色转型强调的是环境质量改善与经济持续增长的双重红利。毫无疑问，绿色税收的环保功效可以通过税收的基本功能得以实现。增加国家财政、调节收入分配、维护市场公平是税收的三大基本功能。绿色税收设立的初衷正是为了避免"劣币驱逐良币"，通过征税方式弥补成本差异，达到维护市场公平竞争的目的。

记者从国家税务总局大同经济技术开发区税务局了解到，环境保护税开征以来，企业可自行计算环保税，自行享受税收优惠政策，环保税"多排多征、少排少征、不排不征"的正向激励作用已显现。以国药集团威奇达药业有限公司为例，该公司是一家以生产头孢类、青霉素类抗生素，克拉维酸钾系列产品为主的公司，是国药集团现代的综合性原料药生产基地、抗感染全产品链生产基地。该企业充分享受了环保税扣减50%的优惠政策，同时环保设备的投入与享受优惠政策直接挂钩，很好地实现了节约成本与保护环境的平衡，使企业在享受到税收红利的同时实现绿色转型发展。缴纳的环保税从2018年的63.25万元大幅下降到2020年的31.46万元，企业之所以能这样大幅度"省钱"，除了税收优惠政策的支持以外，还得益于工艺改进和设备升级。"环保税立法后，这家企业进行了多项工艺技术改造升级工程，进一步减少生产过程中产生的污染物排放。"大同经开区税务局负责人表示，环保税的开征加速了企业在先进环保技术和设施上的投入，再通过税收减免的方式反哺企业，不仅提高了能源利用效率、降低了排放量，还为企业节约了成本、减轻了税负，让企业在未来创新发展中的核心竞争力更强，走得更稳更远，实现了经济效益和社会效益"双丰收"。下一步，税务部门将深挖环境保护税"排头兵"潜力，助力打赢污染防治攻坚战，以"税务蓝"建设好保护好发展好大同绿，为全市经济转型发展和生态文明建设增添绿色动能。

二、案例的思政元素

1. 践行"绿水青山就是金山银山"理念

十九大报告指出，"绿水青山就是金山银山"的理念是被实践证明的了关于生态文明建设的科学理念，我们要建设美丽中国，就必须践行"绿水青山就是金山银山"的理念，把科学的理念转化为实践。要加大生态系统保护力度、加快推进生态文明体制改革、推动形成绿色发展方式和生活方式。习近平总书记指出,"要像保护眼睛一样保护生态环境,像对待生命一样对待生态环境"。"绿水青山就是金山银山"理念首先强调自然界在本体论意义上的本原性和优先地位,自然界是人类社会存在和发展的根基。在人类发展进程中,一些古代文明的覆灭与其生态环境的不断恶化有着千丝万缕的联系。历史经验教训告诉我们:只有守住绿水青山,才能保障人类生存发展。在我们党的奋斗历程中,改善民生始终是党不懈追求的目标。改革开放以来,我国经济社会发展较快,人民生活水平不断提高,但生态环境问题也日益突出。在新时代,人民对美好生活的需要日益广泛,对良好生态环境的期盼不断加深。习近平总书记指出:"老百姓由过去'盼温饱'变为现在'盼环保',由过去'求生存'变为现在'求生态'"。当前,生态环境问题已成为制约经济发展的突出短板,改善环境质量,营造良好的生态环境正是对广大人民群众热切期盼的积极回应。

2. 推动共享发展

共享发展是新发展理念的重要内容。共享即分享,是指与其他人分享某件物品的使用权,但所有权不发生转移的一种行为。共享发展注重的是解决社会公平正义问题。共享发展的主体是全体人民。自古以来,中国人都"不患寡而患不均",如何做到社会公平是人类发展历程中的一个永恒难题。随着我国经济的高速发展,全面建成小康社会目标的基本实现,如何进行公平的社会分配成为当今社会的一个重点难题。共享发展作为当前中国发展的战略性指引,是实现社会主义公平正义的根本,有利于促进社会公平的实现。共享发展理念源于马克思主义理论,是对马克思主义发展观的继承和发展,是对"效率优先,兼顾公平"理念的升华,是对中国特色社会主义根本要求的全新解读。共享发展理念的内涵分为四个维度:全民共享,共享发展的覆盖面是全体中国人民,发展成果由全体中国人民共同分享;全面共享,共享的内容涉及人民生活的方方面面,经济、政治、文化、社会、生态等各方面的建设发展成果,均由人民共享,使人民各项基本权益得到保障;共建共享,共享的实现途径是共建共享,即共同参与社会建设,共同分享发展成果，是构建社会主义和谐社会的基本原则和基本特征；渐进共享，共享发展的推动进程是循序渐进的，必将经历一个从不完善到完善的过程。

三、案例的使用说明

（一）教学目标

本案例适用于中级微观经济学或微观经济学中外部性的微观经济学知识点教学。

1. 知识目标

理解概念：外部性、科斯定理、边际社会成本。

掌握理论：外部性的影响、资源配置有效化、社会最优条件。

2. 能力目标

系统思维能力：教师通过对理论的讲解，帮助学生系统地了解环保经济下环境产业机制对保护生态和促进经济发展的影响，形成全面、系统、联系地分析问题、解决问题的思维能力。

判断实践能力：根据案例材料，设置由浅入深、由知识到能力的问题，通过解答问题帮助学生搭建一座"理论到实践、实践到理论"的思维桥梁，使学生能就绿色产业优化等方面的问题搜集信息与资料，善用适当的理论知识，提出合理的解决方案。

3. 素质目标

形成专业意识：理解环保经济下环境产业机制对保护生态和促进经济发展的影响，养成关注经济热点、环境产业政策的学习习惯。

提高职业素养：通过案例，引入绿色经济、建设美丽中国、共享发展和其他重要思政元素，拓宽学生视野，让学生理解绿色发展的重要性，增强学生社会责任感，形成正确的可持续发展理念。

(二)教学过程

1. 课前准备

(1)学生需要预习中级微观经济学中资源配置有效化的相关知识,对科斯定理、生产者和供给者效用函数、机会主义行为等有完整的认识。

(2)授课教师可事先了解班级学生对外部性、社会边际成本、资源配置的认识。分小组、分小专题针对我国环境保护的经济政策、环保产业中的经济效益和生态效益等内容进行总结汇报,使全班同学对我国的绿色产业经济问题有较系统、全面的认识,激发学生对资源配置有效化、环境产业机制等相关问题的关注热情和学习兴趣。

2. 讲授理论知识

(1)负外部效应。

(2)社会成本和社会收益均衡时的社会最优产量分析。

(3)环境资源系统物品的供给、生产和消费保持良性均衡。

(4)生产者和供给者效用函数的应用。

(5)转嫁的社会成本内部转化为个人成本。

(6)实现规模经济的过程。

3. 引入思政案例

从生产者、消费者和效率的知识引入思政案例1,从经济学角度分析环境问题,将保护环境纳入产业范畴是行之有效的分析路径。在环境产业中,供给的是环境资源系统物品。环境资源系统物品是指自然界的所有要素、成分、现象有机结合而形成的一个统一的生态系统。该系统除具有经济价值外,还具有生态的、文化的、休息的、保健的和审美的价值,可以满足人类的物质利益、生态利益及认知的需要,有利于维护自然界的生态平衡网。环境资源系统物品的生产是指为达到规定的环境质量标准,治理已存在的环境污染,修复已遭受破坏的生态环境,同时减少或控制污染物的排放量,预防环境恶化,生产出具有高价值的环境资源系统物品来满足环境消费者的需要。生产者和供给者之间的交易就具有类似市场交易的性质。生产者生产出环境资源系统物品交由作为供给者的政府分配给消费者消费,而生产者从中获取一定数额的报酬。消费者对环境资源系统物品的消费限额由供给者根据一定的标准规定和分配供给生产消费环环相扣,从而推动环境产业机制运作。

从负外部效应的知识引入思政案例2,污染者污染环境的成本由于外部性转嫁给整个社会,也就不会在其私人成本中体现,边际社会成本大于边际私人成本。污染者从其个人利益出发寻求最优产量组合。根据经济学的观点,社会最优产量在社会成本与社会收益均衡时出现,而在上述情况中污染者个人的最优产量偏离社会的最优产量,势必会出现污染者过度生产的情况。而对于受污染影响的生产者而言,不得不承担因污染者污染带来的损失,即个人成本比最初要高。通过对污染环境者征收税收,可以将其造成的外部性成本加入个人成本中,从而实现外部成本内部化,最终解决外部性问题,将环境污染和生态破坏控制在适度的范围内。

(三)案例分析要点

1. 启发思考题

(1)结合案例,分析将环境保护纳入产业范畴对我国生态保护的积极影响。

(2)结合案例,分析环保产业对中国经济发展的积极影响。

(3)结合案例,分析我国征收环境保护税的影响。

2. 分析思路

(1)结合案例,分析将环境保护纳入产业范畴对我国生态保护的积极影响。

理论知识点:供给、生产、消费良性均衡。

引导学生结合环境产业的举措,从环境的生态、审美等方面展开分析。

参考答案:

将环境保护纳入产业范畴缓解了传统的高投入、高消耗、高排放粗放型增长模式造成了大量生态环境问题，推进了生态文明理论创新、实践创新、制度创新，向美丽中国建设迈出坚实的步伐。环境产业保护了自然价值和增值自然资本，使绿水青山持续发挥生态效益。在资源利用方面，不仅考虑人类和当代的需要，也考虑大自然和后人的需要，有利于把握好自然资源开发利用的度。

（2）结合案例，分析环保产业对中国经济发展的积极影响。

理论知识点：资源配置有效化。

引导学生通过资源配置有效化，避免环境产业失灵。

参考答案：

环境产业将会推动产业的结构转型，有利于使资源的投入量实现最优化，有效降低了资源的浪费，使各项配置升级更加合理化。关于生产制造和流通等过程，由于环境保护的需要，应该采用清洁生产的技术方法，尽可能地提升产品的质量，使生产过程更加优化。在消费的过程中尽量地降低资源的浪费。虽然保护环境在整条产业价值链的流动过程中需要进行一定数量的资金投入，然而它产生的价值增值也是巨大的，最终会渗透在整条价值链的每一个环节中。

（3）结合案例，分析我国征收环境保护税的影响。

理论知识点：负外部效应。

引导学生了解利用税收的征收来使边际社会成本与边际社会收益达到平衡。

参考答案：

通过征收环境保护税而加重那些污染环境的企业或产品的税收负担，降低利润水平而直接抑制其生产的发展，或者推动其产品销售价格上涨而抑制消费，最终导致生产的萎缩，以减轻或消除污染，保护环境，促进国民经济健康发展。环境保护税的实施，促使企业加强环境治理、减少污染物排放，对防治污染起到了重要作用，有利于构建促进经济结构调整、发展方式转变的绿色税制体系，强化税收调控作用，形成有效的约束激励机制，提高全社会环境保护意识，推进生态文明建设和绿色发展。

（四）教学组织实施

教学组织安排如下表所示。

学习阶段	学习内容	时间限制	学习目标
课前	要求学生分组，并预习课本知识，查阅相关资料，了解我国环境保护的经济政策。	提前一周	熟悉案例背景。
课中	讲授知识点，引入案例。	10分钟	掌握基本理论知识。
	各组用PPT展示环保产业中的经济和生态发展现状，分组讨论。	15分钟	进一步熟悉案例背景。
	随机抽取3个小组进行发言。	15分钟	结合理论分析问题，小组案例分析报告作为一次平时成绩。
	进行归纳总结，注意思政元素与资源配置有效化的结合。引导学生学会运用微观经济学的理论知识解决现实问题。	10分钟	归纳用到的关键理论，并对各组表现做一个简单点评。
课后	请学生继续关注我国的绿色产业经济问题。		增进记忆，巩固知识。

（五）总结

环境问题的有效解决关键在于将保护环境纳入产业范畴，促进环境产业中生产供给消费环节的良性合作与运行。在政府代替公民行使所有权的前提下，恰当引入市场机制，通过政府干预与市场交易促使社会公众和企业积极从事保护环境的活动，从而实现生态效益、社会效益和经济效益的统一。"十四五"规划纲要明确了经济社会发展主要目标和2035年远景目标，其中产业绿色低碳发展要求我们坚持目标引领、问题导向、过程控制，完善举措，强化创新驱动、改革推动、融合带动，以更大力度推进制造强国建设，为全面建设社会主义现代化国家开好局、起好步提供有力支撑。

参考文献

[1] 绿色发展示范案例 | "两山"实践创新基地：枣庄市山亭区 [EB/OL]. （2021-02-04）[2022-12-26].https：//www.thepaper.cn/newsDetail_forward_11140031.

[2] 大同市人民政府. 环保税为企业绿色转型增添动能 [EB/OL].（2021-09-

13）[2022-12-26].http://www.dt.gov.cn/dtzww/bmdt/202109/e9c6161bbada4119b120650fda95a43c.shtml.

[3] 何吾洁，梁小红，陈含桦.绿色税收对制造业绿色转型的效应分析——基于SBM-DDF模型和Luenberger指数测算[J].生态经济，2020，36（9）：58-66.

[4] 王嘉枫."绿水青山就是金山银山"理念及其实现路径[J].西南林业大学学报（社会科学版），2021，5（6）：31-35.

[5] 李月.基于新发展理念下的共享发展研究[J].中国商论，2021（22）：126-128.

要素市场理论与共同富裕

一、案例正文

案例1：共同富裕的概念和内涵

"一部分地区、一部分人可以先富起来，带动和帮助其他地区、其他的人，逐步达到共同富裕。"邓小平同志于1985年10月23日在会见美国高级企业家代表团时如是说道。

贫穷不是社会主义，让人民过上好日子、实现共同富裕是中国共产党矢志不渝的奋斗目标。改革开放40多年以来，历届党和国家领导人以经济建设为中心，不断实践探索引领中国人民走上"富起来"的道路。党的十八大以来，以习近平同志为核心的党中央，把逐步实现全体人民共同富裕摆在更加重要的位置，对共同富裕的理论进行了新的探索，对共同富裕的目标进行了新的部署，对共同富裕的道路进行了新的实践。以公有制为主体、多种所有制经济共同发展的中国特色社会主义市场经济体制焕发出无限活力，中国的经济发展取得了举世瞩目的辉煌成就。2021年2月28日，国家统计局发布《中华人民共和国2020年国民经济和社会发展统计公报》，其数据显示我国经济总量首次突破百万亿元大关，全年GDP达到101.6万亿元，比上年增长2.3%，而人均GDP也达到72 447元。从生产力相对落后到经济总量跃居世界第二的历史性跨越，为我国实现共同富裕打下了坚实的物质基础。在2021年8月17日召开的中央财经委员会第十次会议上，习总书记强调："共同富裕是全体人民的富裕，是人民群众物质生活和精神生活都富裕，不是少数人的富裕，也不是整齐划一的平均主义，要分阶段促进共同富裕。"在中国特色社会主义进入新时代的背景下，共同富裕这一概念更需要得到深刻理解。

进一步理解共同富裕的内涵，既需要准确把握其概念本质，也需要仔细探讨其实现路径。2021年10月15日，习总书记在《求是》杂志发表的重要文章《扎实推动共同富裕》指出，"促进共同富裕，总的思路是，坚持以人民为中心的发展思想，在高质量发展中促进共同富裕，正确处理效率和公平的关系，构建初次分配、再分配、三次分配协调配套的基础性制度安排"。与初次分配和再分配相比，第三次分配是一个相对晚近的观点，最初于1994年由北京大学著名经济学家厉以宁教授在其著作《股份制与现代市场经济》中提出。市场经济条件下的收入分配主要包括初次分配、再分配和第三次分配，三者相互协调并分别发挥作用。其中初次分配指的是以市场机制为主导，通过向市场提供生产要素取得收入，按照各种要素在生产中的作用进行分配，提高效率在此得到重视；再分配指的是以政府机制为主导，通过税收和转移支付等政策，以公平正义的原则和强制干预的手段，将初次分配的收入在不同的收入主体间进行再分配，达到缩小贫富差距的目的；第三次分配指的是以社会机制为主导，对高收入群体加以价值观引导和法律政策援助的影响，鼓励其在自愿的基础上，将可支配收入的一部分以缴纳、捐赠和资助等方式进行再一次分配，进一步改善社会财富分配结构，更好地实现共同富裕。

第三次分配是对前两次分配的有益补充，要对其客观看待和精准分析，才能在操作层面上加以稳健落实。第一，要支持企业把蛋糕做大。不管分配手段如何，前提都是有足够的资源来进行分配。作为直接创造财富的市场主体，同时也是参与第三次分配的首要主体，企业在社会主义市场经济体制中扮演着重要的角色，其持续稳定发展将为社会带来源源不断的财富。必须明确第三次分配绝不是"劫富济贫"，而是要继续扶持企业在遵纪守法的前提下做大做强，保持强劲的生命力。在企业能够参与世界范围内市场竞争的同时，引导其履行应有的社会责任，提供更多的就业机会，切实保障员工的劳动权益，自愿地向公益慈善事业投入资源。第二，要完善相关的规范建设。我国目前颁布的关于第三次分配的法律法规主要有《中华人民共和国公益事业捐赠法》《中华人民共和国慈善法》《中华人民共和国红十字会法》和《中华人民共和国个人所得税法实施条例》等，但相比西方发达国家，我国公益事业和慈善事业起步较晚，还有很大的发展空间，仍然需要不断深化改革，建立健全一整套行之有效的管理规范，提供必要的制度基础和法律保障，以促进相关参与主体之间的渠道对接与协调配合。第三，要给予捐赠者充分激励。财富创造和规范建设为第三次分配提供了可行性，但要使其保持强劲的活力、发挥出应有的作用，就不得不解决参与主体的参与动力问题。要切实加大对捐赠者的激励力度，给予与其贡献相匹配的社会荣誉，用精神上的获得感弥补其物质财富的"边际效用递减规律"。如此将更有利于在全社会弘扬"乐善好施""纾困扶弱"和"投桃报李"等道德风尚，形成人人推崇慈善、踊跃捐赠的良好社会氛围，确保第三次分配的健康可持续进行。

"治国之道，富民为始。"实现共同富裕既是社会主义的本质要求，也是中华民族走向伟大复兴的必要前提。当前，我国推进共同富裕的条件比过去更加充分，因此必须要敏锐认识到发展形势的最新变化，高度重视第三次分配在社会经济运行中的作用和意义，在扎实推进共同富裕的道路上不断取得新的突破。

案例2：共同富裕，是阿里成为更好公司的时代机遇

在促进共同富裕方面，阿里拥有领先的资源和能力，并正加快攻坚的步伐。其平台经济模式，打通了末梢循环，让数字化的力量渗透到各个地方，提升了经济运行的效率，最大限度地将中国已有的市场优势、基建优势转化成经济发展成果，同时也在云计算、芯片等科研领域持续基础创新，并为整个数字经济发展贡献力量。淘宝、天猫这样的平台，为创业者提供了低成本、低门槛的创业渠道。

数据显示，2008年以来，通过在淘宝、天猫开店获得高速发展、继而上市的企业已超过50家，其总市值达到万亿规模。淘宝天猫平台有着天然的草根性。根据统计，最近几年新"入淘"开店的店主，平均年龄是26岁，淘宝已经成为年轻人创业的第一选择。创业者的形态也越发多元，从各种原创设计师小店，到卖农产品帮助家乡脱贫的"新农人"，再到盲人调音师，阿

里正让更多人共享平台的红利。这些事实都表明，阿里平台正越来越成为创新、创业、创品牌的"热土"。越来越多的人通过阿里"先富"起来，并且以"先富"的示范作用带动"后富"，为中国经济持续注入新的活力。阿里为不同规模的企业提供了舞台，这也加速了国货的成长进程。每年的天猫双11，国货品牌都占据"亿元俱乐部"的半壁江山。越来越多国货品牌的兴起，也创造了更多的就业机会，并让劳动者得到更好的收入。根据中国人民大学研究组的测算，阿里巴巴生态每年直接和间接带动的就业机会超过4000万个，充分体现阿里在促进共同富裕进程中的价值。共同富裕还要求强化行业发展的协调性，而这也是阿里巴巴近年来一直在探索的。2021年，阿里生态体系商品交易总额（GMV）达到8.119万亿元，较上年度再增长了1.066万亿元。而阿里成立时的1999年，全中国的社会零售总规模才3.1万亿。短短20年，不算其他电商企业，仅淘宝、天猫每年产生的生意增量，就等于20年前国内线上、线下零售总和的1/3，这背后是阿里平台的成长，无数人创业、就业，生产和消费的合奏，也是互联网经济可以助力做大蛋糕的最好例证。

"大河有水小河满"，没有国家的持续发展与繁荣，哪有企业的持续发展和基业常青？国家和社会发展，是企业的根本利益所在。服务国家战略与社会发展，既是企业的责任，也是企业的机遇：能在多大程度上成就国家和社会发展，也就能在多大程度上成就自己。在这一过程中，企业的社会价值不仅仅体现在"三次分配"等公益慈善行为，更重要的是要依靠商业行为本身，为社会创造更多就业、更多机会和更多财富。走向共同富裕的中国，给阿里这样的企业提出了新的责任要求，同时也提供了更加大有可为的广阔天地。走过阵痛，更加成熟的阿里，如果能够适应共同富裕的新目标和新趋势，就能够在做大蛋糕、分好蛋糕的过程中，成为一家更好的、更具有社会价值的公司。

案例3：以更加充分更高质量就业扎实推动共同富裕

实现更加充分更高质量的就业，能够让更多民众获得稳定、可预期的收入。就业的总体稳定和就业质量的稳步提高能够为居民增收提供坚实保障。

党的十八大以来，就业在推动经济社会稳定协调发展方面发挥了积极作用，无论是城镇登记失业率，还是城镇调查失业率，都保持在较低水平，每年的城镇新增就业总量都在1100万人以上。即使面临经济下行压力加大、中美贸易摩擦和新冠肺炎疫情等各种内外部因素的冲击，我国的劳动力市场依然表现出较强的就业韧性。全国居民人均可支配收入从2016年的23 821元增长到2020年的32 189元，突破了3万元大关。扣除价格因素后，2011年至2020年全国居民人均可支配收入年均实际增长7.2%，10年累计实际增长100.8%，城乡居民收入比2010年翻一番目标如期实现。按美元计算，2019年我国人均GDP首次超过1万美元，2021年达到1.2万美元以上，接近世界银行所划设的高收入国家门槛。总体看，就业形势的基本稳定与居民收入水平的稳步提高，两者保持了高度的一致性和协调性。

实现更加充分更高质量的就业，有助于进一步缩小收入差距。近年来，我国在实现居民持续增收的同时，收入分配状况也有了很大改善。从城乡居民收入比看，城乡居民人均可支配收入比逐年下降，从2010年的2.99∶1下降到2020年的2.56∶1，比值累计下降0.43。其中，2020年的城乡居民人均可支配收入比与上年相比下降了0.08，是党的十八大以来下降最快的一年。与此同时，以基尼系数衡量的收入分配差距也逐年缩小。全国居民人均可支配收入基尼系数在2008年达到最高点0.491后，2009年至今呈现波动下降态势，2020年降至0.468，累计下降了0.023。城乡收入差距之所以逐步缩小，与大量农民转移到非农就业岗位、获得工资性收入有直接关系。数据表明，在我国全部农村居民的收入结构中，工资性收入的占比在2020年达到了40%以上。近3亿的农民工基本上都是以工资性收入为主的群体。值得注意的是，党的十八大以来，就业扶贫发挥了巨大功效。在脱贫攻坚战略实施期间，90%以上建档立卡贫困人口得到了产业扶贫和就业扶贫支持，三分之二以上主要靠外出务工和产业脱贫。我国累计建设扶贫车间32 688个，吸纳贫困人口家门口就业43.7万人，全国外出务工贫困劳动力将近3000万人。脱贫攻坚战略以及乡村振兴战略的实施，是农村居民收入增速持续高于城镇居民的重要推动力，是城乡差距不断缩小的主要原因。

实现更加充分更高质量的就业，有助于不断满足人民对美好生活的向往。现代劳动经济学认为，就业不仅是获取收入的手段，还是实现人生价值、打破阶层固化、实现社会地位提升的重要途径。对广大劳动者而言，获得感、幸福感和安全感主要是通过就业来实现的。更加充分更高质量的就业，能够给劳动者带来体面和尊严，实现工作生活的平衡，也有利于实现人口、自然、环境的和谐共生。

二、案例的思政元素

1. 共同富裕不是内容单一的物质富裕，精神文明同样重要

"仓廪实而知礼节，衣食足而知荣辱。"物质富裕是精神富足的基础，然而在过去我国经济高速发展时期，有少数先富起来的人并没有使自身的素质与所拥有的财富相匹配，其种种无底线行为导致全体国民一度被贴上"丑陋的中国人"的标签。先进思想文化的作用不容忽视，不但能够实现国民精神文明的富足，也能够为物质财富的积累注入精神动力，更好地满足人民群众日益增长的美好生活需要。

良好的精神环境是扎实推动共同富裕的有力保障。习近平总书记强调，"要强化社会主义核心价值观引领，加强爱国主义、集体主义、社会主义教育，发展公共文化事业，完善公共文化服务体系，不断满足人民群众多样化、多层次、多方面的精神文化需求。要加强促进共同富裕的舆论引导，澄清各种模糊认识，防止急于求成和畏难情绪，为促进共同富裕提供良好舆论环境"。内涵丰富、形式多样、积极向上、弘扬正气、催人奋进的精神食粮与产品的提供，不但能使人精神抖擞、乐观向上、富有朝气，而且能以饱满的精神状态轻松愉悦地高效工作，为整个社会提供更为丰富的物质产品和社会财富，在物质富裕与精神富裕良性互动中不断推进社会发展、实现共同富裕。

2. 共同富裕不是均等富裕

共同富裕包括两层含义：一个是富裕，一个是共享。富裕表现为人民生活水平的提高，意味着收入要高、财产要多、公共服务水平要高。共享则是

高水平共享，意味着收入差距、财产差距、公共服务差距要小。这三个基本要素的水平和共享程度决定全体人民的福祉水平和社会发展能力，构成共同富裕标准。

正如习近平总书记所强调的，共同富裕是全体人民共同富裕，是人民群众物质生活和精神生活都富裕，不是少数人的富裕，也不是整齐划一的平均主义。共同富裕不是均等富裕，收入、财产差距小不等于没有差距。实现共同富裕不是采取简单粗暴的"杀富济贫"方式，而是在实现权利平等、机会均等基础上，人人参与共建共享发展的过程中达到富裕。

一定程度的收入差距也应该得到正视。不能只讲享有的权利，而不讲贡献的义务。要坚决遏制"搭便车"的不劳而获心理，鼓励劳动者以更高的知识水平和劳动生产率获得更高收入，激发全社会的致富热情。

3. 共同富裕具有强烈的人民性

共同富裕之所以被视为社会主义的本质要求和中国式现代化的重要特征，从根本上讲是因为它是全体人民的富裕而不是少数人的富裕，是具有强烈人民性的共同富裕。在全面建设社会主义现代化国家新征程中，扎实推动全体人民共同富裕取得更为明显的实质性进展，理应更加深刻理解和把握共同富裕的人民性内涵及其实现方式。

共同富裕是中国共产党为人民谋幸福的着力点。马克思、恩格斯指出，"无产阶级的运动是绝大多数人的、为绝大多数人谋利益的独立的运动"，而未来社会"生产将以所有人的富裕为目的"，可见共同富裕是马克思主义的基本目标。以马克思主义为指导思想的中国共产党，一经诞生就把"为中国人民谋幸福，为中华民族谋复兴"确立为自己的初心使命，而促进全体人民共同富裕正是为人民谋幸福的重要判断标准和可靠着力点。推翻"三座大山"实现民族独立、人民解放，消灭剥削压迫制度、推进社会主义建设，实行改革开放、建立健全社会主义市场经济体制，历史性解决绝对贫困问题、全面建成小康社会，一百年来中国共产党坚持以人民利益为根本考量，以共同富裕为责任担当。

共同富裕为人的全面发展奠定现实性前提。促进共同富裕与促进人的全面发展是高度统一的，共同富裕的实现过程实质上也是人的全面发展过程。如果说"任何人类历史的第一个前提无疑是有生命的个人的存在"，那么人理应是一切人类历史活动最终的意义载体。共同富裕的人民性表现在它对人的价值的尊重，即它对于人的全面发展的促进。正因为"我们说的共同富裕是全体人民共同富裕，是人民群众物质生活和精神生活都富裕"，所以"要强化社会主义核心价值观引领，加强爱国主义、集体主义、社会主义教育，发展公共文化事业，完善公共文化服务体系，不断满足人民群众多样化、多层次、多方面的精神文化需求"。在全面建设社会主义现代化国家新征程中，我们必须把促进全体人民共同富裕摆在更加重要的位置，促进人的全面发展和社会全面进步。

4.共同富裕不是一蹴而就的同步富裕，循序渐进才能实现

共同富裕是渐进富裕，不是同步同等富裕。渐进富裕，是就共同富裕的推进进程而言的。要看到，各地在推进共同富裕的进程上会有差异，不可能完全同步；不同人群实现富裕的程度有高有低，时间上也会有先有后，不可能齐头并进。这就需要立足国情、立足经济社会发展水平推动共同富裕，既不要裹足不前、该做的工作也不尽力，也不要吊高胃口、好高骛远，要坚持循序渐进，对其长期性、艰巨性、复杂性有充分估计，鼓励各地因地制宜探索有效路径，实打实地一件事一件事办好，提高实效性。

实现共同富裕，要构建初次分配、再分配、三次分配协调配套的基础性制度安排。促进共同富裕，需要正确处理效率和公平的关系，构建初次分配、再分配、三次分配协调配套的基础性制度安排，扩大中等收入群体比重，增加低收入群体收入，合理调节高收入，取缔非法收入，形成中间大、两头小的橄榄形分配结构。首先，初次分配是基础，要坚持效率优先、兼顾公平，把按劳分配和按生产要素分配结合起来，健全劳动、资本、土地、知识、技术、管理、数据等生产要素由市场评价贡献、按贡献决定报酬的机制。从总体来看，初次分配就是要千方百计增加居民收入，给每一个奋斗者以公平的机会。其次，再分配是关键，要加大税收、转移支付等调节力度并提高精准性，以此缩小收入差距。最后，要发挥好第三次分配作用，引导，

支持有意愿有能力的企业和社会群体积极参与公益慈善事业，但不能搞道德绑架式"逼捐"。强调发挥第三次分配的作用，不是劫富济贫，而是要借助一定的制度安排，激励人们自愿捐助回馈社会。

实现共同富裕是"持久战"。任何事物的发展都需要经历一个从量变到质变的过程，实现共同富裕同样是一个长期的历史过程，不可能毕其功于一役，不能把长期目标短期化、系统目标碎片化。必须清醒地认识到，我国仍处于并将长期处于社会主义初级阶段，仍然是世界上最大的发展中国家。当前我国发展不平衡不充分问题仍然突出，城乡、区域之间的收入差距依然明显，实现共同富裕是一项长期艰巨的任务，不是"突击战"，不可能一蹴而就，我们要坚持尽力而为、量力而行，一步一步、久久为功，不断增进人民福祉，朝着正确方向不断前行，在实践探索中扎实推动共同富裕，从而更好绘就亿万人民幸福生活的美好图景。

三、案例的使用说明

（一）教学目标

本案例适用于中级微观经济学或微观经济学中生产要素与收入分配的微观经济学知识点教学。

1. 知识目标

理解概念：要素的供给原则、要素的需求原则、劳动供给曲线。

掌握理论：要素理论、生产要素市场的供给与价格决定。

2. 能力目标

系统思维能力：教师通过对理论的讲解，帮助学生系统地了解要素市场的供给、需求原则，形成全面、系统、联系地分析问题、解决问题的思维能力。

判断实践能力：根据案例材料，设置由浅入深、由知识到能力的问题，通过解答问题帮助学生搭建一座"理论到实践、实践到理论"的思维桥梁，使学生能就生产要素市场的供给与价格决定等方面的问题搜集信息与资料，善用适当的理论知识，提出合理的解决方案。

3.素质目标

形成专业意识：理解完全竞争市场要素需求原则、供给原则，养成关注经济热点、市场变化的学习习惯。

提高职业素养：通过案例，引入货币政策、财政政策和其他重要思政元素，拓宽学生视野，让学生理解国家宏观调控的重要性，增强学生对经济现象的认识。

（二）教学过程

1.课前准备

（1）学生需要预习中级微观经济学或微观经济学中生产要素与收入分配的微观经济学知识点，对生产要素及种类、要素的需求原则、要素的供给原则等有完整的认识。

（2）授课教师可事先了解班级学生对要素理论、劳动供给曲线的认识。分小组、分小专题针对我国共同富裕、分配制度等内容进行总结汇报，使全班同学对我国的社会主义市场经济有较系统、全面的认识，激发学生对要素的供给原则、分配理论等相关问题的关注热情和学习兴趣。

2.讲授理论知识

（1）生产要素及种类。

（2）生产要素需求。

（3）生产要素供给。

（4）劳动供给曲线。

（5）理解土地供给和地租。

（6）理解资本供给和利息。

3.引入思政案例

从生产要素的供给引入案例1，分析案例。

从资本供给和利息引入案例2，分析案例。

从劳动供给曲线引入案例3，分析案例。

（三）案例分析要点

1. 启发思考题

（1）结合案例，分析劳动供给曲线为什么向后弯曲。

（2）结合案例，理解生产要素按贡献参与分配。

2. 分析思路

（1）结合案例，分析劳动供给曲线为什么向后弯曲。

理论知识点：劳动与闲暇的替代效应和收入效应。

引导学生了解劳动供给曲线形状背后的原因。

参考答案：

根据劳动者的最优化行为，对应一个特定的工资率，劳动者在效用最大化点上确定最优劳动供给量，从而得到劳动的供给曲线。据说，在工资水平较低时，工资率上升对劳动所产生的替代效应大于收入效应，因而人们愿意提供更多的劳动，减少闲暇消费。

而当工资水平上升到一定程度以后，替代效应小于收入效应，因而人们增加闲暇时间的消费，而减少劳动时间。因此，劳动的供给曲线向后弯曲。

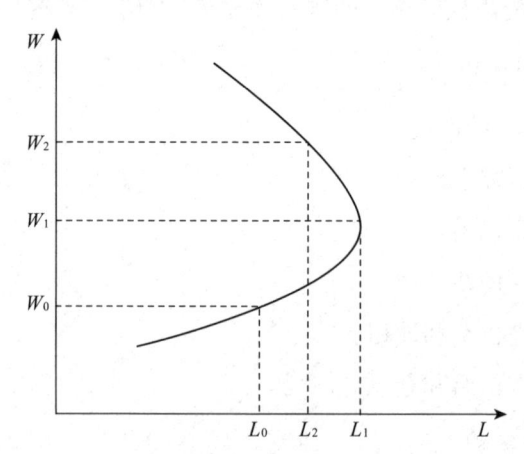

图1-16 劳动供给曲线

结合案例，理解生产要素按贡献参与分配。

理论知识点：生产要素的分配。

引导学生了解在市场经济下生产要素如何分配。

参考答案：

生产要素在社会财富创造中有不可或缺的作用。生产要素的重要性、稀缺性与归不同所有者所有的特点，决定按生产要素分配的普遍性。社会主义市场经济条件下生产要素市场的发展也要求生产要素参与收益分配。

按生产要素分配即各种生产要素根据其在生产中的贡献份额而获得相应的报酬，劳动、资本、土地等要素要获得相应的工资、利润、租金等收益。劳动、资本、技术、管理等生产要素按贡献参与分配，对于发展社会主义初级阶段的生产力具有重大意义。在市场经济条件下，市场机制配置资源决定了生产要素的配置由市场机制、市场调节完成，而市场调节正是通过要素提供者所获得报酬的上下波动来实现的，要素所有者的收入决定于各要素在生产使用价值中的贡献（在要素市场中，厂商根据要素在产品生产中的贡献决定购买要素价格，而要素价格则构成了要素所有者的收入）。这样一方面可以有效地实现社会资源的优化配置；另一方面又迫使生产经营者在投入时要精打细算，寻求生产要素的最佳组合，最终提高社会生产效率。

（四）教学组织实施

教学组织安排如下表所示。

学习阶段	学习内容	时间限制	学习目标
课前	要求学生分组，并预习课本知识，查阅相关资料，了解共同富裕。	提前一周	熟悉案例背景。
课中	讲授知识点，引入案例	10 分钟	掌握基本理论知识
	各组用 PPT 展示共同富裕推进现状，分组讨论。	15 分钟	进一步熟悉案例背景。
	随机抽取 3 个小组进行发言。	15 分钟	结合理论分析问题，小组案例分析报告作为一次平时成绩。
	进行归纳总结，注意思政元素与西方经济学分配理论的结合。引导学生学会运用微观经济学的理论知识解决现实问题。	10 分钟	归纳用到的关键理论，并对各组表现做一个简单点评。
课后	请学生继续关注中国共同富裕发展情况。		增进记忆，巩固知识。

（五）总结

理解共同富裕有两个关键点，一是"富裕"，二是"共同"。"富裕"体现了生产力标准要求，是继温饱、小康目标之后的升级版，反映了人民群众物质生活、精神文化生活的高水平供给和高品质消费的质量属性。"共同"则体现了生产关系性质要求，是人人有份、公平正义的分配形态，彰显共同劳动、共同创造财富、共同享有发展成果的价值导向。实现共同富裕，难点在于把"蛋糕"分好。而要分好"蛋糕"，掌握公平分配的节奏、火候和主动权至关重要，应注重完善分配制度、优化分配结构、理顺分配格局，正确处理好效率和公平的关系。近年来，随着三次分配调节力度的加大和精准脱贫政策措施的贯彻落实，我国国民收入分配格局总体上适应了经济发展、社会进步和人民生活水平提高的需要。我们要继续坚持党的领导，坚持社会主义基本经济制度，通过共同奋斗扎实推进共同富裕。

参考文献

[1] 李美娟.强化财政社会保障投入，助力最具幸福感城市建设[J].山西财税，2020（12）：19-20.

[2] 吴春金.新时代促进共同富裕的价值意蕴和实践路径[J].学理论，2022（3）：5-7.

[3] 刘尚希，傅志华，李成威，等.全面认识财政是国家治理的基础和重要支柱——学习习近平总书记关于财政问题的重要论述[J].财贸经济，2022，43（2）：5-17.

[4] 李长安.以更加充分更高质量就业扎实推动共同富裕[J].理论导报，2022（2）：36-38.

第二章 中级宏观经济学

总需求理论与新冠肺炎疫情对中国经济的影响

一、案例正文

案例1：疫情影响下的宏观经济"三驾马车"

（一）投资暂缓

疫情初期，投资方面主要取决于春节后的复工时间。考虑到当时新增确诊人数仍旧难言拐点，尤其是地产行业的复工时间明显比其他行业推迟了很多，对应的地产投资也超预期下行。

在疫情逐渐被控制后，固定资产投资累计增速持续改善，房地产投资率先恢复增长，民间固定资产投资恢复相对滞后。数据显示，2020年前8个月固定资产投资累计完成额为37.88万亿元，同比下降0.3%，降幅环比收窄1.3个百分点，同期房地产投资累计完成额为8.85万亿元，同比增长4.60%，增幅环比扩大1.2个百分点，同期民间固定资产投资完成额为21.46万亿元，同比下降2.8个百分点，降幅环比收窄2.9个百分点，表明随着国内疫情的成功防控和经济活动恢复正常，国内固定资产投资正逐步恢复，民间固定资产投资恢复低于整体水平，而且整体增速与上年同期比仍有一定差距。

（二）消费受抑制

在疫情暴发时，并不是所有的消费品销量都回落，考虑到疫情防控和人民基本生活保障，与日常防护、食品饮料等相关的必需品反而出现供不应求的局面，并且成为推动当期 CPI 的重要力量；而一旦疫情解除，人们过分压制的外出欲望会瞬间爆棚，之前惨淡的餐饮、旅游、线下影院等行业也有望迎来爆发式增长。所以，疫情对于消费的影响是"一次性"的，存在后期"回补"的动力。

从物价水平角度看，疫情会加重恐慌心理，催生囤货意愿，加强食品和防护用具等生活必需品的购买，从而推升当期CPI；而受到延迟复工的影响，生产需求端走弱，PPI存在进一步回落预期。2020年2月10日，国家统计局公布了1月份通胀数据，CPI同比涨5.4%，预期4.8%，前值4.5%；PPI同比涨0.1%，预期0.2%，前值0.5%。两者走势符合上述判断。

疫情发展到后期，社会消费品零售总额累计降幅环比收窄，但恢复速度慢于投资，表明稳企业保就业仍任重道远。数据显示，2020年前8个月社会消费品零售总额累计达23.8万亿元，同比下降8.6%，降幅环比收窄1.3个百分点，其中同期商品零售总额累计同比下降6.3%，降幅环比收窄1.2个百分点，表明受失业率和消费意愿的影响，消费恢复速度慢于投资，当前稳企业保就业仍应当是政策重中之重。

（三）外贸与疫情进展息息相关

外贸方面，最大的不确定性在于WHO（世界卫生组织）对于"疫区"的界定。2020年1月31日凌晨，世界卫生组织宣布中国新冠肺炎疫情构成PHEIC（国际公共卫生紧急事件）。WHO认定后，一方面，一些国家采取了撤侨、限制入境和暂停航班往来等短期措施，出口贸易和外商直接投资（FDI）都受到一定程度影响。另一方面，节日期间很多人因疫情取消出境旅行计划，导致我国服务贸易进口大幅下降。

随着我国对疫情的科学防控以及国际对防疫物资的需求，出口和贸易顺差实现快速增长。2020年8月出口贸易额为2353亿美元，同比增长9.5%，增速较上月加快2.3个百分点，连续3个月实现增长。出口快速增长原因之一是8月以口罩为代表的纺织纱线、织物及制品出口额同比增长47.0%，对整体出口增长拉动约4.2个百分点。另外，当月贸易顺差为589亿美元，同比增长70%，连续6个月保持顺差，表明在复杂国际形势下，中国出口产品仍具有强劲的国际竞争力。

案例2：疫情冲击下中国的宏观经济形势

新冠肺炎疫情的全球大暴发造成"大萧条"以来最严重的全球经济衰退，经济前景和金融市场面临高度不确定性。全球疫情持续蔓延，且扩散的速度以及严重程度均远超之前预期，对各国短期经济的总需求、总供给、就业和市场预期冲击巨大。各国为控制疫情而采取必要的隔离措施和保持社交距离的做法，使世界陷入"大封锁"，各类线下生产、消费活动被迫停止，对全球总需求、总供给、就业以及经济预期都造成巨大负面冲击。

（一）直接冲击消费和服务业，破坏总需求

线下活动的被迫停止已对非必须消费和线下服务业造成重大打击。从经济结构看，服务业占全球 GDP 比例高达 68%，这一比例在欧美发达国家更高。对我国而言，我国消费拉动 GDP 比重也近 60%。2021 年前三季度，最终消费支出对 GDP 累计同比的拉动为 6.35%，对经济增长的贡献率为 64.8%，这远远超过投资和净出口对经济的直接拉动作用。

（二）生产经营骤停，破坏总供给

"大封锁"严重影响了全球主要经济体的线下生产和商务活动。受此影响，全球价值链条上的重要节点停摆，经济活动骤停。我国外贸依存度高达 30% 以上，且部分产业关键材料和核心元器件仍高度依赖进口，故海外疫情的迅速恶化也对国内中下游产业链的生产和投资活动造成重大打击。

（三）就业市场压力上升

经济形势的恶化已经直接对全球劳动力市场造成负面冲击。根据国际劳工组织的预测，本次新冠肺炎疫情可能导致全球 2500 万人失业，比 2008 年全球金融危机时期高出 300 万。美国在 2020 年 3 月中到 4 月底的 6 周时间内申请失业救济人数突破 2600 万。而国内 2020 年 3 月的城镇调查失业率也达到 5.9%，高出上一年同期 0.7%。2021 年全年 CPI 比上年微增 0.9%，就业市场比较稳定，全国城镇新增就业 1269 万人，超额完成目标任务，全年全国城镇调查失业率平均值为5.1%，比上年平均值下降0.5个百分点，低于5.5%的全年预期目标。

本次疫情发生在国内"十三五"收官之年和经济结构性转型的关键时期，外部金融和贸易的双重冲击下宏观经济形势严峻。但也需要看到危机下也隐藏着深化国内供给侧结构性改革、促进产业转型升级、进一步扩大内需的发展良机。我们需要抓住机遇，进一步转变发展方式、优化经济结构、转换增长动力，努力促进国内经济的转型升级，化危机为转机。

二、案例的思政元素

1. 集中力量办大事，根本上取决于党的集中统一领导

在疫情防控斗争中，必须坚持中国共产党的集中统一领导，党政军民学、东西南北中一体行动。党执政的实质是代表最广大人民执掌国家政权，党坚持以人民为中心，在面对新冠肺炎疫情大战大考中才能做到人民至上、生命至上。中国共产党是我国最高政治领导力量，是中国革命、建设和改革事业不断取得胜利的根本政治保证。办好中国的事情，关键在党。中国共产党领导是中国特色社会主义最本质的特征，是中国特色社会主义制度的最大优势。这个最本质特征和最大优势，核心就在于坚定维护党中央权威和集中统一领导。在中国特色社会主义新时代，只有坚持和加强党的全面领导，才能真正落实以人民为中心的发展思想，建设现代化经济体系，健全人民当家作主的制度体系，推动社会主义文化繁荣兴盛，保障和改善民生，加强和创新社会治理，加快生态文明体制改革，正确认识和应对复杂的国际局势。

疫情发生以来，党中央成立应对疫情工作领导小组，派出中央指导组，领导组织党政军民学、东西南北中大会战，提出坚定信心、同舟共济、科学防治、精准施策的总要求，明确坚决遏制疫情蔓延势头、坚决打赢疫情防控阻击战的总目标。党中央坐镇中军帐，多次召开会议、听取汇报，及时作出部署，明确各级党委和政府必须坚决服从党中央统一指挥、统一协调、统一调度，做到令行禁止。各地区各部门各司其职、协调联动、紧急行动、全力奋战，共同推动医疗物资保障工作有力有序开展，为迎来整体战役转折点创造必要条件。在党中央的坚强领导下,全国迅速形成统一指挥、全面部署、立体防控的战略布局,有效遏制了疫情大面积蔓延,有力改变了病毒传播的危险进程,最大限度保护了人民生命安全和身体健康。疫情防控阻击战取得重大战略成果,充分彰显了党的领导核心作用,实践证明,党的领导越坚强,各方面积极性调动得就越好。

2. 加快高质量发展,全面提高制造业水平

我国正处于转变发展方式、优化经济结构、转换增长动力的攻关期,应对疫情造成的短期冲击,决不能回到粗放式发展的老路上去。中国特色社会主义进入新时代,我国经济发展进入新常态,已由高速增长阶段转向高质量发展阶段。新时代新阶段的发展必须是高质量发展,高质量发展是遵循经济规律发展的必然要求,是推动实现可持续发展的必然要求,是创造高品质生活的必然要求,是为中华民族伟大复兴奠定更为雄厚物质基础的必然要求。习近平总书记指出,高质量发展就是能够很好满足人民日益增长的美好生活需要的发展,是体现新发展理念的发展,是创新成为第一动力、协调成为内生特点、绿色成为普遍形态、开放成为必由之路、共享成为根本目的的发展。推进高质量发展是做好经济工作的根本要求,是要实现经济发展从"有没有"转向"好不好"。

要坚定信心、保持定力,坚定不移贯彻新发展理念,把注意力集中到解决各种不平衡不充分发展的问题上来,把困难压力转化为升级动力,努力在深化供给侧结构性改革上取得扎实成效。要加快关键核心技术创新,大力实施产业基础再造工程,组织打好产业基础高级化、产业链现代化的攻坚战。推动产业结构优化升级,维护我国完整产业链条优势。推动制造业的产业升级和内源性增长,促进制造业高质量发展,加快向全球产业链、价值链高端攀升。重视并留住传统中低端制造业,加大力度推进技术改造,通过奖补激励措施引导企业加大技改投入。推动传统制造业转型升级,防止国内产业空心化。围绕打造具有战略性和全局性的产业链,建设一批制造业创新中心等共性技术平台,支持优势地区率先打造一批先进制造业集群。聚焦短板弱项,深化开展消费品工业"三品"专项行动,加强食品药品供给保障能力。

3. 促进内需外需双循环

在疫情持续反复，国际外部环境愈发不稳定、不确定的情况下，要充分发挥国内超大规模市场优势，逐步形成以国内大循环为主体、国内国际双循环相互促进的新发展格局。构建新发展格局，是以习近平同志为核心的党中央根据我国发展阶段、环境、条件变化作出的重大决策，是把握发展主动权的先手棋，是适应我国发展新阶段形势、塑造国际合作和竞争新优势的必然要求。双循环新发展格局是我国经济发展循环体系的升级版，是国内分工体系、国内技术发展和国内市场自我良性循环"三位一体"的体系，是以内为主、安全为底线的内外互动的一种新格局，是由原来的"两头在外，大进大出"外向型发展战略为主的发展格局转换为"以内为主、以内促外、内外联动"的新格局，是实现中国经济更高水平的动态平衡。加快构建新发展格局是对我国客观经济规律和发展趋势的自觉把握，明确了我国经济现代化的路径选择，是应对新发展阶段机遇和挑战、贯彻新发展理念的战略抉择。

在国内循环上，要打通支撑科技强国的全流程创新链条，以创新创业引领内循环；抢抓新一轮科技和产业革命新机遇，以新基建推动数字技术产业化、传统产业数字化，以数字经济赋能内循环；创新发展思路，促进区域经济协调发展和布局优化，以培育新增长极和动力源拉动内循环；落实以人民为中心的理念，采取有力措施调整收入分配格局，以居民充分就业和收入提升支撑内循环；打破部分行业的政策性梗阻，以新政策新应用新技术疏通内循环；深化关键性基础性体制改革，加快构建高标准市场体系，以市场化改革新成果改善内循环。在国际循环上，要进一步扩大物流、研发设计、数字经济等服务业的开放，吸引更多全球产业链相关企业落户中国、加入区域产业链集群，进而打造新兴产业链集群。实现营商环境法制化、便利化，最大限度为各类要素跨境自由流动提供便利，实现成本最小化。以自贸区和自贸港为依托，培育与国际市场相通的制造业、服务业在内的产业实力和能力，打造具有国际影响力的先进制造业集群、战略新兴产业基地、要素和大宗商品交易配置平台、国际贸易航运枢纽等。

三、案例的使用说明

（一）教学目标

本案例适用于中级宏观经济学或宏观经济学中总需求、总供给的宏观经济学知识点教学。

1. 知识目标

理解概念：总需求、总供给、总需求—总供给模型、财政政策、货币政策。

掌握理论：总需求曲线、总供给曲线、凯恩斯陷阱、货币需求的利率弹性理论、工资弹性假说。

2. 能力目标

系统思维能力：教师通过对理论的讲解，帮助学生系统地了解总需求、总供给的概念及总需求—总供给模型，掌握均衡国民收入的相关内容，掌握需求和供给的变动，形成全面、系统、联系地分析问题、解决问题的思维能力。

判断实践能力：根据案例材料，设置由浅入深、由知识到能力的问题，通过解答问题帮助学生搭建一座"理论到实践、实践到理论"的思维桥梁，使学生能就供给和需求、工资弹性、凯恩斯陷阱等方面的问题搜集信息与资料，善用适当的理论知识，提出合理的解决方案。

3. 素质目标

形成专业意识：理解需求和供给变动的影响因素以及财政政策、货币政策对宏观经济所带来的影响，养成关注经济热点、自主思考、自主学习的习惯。

提高职业素养：通过案例，引入党的统一领导、构建新发展格局和其他重要思政元素，拓宽学生视野，让学生理解新时代转变经济发展方式的重要性，增强学生社会责任感，形成正确的经济理念。

（二）教学过程

1. 课前准备

（1）学生需要预习中级宏观经济学中需求和供给理论以及宏观经济政策等相关知识，对需求与供给函数、需求和供给的变动、均衡国民收入等知识点有较为系统完整的认知。

（2）授课老师在授课前可先了解本班学生对需求和供给系统理论等重点知识的认识。可将学生分小组、分小专题针对产品和货币市场同时达到均衡的条件、疫情对宏观经济的影响等内容进行总结汇报，使全班同学对均衡国民收入以及最为重要的市场需求与供给理论有较系统和全面的认识。激发同学们对市场需求和供给、凯恩斯陷阱、货币政策、财政政策等相关知识的关注热情与学习兴趣。

2. 讲授理论知识

（1）总需求曲线。

（2）总供给曲线。

（3）凯恩斯陷阱。

（4）货币需求的利率弹性理论。

（5）工资弹性假说。

（6）总需求—总供给模型。

3. 引入思政案例

从总需求曲线引入思政案例1，分析案例。

从总需求—总供给模型引入思政案例2，分析案例。

（三）案例分析要点

1. 启发思考题

（1）结合案例，尝试用 AD-AS 模型解释当前疫情下经济的波动。

（2）结合案例，分析疫情下促进经济发展的主要政策及措施。

2. 分析思路

（1）结合案例，尝试用 AD-AS 模型解释当前疫情下经济的波动。

理论知识点：总需求—总供给模型。

引导学生利用 AD-AS 模型分析疫情对宏观经济的影响。

参考答案：

疫情导致大量的企业停工停产，在这次公共卫生事件中，受停工停产以及限制外出的影响，我国人民的整体消费有所下降，劳务及商品的供给能力也出现了一定程度的下滑。用总需求—总供给（AS-AD）曲线来表示即，在同等价格水平下，我国劳务及商品的供给能力下滑，AS 曲线向左移动；在同等价格水平下，我国人民因外出限制及对未来经济环境的悲观情绪，整体消费水平下降，AD 曲线向下移动。

宏观层面，受疫情的影响，经济增长的"三驾马车"——投资、消费以及出口均将出现下滑，短期就业压力和物价上涨压力都会明显增加。疫情导致社会需求下降，疫情防控最重要的手段是隔离，避免人员大规模流动和聚集。因此，疫情防控期间最安全的生活方式就是宅家。但是宅家拉低了整体消费需求，使得消费对 GDP 的贡献降低，而和 2003 年非典相比，由于本次疫病的传染性更强，人员流动限制更严，消费需求被抑制的压力更大，因此，有可能导致消费面临更大挑战。投资层面，疫情发生之时正值春节，企业照例停工减产，员工照例放假，基建、房地产项目建设也都基本照例暂停，但由于疫情防控的需要，假期延长，员工返程延迟，企业复工延期，整体投资力度将会进一步减弱。出口层面，一方面企业自身的生产能力受到较大限制，另一方面国际市场也会采取一定的限制措施避免疫情传播到本国，比如交通物流限制。总体上判断，此次疫情虽属于突发性事件，但随着有效控制措施的持续实施，特别是世卫组织并未宣布中国或武汉为"疫区"，甚至呼吁各国不必采取涉及我国的旅行限制和贸易限制等措施，对于我国宏观经济的影响主要是短期的，疫情得到控制的同时负面因素也将消退，宏观经济运行将会出现明显改善。

（2）结合案例，分析疫情下促进经济发展的主要政策及措施。

理论知识点：财政政策、货币政策。

引导学生结合疫情现状，思考恢复经济应当采取的相关财政、货币等政策。

参考答案：

在疫情下经济发展的主要政策与措施中，要做好财政政策和货币金融政策统筹使用，既要在财政政策方面形成一系列亮点政策，又要在政策搭配领域做好协调。从财政政策角度看，重点有三项：一是减税降费；二是政府补贴；三是政府投资。从货币金融政策看，重点有两项：一是利率政策；二是汇率政策。疫情影响下我国经济复苏六大思路：第一个思路，分区治理，标准互认。我国的疫情的防控措施在每个地方不一样，所以要分级治理防控。第二个思路，生产端放开，生活端节制。比如，在岗工作人员不应该超过单位工作人员总数的50%，能用视频开的会就不要聚集起来开，人与人之间要有一定的离散度。要做到生产端放开，生活端节制。第三个思路，确保中小企业复工复产。中小企业是比较脆弱又是不可或缺的环节，同时，还是就业稳定的坚实支撑环节，所以要确保中小企业复工复产。对中小企业来讲，要给予充足的流动性供应，而这种充足的流动性供应短期来看只能通过债务来实现，所以我们要放宽一定规模的债务增长。第四个思路，做好产业链、价值链的管理和推进工作。第五个思路，稳定和修复资产负债表。企业资产负债表和家庭资产负债表是重点。但是，企业资产负债表暂时很难启动恢复工作，所以要提高对它的容忍度。第六个思路，形成大规模集中性需求拉动局面。只有形成大规模集中性需求拉动局面才有可能激发企业的主动性、积极性和参与性，把企业活力激发出来。

（四）教学组织实施

教学组织安排如下表所示。

学习阶段	学习内容	时间限制	学习目标
课前	要求学生分组,并预习课本知识,查阅相关资料,了解疫情对中国宏观经济的影响情况。	提前一周	熟悉案例背景。
课中	讲授知识点,引入案例。	10分钟	掌握基本理论知识。
	各组用PPT展示需求侧和供给侧遭受疫情冲击的状况,分组讨论。	15分钟	进一步熟悉案例背景。
	随机抽取3个小组进行发言。	15分钟	结合理论分析问题,小组案例分析报告作为一次平时成绩。
	进行归纳总结,注意思政元素与经济政策的结合。引导学生学会运用宏观经济学的理论知识解决现实问题。	10分钟	归纳用到的关键理论,并对各组表现做一个简单点评。
课后	请学生继续关注中国宏观经济情况。		增进记忆,巩固知识。

五)总结

新冠肺炎疫情突如其来,对我国宏观经济产生了巨大的影响,这主要体现在总供给和总需求两个方面。从需求角度来看,人们在疫情期间的消费欲望逐渐变低,固定资产投资累计额较低,国家财政支出增加,出口贸易变得艰难。从供给角度来看,厂商停产,总供给减少,对中国整体宏观经济起到了一个不利的作用。疫情带来的总需求与总供给的变动使得经济失衡,也由于经济的不景气导致了周期性的失业。为了积极应对由疫情带来的经济发展阻力,政府需要加大宏观调控力度,企业应尽快复工恢复市场活力,全体公民应服从党和国家的统一领导,共同渡过难关。

参考文献

[1] 沙晓君,张玮.疫情影响下的宏观经济[J].银行家,2020(3):44-47.

[2] 张玮.疫情之下政策如何演绎[EB/OL].(2020-02-12)[2022-12-26].https://baijiahao.baidu.com/s?id=1658317576844466089&wfr=spider&for=pc.

[3] 孙明春.疫情冲击下的全球宏观形势[EB/OL].(2020-03-04)[2022-12-26].https://baijiahao.baidu.com/s?id=1660155833775778923&wfr=spider&for=pc.

[4] 杨敏.新冠肺炎疫情冲击下的全球经济及其我国应对建议[J].价格理论与实践,2020(8):4.

[5] 何星星,龙鸣,张东朔,等.疫情冲击下全球经济金融形势分析及风险研判[J].现代金融,2020(6):34-41.

[6] 王天宇.新冠肺炎疫情的宏观经济冲击与政策展望[EB/OL].(2020-04-28)[2022-12-26].https://henan.china.com.cn/finance/2020-04/28/content_41137661.htm.

有效需求理论与开放发展

一、案例正文

案例1：中国国际进口博览会推动贸易自由化和经济全球化

中国国际进口博览会（China International Import Expo，CIIE），简称进口博览会、进博会等，由中华人民共和国商务部和上海市人民政府主办，中国国际进口博览局、国家会展中心（上海）承办，为世界上第一个以进口为主题的国家级展会。举办中国国际进口博览会由国家主席习近平亲自谋划、亲自提出、亲自部署、亲自推动，是中国着眼推进新一轮高水平对外开放作出的一项重大决策，是中国主动向世界开放市场的重大举措。2018年11月5日至10日，第一届中国国际进口博览会在国家会展中心（上海）举行。第一届进口博览会吸引了58个"一带一路"沿线国家的超过1000多家企业参展，占参展企业总数将近三分之一；参展面积达到4.5万平方米，占企业展总展览面积16.5%；参展展品涵盖了农产品、日用消费品、服装服饰等多个门类。

从第一届到第三届，进博会的意向成交额分别达到578.3亿、711.3亿、726.2亿（美元），前三届进博会累计意向成交额约2016亿美元。2021年11月第四届中国国际进口博览会在上海开幕，参展国别、企业数均超过第三届，总展览面积进一步扩容到36.6万平方米，世界500强和行业龙头企业参展"回头率"超过80%。进博会不断刷新谋合作、促创新、求共享的"成绩单"，体现着新时代中国对外开放的决心和与世界共享机遇的胸怀，彰显着以实际行动推动建设开放型世界经济的责任担当。

当前疫情防控进入常态化，同样受到疫情冲击，中国不仅没有加强贸易保护，反而坚持扩大开放。在中国共产党的坚强领导下，中国率先控制住疫情，逐步实现复工复产，为世界各国提供了抗疫物资和生活必需品。与此同时，中国各界努力修复、整合产业链，加强同世界各国的经贸往来，成为世界上最为重要的消费市场之一，有效抑制了贸易保护主义的蔓延。第四届进博会既是中国为世界提供的国际采购和投资促进的重要平台，也是中国推进国际人文交流、促进开放合作的重要媒介，将会为世界经济复苏和持续健康发展注入强大力量。中国积极邀请广大发展中国家参加进博会，不仅免除了最不发达国家的参展费用，而且将利用"云招商""云逛展""云签约"等线上方式与线下展会相互融合的方式，让广大发展中国家切实分享到数字贸易的发展红利，从而激发其主动融入数字经济的动力。经济全球化发展至今天，贸易无疑是提升资源配置的最有效方式及推动发展的重要引擎，而促贸援助便是通过"可见、无条件、协调和可预测的"资金支持，解决发展中国家与贸易有关的问题。举办进博会正是中国创新援外实施方式，加强促贸援助力度、提升受援国自主发展水平的重要举措，对于加强中国与发展中国家的贸易对接，推动其数字化转型、实现赋能发展具有重要意义。

得益于中国超大规模的国内市场和内需潜力，进博会正成为国内国际双循环的汇集点，成为构建新发展格局的关键平台。进博会上，处处呈现着对新发展理念的生动诠释；处处能感受到中国立足新发展阶段、贯彻新发展理念、构建新发展格局、推动高质量发展的坚实步伐。在当前全球抗疫和世界经济复苏的关键时刻，办好进博会彰显了中国与世界分享自身发展机遇、推动世界经济可持续发展的决心。商务部国际贸易经济合作研究院院长顾学明表示，新发展格局不是封闭的国内循环，而是要进一步扩大开放，在更高水平对外开放中实现国内国际双循环相互促进、相互协调，进博会则是连接"双循环"、推动进出口协同发展的重要桥梁。中国当前正在加快构建新发展格局，在这一过程中，中国致力于不断提高对外合作水平，建设更高水平的开放型经济新体制。展望未来，中国将大幅放宽市场准入，持续优化营商环境，完善自贸试验区布局，深化对外投资合作。

案例2：中国国际服务贸易交易会向世界开放中国市场

2020年中国国际服务贸易交易会（简称2020年服贸会、CIFTIS 2020），是由中华人民共和国商务部和北京市人民政府共同主办的国家级、国际性、综合型展会。2020年中国国际服务贸易交易会以"全球服务，互惠共享"为主题，于2020年9月4日至9月9日在北京举办。服贸会共有来自148个国家和地区的2.2万家企业和机构线上线下参展参会，举办了190场论坛及洽谈活动，收获权威发布类成果97项、联盟平台类成果19项、首发创新类成果99项。在新冠肺炎疫情蔓延、全球经济面临严峻挑战的背景下，2020年中国国际服务贸易交易会是疫情发生以来，中国举办的第一场重大国际经贸活动，展示了中国疫情防控和经济社会发展取得的显著成效，彰显中国坚定不移推进对外开放的信心和决心，释放中国坚持经济全球化、加强国际经贸合作的积极信号。

当今世界正在经历百年未有之大变局。新冠肺炎疫情全球大流行使这个大变局加速变化，经济全球化遭遇逆流，保护主义、单边主义上升，世界经济低迷，国际贸易和投资大幅萎缩，给人类生产生活带来前所未有的挑战和考验。经济全球化背景下，各国经济彼此依存，利益交融前所未有，以诚相待、普惠共享是根本之计。中国充分利用中国国际服务贸易交易会、中国国际进口博览会等各类平台，推动开展政策和经验交流，建立和培育政府间、国际组织、商协会及企业间多样化伙伴关系，支持组建全球服务贸易联盟，不断形成更多务实合作成果，加强服务贸易发展对接，创新合作方式，深化合作领域，积极寻求发展利益最大公约数，不断做大"蛋糕"，使各国人民共同享有服务贸易增长成果。同时坚定不移扩大对外开放，建立健全跨境服务贸易负面清单管理制度，推进服务贸易创新发展试点开放平台建设，继续放宽服务业市场准入，主动扩大优质服务进口。中国积极顺应服务贸易发展实际需要，推动多边、区域等层面服务规则协调，不断完善全球经济治理，促进世界经济包容性增长。

案例3：中国进出口商品交易会促进世界各国加强经贸交流合作

中国进出口商品交易会（广交会），创办于1957年4月25日，每年春秋两季在广州举办，由商务部和广东省人民政府联合主办，中国对外贸易中心承办。是中国历史最长、层次最高、规模最大、商品种类最全、到会采购商最多且分布国别地区最广、成交效果最好的综合性国际贸易盛会，被誉为"中国第一展"。2021年4月15至24日，第129届中国进出口商品交易会在网上举办，展期10天，该次广交会展位总数约6万个，境内外参展企业近2.6万家，上传展品超过270万件，为全球采购商呈现一场中国制造和中国创造的盛宴。

广交会为服务国际贸易、促进内外联通、推动经济发展作出了重要贡献。当今面对复杂严峻的国际环境和疫情、洪涝灾害等多重冲击，中国在做好疫情常态化防控的同时，积极克服困难和挑战，经济持续稳定恢复，中国经济发展呈现出强劲韧性和巨大活力。同时，中国经济恢复仍然不稳固、不平衡，保持经济平稳运行的挑战增多。发展是解决中国一切问题的基础和关键。广交会服务构建新发展格局，创新机制，丰富业态，拓展功能，积极利用国际国内两个市场、两种资源，把"引进来"和"走出去"紧密结合，努力打造成为中国全方位对外开放、促进国际贸易高质量发展、联通国内国际双循环的重要平台，成为我国对外开放的重要窗口和企业进入国际市场的重要平台。广交会的召开进一步牢固树立新发展理念，按照新一轮更高水平对外开放的要求，深化我国改革创新，进一步提高国际化、专业化、市场化、信息化水平，更好地支持企业开拓市场、做强品牌，促进外贸结构优化升级，培育国际竞争新优势，依托产业和市场优势，深化对外经贸合作。保持外贸政策连续性稳定性，继续扩大优质产品和服务进口。加快推动外贸创新发展，年底前增设一批跨境电商综合试验区，在广东等地实现全省覆盖。加快发展海外仓等新业态，推动建设海外智慧物流平台。加强贸易数字化国际合作，打造一批全球贸易数字化领航区。

二、案例思政元素

1. 加强国际交流提高对外开放水平，有利于贯彻新发展理念构建新发展格局

2015年10月29日，习近平总书记在党的十八届五中全会第二次全体会议上的讲话鲜明提出了创新、协调、绿色、开放、共享的发展理念。新发展理念，是管全局、管根本、管长远的导向，具有战略性、纲领性、引领性。新发展理念，指明了"十三五"乃至更长时期我国的发展思路、发展方向和发展着力点，要深入理解、准确把握其科学内涵和实践要求。在2021年1月28日，习近平主持中央政治局集体学习时强调：完整准确全面贯彻新发展理念确保"十四五"时期我国发展开好局起好步。

2020年7月21日，习近平总书记在主持召开企业家座谈会发表重要讲话时强调："逐步形成以国内大循环为主体、国内国际双循环相互促进的新发展格局。"7月30日召开的中共中央政治局会议指出，当前经济形势仍然复杂严峻，不稳定性不确定性较大，我们遇到的很多问题是中长期的，必须从持久战的角度加以认识，加快形成以国内大循环为主体、国内国际双循环相互促进的新发展格局。构建双循环新发展格局，是适应我国比较优势和社会主要矛盾变化、适应国际环境复杂深刻变化的迫切要求，是当前和未来较长时期我国经济发展的战略方向。当今世界正经历百年未有之大变局，新一轮科技革命和产业变革蓬勃兴起，如何充分发挥国内超大规模市场优势，繁荣国内经济、畅通国内大循环，为本国经济发展增添动力，并带动世界经济复苏，既是宏观经济领域面临的重要课题，也是微观经济领域每个市场主体必须面对的发展环境和时代背景。

开放发展注重的是解决发展内外联动问题。现在的问题不是要不要对外开放，而是如何提高对外开放的质量和发展的内外联动性。我国对外开放水平总体上还不够高，用好国际国内两个市场、两种资源的能力还不够强，应对国际经贸摩擦、争取国际经济话语权的能力还比较弱，运用国际经贸规则的本领也不够强，需要加快弥补。开放发展是准确把握国际国内发展大势的先进理念,是深化认识发展规律的科学理念。开放发展理念引领对外开放领域深刻变革,核心是解决发展内外联动问题,目标是提高对外开放质量、发展更高层次的开放型经济。

发展是一个不断演进和变化的进程,"十四五"时期我国将进入新发展阶段。从外部环境来看,当今世界正经历百年未有之大变局,我国发展的外部环境日趋复杂。从国内发展来看,我国已经转入高质量发展阶段,发展不平衡不充分问题仍然突出,发展中的矛盾和问题集中体现在发展质量上。从发展逻辑来看,从规模速度型粗放增长转向质量效率型集约增长,从要素投资驱动转向创新驱动,这是实现高质量发展的必由之路。立足新发展阶段,无论是满足人民日益增长的美好生活需要,还是实现经济发展从"有没有"转向"好不好",抑或是"塑造国际合作和竞争新优势",都需要我们把新发展理念贯穿发展全过程和各领域,实现更高质量、更有效率、更加公平、更可持续、更为安全的发展。

适应新发展阶段新要求,加快构建新发展格局,坚持新发展理念是一以贯之的方法论。在加快构建新发展格局中实现更大作为,关键是要做到创新发展、协调发展、绿色发展、开放发展、共享发展的一体把握、协同推进。要深刻认识到五个方面的发展理念既相互贯通又相互促进,是具有内在联系的集合体,其中创新是第一动力、协调是内生特点、绿色是普遍形态、开放是必由之路、共享是根本目的。我们既要从战略和全局高度把握新发展理念,又要立足具体领域扎实推进实践创新,才能以新发展理念引领新发展格局在形态上成型、功能上成熟、运行上成势。

2. 积极进行国际间经贸交流有利于推进供给侧改革,实现经济高质量发展

全球低增长困境的症结在于结构性改革迟缓。2008年国际金融危机爆发以后,美国、欧盟、日本等主要经济体都采取了史无前例的量化宽松政策,通过直接购买资产和债券、降低利率甚至实行零利率或负利率等方式,大规模增加市场流动性,提振市场信心。但从实际效果看,全球经济复苏迟缓,市场需求持续低迷,大宗商品价格大幅回落,主要经济体全要素生产率增速

放缓。可见，单一的需求刺激并没有取得预期效果，需求管理的短期政策虽在抵御危机冲击上发挥了一定作用，但中长期结构性问题并没有得到根本解决，增强经济增长动力还需要推进结构性改革。

国际分工格局重构也对结构性改革提出紧迫要求。过去一个时期，欧美国家是主要的产成品消费市场，东亚国家是主要的生产基地，中东、拉美、非洲等地区是主要的能源原材料输出地。国际金融危机后，这种"大三角"分工格局悄然发生变化。欧美国家信贷消费模式难以持续，转向推进再工业化战略，一些高端制造业出现回流；能源原材料生产国迫于新能源技术快速发展的压力，着力延伸产业链，提高产品附加值；人力资源丰富的国家凭借劳动力低成本优势，抢占劳动密集型产业的国际市场。全球分工格局加快调整，跨境资本重新配置，各主要经济体都力求通过结构性调整提升分工位势，争取更有利的分工地位。

在世界大变局中，加快结构性改革是打造我国国际竞争新优势的关键。改革开放以来特别是加入世界贸易组织后，我国对外开放水平不断提高，国际竞争力明显增强。凭借低成本优势和较强的产业配套能力，我国在全球贸易中的地位迅速上升。但也要看到，随着我国要素成本逐步提高，传统比较优势逐步减弱，而新的竞争优势尚未形成，面临"前有围堵、后有追兵"的双重挤压态势，这就要求我国从供给侧发力，加快产业结构转型升级，培育建立在新比较优势基础上的竞争优势。

3. 坚持新发展理念引领全面开放新格局，有利于推动开放型世界经济发展，形成更高水平的世界开放格局

开放是当代中国的鲜明标识。中国在2001年入世，这无论对于中国深化对外开放进程还是加快世界经济全球化历程，都具有极为深远的重要意义。

中国取得了令世界瞩目的经济发展成就，发生了翻天覆地的变化，成为世界经济体中不可或缺的重要成员，深度参与国际分工推动了世界经济共同繁荣。中国在全球价值链中的地位稳步提升，对世界经济增长的贡献迅速增大，让开放的春风吹遍世界。开放不断扩大，中国正在从世界工厂转变为世

界市场。2020年中国商品出口占全世界的15.2%、进口占11.8%，相比2003年，这一数值分别上升了9.2个百分点和6.4个百分点。经济增长由投资主导转向了投资和消费共同拉动。目前消费的贡献率达到58.8%，我国正从单纯的生产大国变成生产和消费并重的大国，正在成长为全球最大的消费市场。中国也已经成为全球重要的海外投资者。2020年末，中国对外直接投资存量达2.58万亿美元，20年增长了10倍。中国的生产和贸易网络为许多国家提供了生命线，还提高了世界各地商品的数量、质量和种类。中国通过深度参与国际分工，经济得以高速发展，在全球价值链中的地位稳步提升，对世界经济增长的贡献迅速增大。

进入新时期，中国将以新发展理念引领全面开放新格局，加快构建开放型经济新体制，推动开放型世界经济发展，积极参与全球经济治理，推动形成更高水平的世界开放格局。中国将以新发展理念为指导，坚定不移推动高水平开放，构建以国内大循环为主体、国内国际双循环相互促进的新发展格局。中国推进开放世界也从中分享机遇和繁荣。全球的贸易伙伴从中国贸易量提升、进口增长中获益颇丰。在过去20年里，世界货物贸易总额翻了将近一番，中国货物进口增长了近6倍，中国对全球经济增长的年均贡献率接近30%。中国实施了贸易自由化的各种措施，消除了许多非关税壁垒，加入世贸组织有关的改革，推进了外商投资开放进程。

今后，中国将进一步推进同世界各国的互利合作，推进贸易和投资自由化便利化，维护产业链供应链稳定顺畅。随着技术和人才等创新要素跨国流动的规模和水平不断提高，创新产业链上的各个环节并不是在一个企业、地区甚至一个国家内部完成，实行高水平贸易和投资自由化便利化政策，将大幅度放宽市场准入，推动制造业、农业、服务业扩大开放。推进高标准市场体系建设，推动重要领域和关键环节改革取得新进展，打造高水平、制度型对外开放格局。在国际经贸规则、规制、管理、标准等方面加强开放合作，把"引进来"与"走出去"更好地结合起来，拓展经济发展空间。持续优化营商环境，打造统一开放、竞争有序的市场体系，不断夯实中国经济长远发展根基。加强对外投资公共服务平台建设，健全完善管理服务机制，做好对重点市场相关法律法规、准入政策、市场信息等的收集发布，增加对外投资合作公共产品服务供给。

展望未来，以新经济发展理念引领更高水平的全面开放，建设更高水平开放型经济新体制，实施更大范围、更宽领域、更深层次的全面开放，必将为新时代坚持和完善中国特色社会主义制度、推进国家治理体系和治理能力现代化提供强大支撑，为加快建设现代化经济体系、推动经济高质量发展提供强大动力。

三、案例的使用说明

（一）教学目标

本案例适用于中级宏观经济学或宏观经济学中有效需求理论、经济增长理论的宏观经济学知识点教学。

1. 知识目标

理解概念：规模经济、有效需求、比较优势。

掌握理论：新经济增长理论、有效需求、生命周期理论。

2. 能力目标

系统思维能力：教师通过对理论的讲解，帮助学生系统地了解开放发展格局中双循环的理论基础，形成全面、系统、联系地分析问题、解决问题的思维能力。

判断实践能力：根据案例材料，设置由浅入深、由知识到能力的问题，通过解答问题帮助学生搭建一座"理论到实践、实践到理论"的思维桥梁，使学生能就国内国际双循环等方面的问题搜集信息与资料，善用适当的理论知识，提出合理的解决方案。

3. 素质目标

形成专业意识：理解新发展格局中国内与国际双循环的辩证关系，养成关注经济热点、财政政策和货币政策的学习习惯。

提高职业素养：通过案例，引入新发展格局、国内统一大市场和其他重要思政元素，拓宽学生视野，让学生理解国家、区域经济和社会合作的重要性，增强学生社会责任感，形成正确的全球发展理念。

（二）教学过程

1. 课前准备

（1）学生需要预习中级宏观经济学中有效需求理论的相关知识，对新经济增长理论、比较优势、生命周期理论等有完整的认识。

（2）授课教师可事先了解班级学生对新经济增长理论、比较优势、生命周期理论的认识。分小组、分小专题针对我国国际贸易政策、国际关系、国内统一市场等内容进行总结汇报，使全班同学对我国的对外经济问题有较系统、全面的认识，激发学生对新经济增长理论、比较优势、产品生命周期理论等相关理论的关注热情和学习兴趣。

2. 讲授理论知识

（1）规模经济。

（2）新经济增长理论。

（3）凯恩斯有效需求。

（4）比较优势学说。

（5）新经济地理学原理。

（6）产品生命周期理论。

3. 引入思政案例

从比较优势学说引入思政案例1，分析案例。

从新经济地理学原理引入思政案例2，分析案例。

从产品生命周期理论引入思政案例3，分析案例。

（三）案例分析要点

1. 启发思考题

（1）结合案例，论述新发展格局中双循环的理论基础。

（2）结合案例，分析新发展格局建设国内统一大市场的必要性。

（3）结合案例，思考如何理解新发展格局中国内与国际双循环的辩证关系。

（4）结合案例，分析为构建新发展格局制造业应如何进行转型升级。

2. 分析思路

（1）结合案例，论述新发展格局中双循环的理论基础。

理论知识点：规模经济、新经济增长理论。

引导学生从多个理论角度分析"双循环"发展格局提供理论基础。

参考答案：

在宏观经济学中国内循环的主体主要为家庭（产品消费方和生产要素提供方）、企业（产品提供方和生产要素需求方）和政府（购买产品、指定宏观经济政策），从制定宏观经济政策角度来讲应包括中央银行。国内循环包括商品、生产要素（包括劳动力、货币）的循环，涉及产品市场、劳动力市场和货币市场。国际循环主要涉及国内国外市场，国内国外进行商品、劳动、货币（汇率市场）循环交流。

"双循环"发展格局不仅是基于国内外当前的发展状态提出的高瞻远瞩的战略设想，其背后更是有着深厚的经济学理论作为其理论支撑。纵观古今中外的经济理论，有以下四个理论可以为研究"双循环"发展格局提供理论基础。

一、大国经济发展理论

1. 大市场与规模经济效应：斯密和马歇尔经济学范式

大国经济发展理论主要沿着斯密和马歇尔经济学范式两条途径。斯密阐释了分工专业化带来的经济效应，大国经济具有大市场，宽阔的市场带来的庞大需求能使得分工专业化并且充分利用各地区的资源禀赋和比较优势，从而带来高效率。斯密在《国富论》中指出："劳动生产力上最大的增进，以及运用劳动时所表现的更大的熟练、技巧和判断力，似乎都是分工的结果……

而分工的程度，总要受市场广狭的限制。"马歇尔强调规模经济对于经济效用的提升，并且指出这种规模经济不止存在于生产的规模经济，还存在于大国中人口众多带来的市场的规模、资源的规模等。其中市场是最稀缺的资源，大国拥有的这些规模经济带来的产业集聚和成本优势能转化为其参与国际经济的竞争优势。而且大国中由于市场广阔带来的需求的多元化也能促使企业的产品差异化以及技术创新，从而转化为其参与国际竞争的优势。这两种范式的研究均表明大国经济发展具有规模性、内源性和多元性等特征。

2. 现代经济学理论

现代经济学理论认为，大国在经济中的表现有与小国不一样的特点，大国因为其具有大规模的市场以及大规模的要素和产品供给能力，往往对国际市场具有或多或少的影响，而非像小国一样成为价格的接受者。因此，大国往往由于它的规模经济优势，把外部性内部化，从而具有更强的风险应对能力和对国际市场的影响能力。

3. 新经济增长理论

新经济增长理论认为，规模报酬是递增的。特别是在数字经济时代，因为网络外部性，数字技术的推广更具有大市场条件，更容易形成规模优势。从横向对比的实证证据来看，内需成为拉动大国经济增长的主要力量，消费成为国内经济循环的前端环节。

二、经济增长理论

1. 凯恩斯有效需求

凯恩斯的有效需求理论提出，社会发展的根本问题在于有效需求的问题。从国民收入恒等式出发，可以把有效需求分为投资、净出口和消费，其中净出口为外需，消费即是内需。因此，内需和外需都构成有效需求，从而能促进一国的经济发展。

2. 罗斯托的经济成长阶段理论

该理论认为，一个国家如果从成熟推进阶段进入高额群众消费阶段，这个时候奢侈品消费将向上攀升，人们在休闲、教育、保健、国家安全、社会保障上的花费也会增加。也就是说，此时的内需不断扩大，同时促进经济发展的对外依赖程度会逐步下降，转变为以国内需求为主、国外需求为辅的发展方式。这是与经济成长阶段相适应的更加合理的经济发展方式。

三、国际贸易理论

1. 比较优势学说和要素禀赋学说

从亚当·斯密到大卫·李嘉图，英国古典经济学家对世界市场和自由贸易理论的形成和发展有着重要的影响。根据大卫·李嘉图的比较优势学说和赫克歇尔·俄林的要素禀赋学说，由于每个国家（地区）都拥有不同的要素禀赋和生产技术及生产成本的相对差异，每个国家都应根据"两利相权取其重，两弊相权取其轻"的原则出口其具有比较优势的产品而进口其具有比较劣势的产品，从而达到各国的福利最大化。

2. 技术差距论、产品生命周期理论、研究开发要素说

上述理论认为，新的产品进入国外市场是以先进入国内市场为条件的。因为存在着需求滞后，产品的产生和需求受一个地区的收入水平、科学技术水平的影响，并且影响着这一产业的发展。新产品首先进入产生地区的市场，然后随着其他地区产生了相似的需求再进入到国际市场。

四、新经济地理学原理

根据保罗·克鲁格曼的新经济地理学原理，实施国内经济大循环能够引发"国内市场效应"。也就是说，拥有大规模国内消费市场的国家在实施国内大循环的过程中，不仅可以维护经济稳定，并且还能通过实现规模经济降低生产和研发成本，进而使得企业在国际上保持价格优势和竞争力，从而通过国内循环促进国际循环，实现国内循环和国际循环相互协调，有效对接。

(2)结合案例,分析新发展格局建设国内统一大市场的必要性。

理论知识点:国内统一大市场。

引导学生结合新发展格局分析建设国内统一大市场的重要意义。

参考答案:

建设国内统一大市场是一项基础性的制度改革,但其迫切性更多体现在,它是构建新发展格局的基础支撑。

第一,建立健全国内统一大市场是把握未来发展主动权的战略性布局和先手棋。近年来,经济全球化进程发生逆转,新冠肺炎疫情蔓延也加剧了逆全球化的趋势,发达国家内顾倾向上升,全球产业链供应链发生局部断裂,对我国经济循环产生重大影响。过去我们针对西方市场实施出口导向的发展战略的环境条件已经发生重大变化,必须根据形势的变化,提出引领发展的新战略和新思路。这就要开始重视和利用我国日益强大的国内市场。随着中国经济实力的不断加强以及国内购买力的增长,中国市场不仅可以为自身经济增长提供有力支撑,还可以为带动世界经济增长做出中国贡献。因此,建立健全国内统一大市场是为构建新发展格局而做出的全面部署和先手棋,是在新发展阶段着力推动完成的重大历史任务,也是贯彻新发展理念的重大举措。

第二,建立健全国内统一大市场是畅通经济循环的关键所在。构建新发展格局的关键是实现经济循环,而且要以国内循环带动促进国际循环。经济活动需要产业链上各种商品和要素的无缝链接,再生产各环节实现正常循环。如果链接或循环过程中出现堵点、断点,微观层面表现为企业的停产、限产甚至破产等,宏观层面会出现增速下降、失业增加、风险积累、国际收支失衡等问题。面对当前复杂的国际国内形势,畅通经济循环最主要的任务是保证产业链供应链的安全性、稳定性和有效性,消除关键技术、原材料等瓶颈制约,增强供给体系的韧性。显然,健全的国内统一大市场尤其是要素市场,将在其中发挥极其重要的机制和载体功能,有利于促进国内供需有效对接。如国内近来的拉闸限电现象,表面上看是电力不足导致,而其内在的根本原因,除"能源双控"指标约束外,主要还是煤电价格联动机制出了问题，电力市场与煤炭市场未能实现有序循环。

第三，建立健全国内统一大市场是实现产业高水平自立自强的内在要求。当前，一方面，我国生产要素的相对优势出现变化，劳动力成本不断上升，资源环境承载能力逐渐走向瓶颈，利用技术创新消化高成本的重要性日益明显。"十四五"规划提出的重大举措就包括科技创新和突破产业瓶颈。另一方面，近年来美国不断加大对中国的科技封锁力度，我国急需在关键领域核心技术方面破解"卡脖子"难题。因此，高水平自立自强的科技创新成为我国能否更好生存和发展的关键问题。只有立足于国内强大的统一大市场，切实畅通国内大循环，加快壮大自身高技术产业，才能在各种狂风暴雨、惊涛骇浪中，增强我国的生存力、竞争力、发展力、持续力。建设国内统一大市场，对激励企业技术创新、形成高水平自立自强的产业体系具有重大的推动作用，主要体现在诱发技术创新、降低技术创新成本和集聚创新人才与资源等方面，尤其是来自消费者日益提高的多样化消费需求，可以激发企业形成持续性的技术创新。

第四，建立健全国内统一大市场是实行高水平对外开放的重要基础。强大的国内统一大市场是稳定经济循环体系的基本盘，具有"向内集聚资源"和"向外集聚资源"的双重作用。它不仅可以形成对全球要素资源的强大吸引力，发展本国的创新经济；也可以助推中国企业在激烈的国际竞争中"走出去"，增强在全球配置资源的能力，进而塑造我国参与国际合作和竞争新优势。

习近平总书记指出，"当今世界，最稀缺的资源是市场。市场资源是我国的巨大优势，必须充分利用和发挥这个优势，不断巩固和增强这个优势，形成构建新发展格局的雄厚支撑"。为此，我们要根据我国经济发展实际，通过建立起扩大内需的有效制度，释放我国强大的内需潜力，使建设超大规模的国内统一大市场成为一个可持续的发展过程。

（3）结合案例，思考如何理解新发展格局中国内与国际双循环的辩证关系。

理论知识点：新发展格局。

引导学生在分析国内循环与国际循环之间关系的基础上,深入理解新发展格局的完整含义。

参考答案:

为了深入理解新发展格局的完整含义,有必要进一步分析和阐明新发展格局中国内与国际双循环的内在关系。

1."以国内大循环为主体"与"国内国际双循环相互促进"的关系

中国新发展阶段要全面推进社会主义现代化建设,促进经济稳定增长特别是高质量发展,需要加快突破结构性问题的制约,畅通国民经济的循环系统,打通经济运行的堵点和金融领域的梗阻,形成市场与生产主体之间、增长与社会就业之间、金融与实体经济之间的良性循环。显然,在畅通整个国民经济循环中,国内大循环居于主体地位,这是党中央提出构建新发展格局的核心要义和主要内涵,也是当前和今后较长一段时期推动经济发展的政策重心。强调以国内大循环为主体,既包括充分发挥国内大市场优势和加强扩大内需的长期战略,也包括增强要素供给、技术发展、资源配置的自立自强能力。同时强调国内国际双循环相互促进,则表明国内循环并不是封闭或孤立运行的,中国依然坚持扩大开放的基本国策,将继续利用国内国际两个市场、两种资源,不会因为强调国内大循环为主体就弱化以至放弃国际循环,而是要在畅通国内循环的基础上以更高水平、更高质量参与国际循环。这就是新发展格局中两个短语在基本含义上的内在关系,是一种主次地位明确又相互联系、相互依存的关系。

2. 国内循环与国际循环相互促进之间的关系

从内在联系看,国内循环是国际循环的基础、动力和保障,既可以形成有利条件,也可能形成不利制约,只有畅通国内循环才能更好参与国际循环;而国际循环是国内循环的延伸和补充,可以提供更多运行条件和更大发展空间,能够为国内循环注入新的发展活力和动力。从主导关系看,在提出国际大循环战略、加入WTO之后的几年内,尤其是沿海地区实施外向型发展战略时,国际循环曾经对国内循环起主导作用;在2006年以来尤其是国际金融危机后中国逐步调整发展战略的过程中,国际循环的作用不断下降,国内循环的地位持续上升;而在党中央提出构建新发展格局的战略转变之后,国内循环对国际循环的主导作用将明显确立,在双循环相互促进的过程中,国内循环将成为矛盾的主要方面,对国际循环起着主要的支配、引领和推动作用,而国际循环作为矛盾的次要方面,也会对国内循环发挥配合、补充和协调的反作用。

3. 以国内大循环为主体和国内国际双循环相互促进的新发展格局符合大国经济发展的基本规律和趋势

随着中国经济总量上升到世界第二位并已远超第三位的日本,中国的进出口总额大幅增长,不仅对国内市场影响较大,对国际市场的影响也很大,往往容易引起国际上尤其是一些国家的高度关注。从大国经济发展的历史规律看,这个阶段适度降低外贸依存度是一个合理的选择。在全球经济总量排名前10位的国家中,除了欧盟几个大国的外贸依存度受欧盟经贸一体化影响而普遍较高外,其他国家的外贸依存度主要是与该国的经济规模相联系。根据2019年全球新冠肺炎疫情发生前的数据进行比较,中国的外贸依存度为35.84%,比经济总量第一的美国的外贸依存度26.29%高9.54个百分点,比经济总量第三的日本的外贸依存度34.76%高1.08个百分点,总体看仍处于较高水平。在中国经济发展战略转向以国内大循环为主体并坚持国内循环和国际循环相互促进的条件下,随着中国经济稳定较快增长和经济总量不断上升,作为度量参与国际循环重要指标的外贸依存度可能会保持相对回落的趋势,但在相当长一段时期内仍将继续高于美国的水平。因此,可以看出,中国构建新发展格局完全符合大国经济发展的基本规律和特点,并不会影响中国经济对外开放的进程,不会影响中国发展社会主义市场经济的道路。

(4)结合案例,分析为构建新发展格局制造业应如何进行转型升级。

理论知识点:高质量发展。

引导学生结合构建新发展格局背景,分析制造业应如何进行转型升级。

参考答案:

面对新发展阶段的新形势新挑战,制造业需要积极探索提高自主创新能力、增强国内大循环能力、提升国际循环地位的转型升级路径。

1. 以国内大市场为主要导向重构制造业产业链

从国内经济大循环着眼，推动制造业产业链重新整合，畅通区域产业和市场的内在联系，带动产业结构转型升级，实现供给与需求的良性互动。有专家认为，国内价值链已经成为推动价值攀升的主要动力，并且内部区际关联才是影响国内价值链整合的主要原因，需要加快沿海与内陆之间的有效互动，打破区域市场分割，保障区域间的循环畅通，加快高端要素的参与力度，才能推动中国制造业价值链的持续攀升。制造业转型升级的新路径要适应畅通国内大循环的新趋势、新要求，依靠深化改革开放促进产业链有效、持续运转，依靠技术进步提升产业链的现代化水平，不断提高产业链供应链的稳定性和竞争力。

2. 积极营造有利于自主创新的良好产业生态环境

有些学者提出从国家、市场和企业三个层面推进自主创新。国家层面要加强战略科学规划，加大基础科研投资，优化科研布局，注重原始性和前沿性的创新，完善基础性技术供给体系，为企业的开发应用准备理论基础。市场层面是强调创新的协调互补，企业间错位创新，通过市场机制交易创新成果，提高资源的利用效率，避免重复开发造成的资源浪费。企业层面的创新应该以补全供应链、解决"卡脖子"问题、发展核心技术为导向，通过技术创新提高制造环节的附加值，逆转微笑曲线，重塑产业模式，打破限制企业发展的瓶颈。

有些学者认为，用创新补全制造业供应链，应当以发展核心技术为导向，利用国家集中力量办大事的制度优势，加大科研投入，将发展的主动权掌握在自己手中。在"长板"上夯实拉紧全球产业链对中国的依存关系，形成对外方人为断供的强有力反制和威慑能力，在"短板"上制定不同情境下的应对办法，有计划、有重点地逐步攻克关键核心技术。国家、市场和企业对自主创新的不同作用是客观存在的，合理区分和定位三个层面在推进创新中的主要作用，运用中国的制度优势应对外部势力的遏制打压，集中国家力量加快攻克关键核心技术问题，这些都有利于促进中国创新资源的有效配置。

3. 协调区域布局促进制造业整体高质量发展

当前中国区域间科技发展不平衡问题仍较为突出。从城市群看，2020年长三角城市群科技创新发展指数达0.858 3，明显高于其他城市群，山西中部城市群最低（0.148 7），两者相差达0.709 6。这种区域科技创新发展的差距引起了区域制造业发展质量的差距，也为创新资源的流动和发展质量的提升提供了空间。应当通过区域发展战略规划的导向和区域协同发展政策的推动，加快消除地方保护主义对全国制造业整体发展的制约，打破区域之间的市场分割，打通生产要素循环的堵点，加强市场机制引导区域间资源流动和促进资源有效配置的作用，使高新技术研发基地、先进制造业基地、原材料生产基地、能源资源开发基地等具有不同优势的区域获得开放发展的空间条件，使东中西部地区、南北城市群之间在要素和市场有效循环中发挥各自的比较优势和发展潜能，加快形成有利于制造业转型升级的区域环境，形成有利于制造业整体高质量发展的内生机制。在新发展阶段，推进区域制造业的布局调整和协调发展，不论是发挥不同区域的比较优势，以先行区域带动后发区域，还是构建区域之间的组合优势，都要坚持以国内大循环为主体、国内国际双循环相互促进的发展思路，聚焦于畅通区域之间的要素流动和经济循环，这样才能有利于各个地区在符合自身特点的条件下，不断拓展制造业转型升级的路径和空间，促进制造业的整体和长期高质量发展。

4. 优化营商环境增强制造业发展活力和动力

加快建设具有国际竞争力的营商环境，是新发展格局下推进制造业转型升级的内在要求。优化营商环境既有利于稳定市场预期、增强市场信心、激发市场主体活力，也有利于吸引全球的高技术企业和优质资本，引进更多的高端产业和先进技术，支持和促进制造业转型升级。从形成国内大循环为主体的格局看，要全面改善制造业企业的营商环境，包括营造竞争有序的市场环境，建立保护自主创新的体制环境，完善法治化的经营发展环境。从推动国内国际双循环相互促进看，要建设符合国际趋势和特点的国内营商环境，优化国内营商环境与国际要素流动的合理连接,包括提高对外开放的水平、不断改善市场准入条件、完善负面清单管理制度、促进生产要素的自由流动、引导国内企业开拓多元化国际市场。

5. 依托"一带一路"倡议提升国际循环水平

中国制造业在扩大开放中参与全球价值链分工,对先进技术的学习模仿能力、对两个市场两种资源的综合利用能力不断提升。"一带一路"倡议是中国提高开放水平的重要突破口,通过与沿线国家或地区的深入合作,有利于优化国内不同地区的资源配置,推动国内大循环和促进双循环,拓展制造业转型升级的路径。要把构建新发展格局与坚持推进"一带一路"建设结合起来,在支持沿线国家发展经济的过程中,推动中国制造业技术和资本的有效配置,提高国内资金和技术的利用效率,为制造业技术创新和技术进步拓展新的空间。要利用"一带一路"沿线国家推进基础设施建设的机遇,努力开拓制造业的海外新市场,提升国内循环与国际循环相互促进的水平。同时,借助 RCEP 等区域经济一体化协定进一步扩大中国对外开放,更加全面深入地加强双边及多边产业经济合作,通过技术转移和知识外溢效应加快中国制造业转型。

(四)教学组织实施

教学组织安排如下表所示。

学习阶段	学习内容	时间限制	学习目标
课前	要求学生分组,并预习课本知识,查阅相关资料,了解中国构建新发展格局状况。	提前一周	熟悉案例背景。
课中	讲授知识点,引入案例。	10 分钟	掌握基本理论知识。
	各组用 PPT 展示国内国际双循环发展现状,分组讨论。	15 分钟	进一步熟悉案例背景。
	随机抽取 3 个小组进行发言。	15 分钟	结合理论分析问题,小组案例分析报告作为一次平时成绩。
	进行归纳总结,注意思政元素与新发展格局的结合。引导学生学会运用宏观经济学的理论知识解决现实问题。	10 分钟	归纳用到的关键理论,并对各组表现做一个简单点评。

续表

学习阶段	学习内容	时间限制	学习目标
课后	请学生继续关注中国对外经济情况。		增进记忆，巩固知识。

（五）总结

加快形成以国内大循环为主体、国内国际双循环相互促进的新发展格局，是根据我国发展阶段、环境、条件变化做出的战略决策，是事关全局的系统性深层次变革。这种新发展格局顺应了世界正经历百年未有之大变局，服务于中华民族伟大复兴的战略全局，具有极其重大的战略意义。从"十四五"时期及长远未来发展趋势看，我国加快形成新发展格局关键在于如何畅通国内经济大循环，而畅通国内经济大循环的着力点在于通过推动更深层次改革、实行更高水平开放，并以此构建完整的内需体系。

参考文献

[1] 推动经济全球化不断向前——习近平主席在第五届中国国际进口博览会开幕式上致辞引发国际社会热烈反响 [EB/OL].（2022-11-07）[2022-12-26].https：//baijiahao.baidu.com/s?id=1748765928080928016&wfr=spider&for=pc.

[2] 佟欣雨."中国服务"走向世界——从2022年中国国际服务贸易交易会看我国服务贸易发展这十年 [EB/OL].（2022-09-01）[2022-12-26].http://www.81.cn/yw/2022-09/01/content_10181957.htm.

[3] 推动中国进出口商品交易会线上—线下、进口—出口、展览—活动融合 [EB/OL].（2021-11-24）[2022-12-26]. http://sohu.com/a/503053217_161795.

[4] 共享中国机遇，共促全球增长——写在2022年中国国际服务贸易交易会开幕之际 [EB/OL].（2022-8-31）[2022-12-26].https：//baijiahao.baidu.com/s?id=1742636453286193288&wfr=spider&for=pc.

蒙代尔—弗莱明模型与汇率制度

一、案例正文

案例1："2021从都国际论坛"推动构建人类命运共同体

2021年12月5日，"2021从都国际论坛"在广州从都国际会议中心开幕。国家主席习近平在北京向"2021从都国际论坛"开幕式发表视频致辞。习近平主席强调，当今世界，人类正经历罕见的多重危机。面对层出不穷的全球性问题和挑战，我们应该坚持开放包容、协商合作，坚持和维护多边主义，积极推动构建人类命运共同体。我们要同舟共济，践行真正的多边主义。多边主义的要义是国际上的事由大家共同商量着办，世界前途命运由各国共同掌握。要坚定维护以联合国为核心的国际体系、以国际法为基础的国际秩序、以联合国宪章宗旨和原则为基础的国际关系基本准则，弘扬和平、发展、公平、正义、民主、自由的全人类共同价值。我们要与时俱进，不断完善全球治理体系。要立足世界格局变化，在广泛协商、凝聚共识基础上改革和完善全球治理体系。坚持国际关系民主化大方向，提高发展中国家在国际事务中的代表性和发言权，努力推动全球治理体系朝着更加公正合理的方向发展。我们要聚焦行动，落实好全球合作议程。习近平主席提出全球发展倡议，构建全球发展命运共同体，希望各方积极参与。要坚持发展优先，推进减贫、抗疫和疫苗、发展筹资、绿色转型、互联互通等领域合作，推动全球发展迈向平衡协调包容新阶段。习近平主席强调，中国共产党百年奋斗的一条重要历史经验就是坚持胸怀天下，始终关注人类前途命运。中国支持多边主义的决心不会改变，将坚定维护多边主义的核心价值和基本原则，坚持互利共赢，坚持求同存异，坚持公平正义，坚持合作发展，为人类文明进步贡献智慧和力量。

论坛主题为"多边主义2.0版——后疫情时代的全球合作",重点讨论经济社会发展与气候变化,全球非传统挑战与应对,公共卫生健康与全球合作,领袖责任、行动与世界未来,坚持多边主义重塑全球治理体系,后疫情时代的经济复苏,重振全球化等议题,这些问题没有任何一个国家能独善其身或独自解决。需要国际社会同向发力、同心协力。联合国秘书长古特雷斯在开幕式致辞中说,全球合作当前正处于低潮,甚至不断减退,而全球性威胁则持续增强,针对包括气候变化、不平等加剧等危机,世界需要新的多边解决方案。荷兰前首相巴尔克嫩德表示,世界正面临新冠肺炎疫情冲击,我们需要果断决策、团结一致,才能真正实现可持续发展目标。上海合作组织秘书长弗拉基米尔·诺罗夫认为,在践行真正的多边主义过程中,区域组织正发挥重要作用,各国需要坚持互利共赢,在国际组织、区域组织的框架下深化合作,共同应对挑战。

案例2:中国加入 RCEP 进一步加强区域合作

2021年11月2日,《区域全面经济伙伴关系协定》(RCEP)保管机构东盟秘书处发布通知,宣布文莱、柬埔寨、老挝、新加坡、泰国、越南等6个东盟成员国和中国、日本、新西兰、澳大利亚等4个非东盟成员国已向东盟秘书长正式提交核准书,达到协定生效门槛。根据协定规定,RCEP 将于2022年1月1日对上述十国开始生效。

RCEP 是在2012年由东盟发起,由包括中国、日本、韩国、澳大利亚、新西兰和东盟十国共15方成员,历时8年达成的自由贸易协定。协定于2020年11月15日由15个成员国共同签署。RCEP 将有力促进15个成员国之间贸易、投资和经济发展,促进全球经济疫后复苏。联合国贸发会议的研究报告表明,到2025年,RCEP 将会给15国成员出口增长带来10%以上。

商务部副部长兼国际贸易谈判副代表王受文表示,协定的签署意味着全球约三分之一的经济体量形成一体化大市场。总体看,RCEP 不仅是目前全球最大的自贸协定,而且是一个全面、现代、高质量和互惠的自贸协定。

RCEP 的签署旨在通过削减关税及非关税壁垒,建立统一市场的自由贸易协定。其主要的目标以立即降至零关税、10年内降至零关税的承诺为主。主要内容如下。

首先，协定的亮点就是地区内零关税，协定生效后，区域内90%以上的货物贸易将最终实现零关税，且主要以立刻降税到零和10年内降税到零为主。

其次，在服务贸易方面，协定生效后，中国将在6年内转化为负面清单方式的开放承诺，达到中国已有自贸协定的最高水平，承诺服务部门数量在中国入世承诺约100个部门的基础上，新增了研发、管理咨询、制造业相关服务、空运等22个部门，并提高了金融、法律、建筑、海运等37个部门的承诺水平。

第三，协定首次在亚太区域内达成范围全面、水平较高的电子商务规则成果，专门设立了电子商务章节，规定了电子认证和签名、在线消费者保护、在线个人信息保护、网络安全、跨境电子方式信息传输等条款。

此外，协定明确各成员国需采用负面清单方式对制造业、农业、林业、渔业、采矿业5个非服务业领域投资以实现较高水平开放的承诺，以及为地区内投资者、随行配偶及家属等跨境流动提供有关居留、签证，以及开展各种贸易投资活动方面便利的承诺。

无论是从全球经济发展的角度出发，还是从参与协定的成员国出发，协定都具有重要的意义，对世界经济发展以及国际多边贸易道路的发展具有积极的作用。

二、案例的思政元素

1. 推动高质量发展是保持经济持续健康发展的必然要求

党的十九大明确我国经济发展已由高速增长阶段转向高质量发展阶段。习近平总书记指出，推动高质量发展，是保持经济持续健康发展的必然要求，是适应我国社会主要矛盾变化和全面建成小康社会、全面建设社会主义现代化国家的必然要求，是遵循经济规律发展的必然要求。从货物贸易来看，RCEP是我国20年来又一次全局性贸易开放，我国1/3的对外贸易将实现自由化,涵盖贸易额将达到1.4万亿美元,给我国企业带来更多的机遇。农业上RCEP的成员在农业产业链上的互补性比较强,我国具有出口优势和潜力的很多农产品将从协议中获益。对于汽车行业,RCEP将带来汽车零部件关税降低,极大地整合东亚地区汽车的供应链和产业链,有效地帮助汽车整车生产企业降低生产成本,进一步释放中国汽车企业在产业链方面的优势。摩根士丹利首席经济学家邢自强指出,RCEP的签署对"十四五"时期产业高质量发展、产业演进具有积极意义。不但有助于加快中日韩自贸协定的签署,还将加强产业链分工合作,在不同国家和不同经济体之间的交易成本大幅降低。中国通过进一步开放,把国内市场潜力拿出来使得外资和全球企业愿意让产业链继续留在中国,进而实现制造业产业链继续在中国集聚的效应。

2. 践行真正的多边主义,推动构建人类命运共同体

多边主义是维护和平、促进发展的有效路径。当今世界,人类正经历罕见的多重危机,对此,习近平总书记从人类共同利益出发,提出要践行真正的多边主义,推动构建人类命运共同体。真正的多边主义,是各国携手应对人类共同挑战。当下,疫情反复、经济衰退、气候变化等全球性挑战,是国际社会迫切需要解决的任务,没有一个国家能够独善其身。各国应积极参与疫苗国际合作,减少对国际贸易的人为制约。大国尤要发挥表率作用,带头提供全球公共产品,维护多边主义在抗击疫情、经济恢复和可持续发展中的积极作用;真正的多边主义,应坚持开放包容。多边主义的要义是国际上的事由大家共同商量着办,世界前途命运由各国共同掌握。明确这一点,践行多边主义的方向才能更加清晰。摆脱意识形态偏见,最大程度增强合作机制、理念、政策的开放性和包容性,共同维护世界和平稳定,才是多边主义的价值所在;真正的多边主义,应遵守国际法则。联合国宪章是公认的国与国关系的基本准则,国际社会要在此基础上进行治理,不能"谁拳头大谁说了算"。少数国家无视国际规则,制造分歧,干涉他国内部事务,这正是搞例外主义和双重标准的真实体现。应该看到,国际规则不是少数国家的专利和特权,任何违背普遍公认的国际法则、不遵守国际协定的行径,无论包

装得多么冠冕堂皇，都是对多边主义的背弃；真正的多边主义，是各国无论大小都能从中获益。多边主义的目标是实现共同繁荣。它不是某些国家用来收割世界财富的游戏规则。任何国家都没有资格依仗自身实力地位来单方面拉单子、提要价。同时，每个国家国情不同，都需要走符合本国国情的发展道路。任何国家都不应盼着别人输，而要致力于同他国一道赢，实现共赢共享。

3. 坚持全面深化改革全面扩大开放不动摇，推动改革和振兴发展深度融合高效联动

区域全面经济伙伴关系协定（RCEP）的签署对我国有着至关重要的意义，是我国经济生活中的一件大事。国务院常务会议研究区域全面经济伙伴关系协定的落地实施国内相关工作，足以表明中国推动贸易投资自由化便利化的决心、信心和恒心。面对全球贸易保护主义、单边主义抬头，在新冠肺炎疫情持续肆虐致使全球经济衰退的当下，区域全面经济伙伴关系协定在为亚洲经济带来光明前景的同时，也给全球经济打了一针"强心剂"。当然，区域全面经济伙伴关系协定也为我国全面建设社会主义现代化国家新征程提供了新的强劲动力。区域全面经济伙伴关系协定有助于推进更高水平改革开放。改革不停顿，开放不止步。改革开放40多年来，中国正从主动适应全球化向积极引领全球化转变。这需要中国向更高水平的改革开放迈进，而区域全面经济伙伴关系协定正提供了这样的重要契机。在区域全面经济伙伴关系协定框架下，中国将进一步深化改革以推动贸易投资自由化便利化，进一步修订完善相关贸易和投资规则以适应高水平开放的需要。区域全面经济伙伴关系协定有助于推动国内消费扩容提质。深入学习贯彻党的十九届五中全会精神和习近平总书记在中央深改委第十六次会议上的重要讲话精神，深刻认识全面深化改革的阶段性新特点新任务，紧扣贯彻新发展理念、推进高质量发展、融入新发展格局，坚持全面深化改革全面扩大开放不动摇，使改革和创新相互贯通、改革和开放互促共进、改革和法治配套衔接，推动改革和振兴发展深度融合、高效联动。

4. 合作共赢，推动建立新型国际关系

构建新型国际关系是应对人类面临共同挑战的必由之路。理论产生于社会实践与社会需求。十九大报告指出，世界面临的不稳定性不确定性突出，世界经济增长动能不足，贫富分化日益严重，地区热点问题此起彼伏，恐怖主义、网络安全、重大传染性疾病、气候变化等非传统安全威胁持续蔓延。这种情况下，没有哪个国家能够独自应对人类面临的各种挑战，也没有哪个国家能够退回到自我封闭的孤岛。解决上述这些全球性问题，克服西方国际政治理论与国际关系模式的弊端，只能诉诸世界各国同心协力、同舟共济、平等协商，以合作求共赢。深化领域合作，让合作共赢之光照亮全球发展之路。各国只有牢固树立命运共同体意识，团结起来走合作共赢之路，才能于百年变局中开新局，从重大危机中育新机，在严峻形势下促发展。"2021从都国际论坛"会议，充分彰显了中国致力于推进各国合作发展，实现广泛合作共赢的态度与决心。中国会持续积极发挥引领作用，携手各国明确目标、展开行动，全方位推进全球减贫事业发展，为世界人民脱贫作出应有贡献。深化联防联控和疫苗研发，遏制国际疫情发展态势；加大发展筹资，加快世界基础设施建设，为全球经济复苏奠定坚实基础；推进绿色转型，强化新能源技术的合作研发，共建清洁美丽的世界。各国要拿出求真务实的行动态度和切实可行的有力举措，聚焦数字经济、绿色发展等关键领域，深化合作、互助共赢，努力推动全球发展迈向新阶段，共同谱写人类文明进步新篇章。

三、案例的使用说明

(一) 教学目标

本案例适用于中级宏观经济学或宏观经济学中开放经济的宏观经济学知识点教学。

1. 知识目标

理解概念：多边主义、汇率政策、贸易关税。

掌握理论：汇率制度、蒙代尔—弗莱明模型、贸易关税的影响。

2. 能力目标

系统思维能力：教师通过对理论的讲解，帮助学生系统地了解开放经济下货币政策、汇率政策对国民收入的影响，形成全面、系统、联系地分析问题、解决问题的思维能力。

判断实践能力：根据案例材料，设置由浅入深、由知识到能力的问题，通过解答问题帮助学生搭建一座"理论到实践、实践到理论"的思维桥梁，使学生能就国际贸易等方面的问题搜集信息与资料，善用适当的理论知识，提出合理的解决方案。

3. 素质目标

形成专业意识：理解开放条件下贸易关税和汇率制度对国民经济的影响，养成关注经济热点、财政政策和货币政策的学习习惯。

提高职业素养：通过案例，引入开放经济、人类命运共同体和其他重要思政元素，拓宽学生视野，让学生理解国家、区域经济和社会合作的重要性，增强学生社会责任感，形成正确的全球发展理念。

（二）教学过程

1. 课前准备

（1）学生需要预习中级宏观经济学中开放经济的相关知识，对国际贸易、汇率、货币政策和财政政策等有完整的认识。

（2）授课教师可事先了解班级学生对国际贸易、汇率、货币政策和财政政策的认识。分小组、分小专题针对我国国际贸易政策、国际关系、汇率等内容进行总结汇报，使全班同学对我国的对外经济问题有较系统、全面的认识，激发学生对国际贸易、汇率、货币和财政政策等相关问题的关注热情和学习兴趣。

2. 讲授理论知识（可适当扩展知识点，但不要太多）

（1）蒙代尔—弗莱明模型

（2）浮动汇率下的小型开放经济。

（3）固定汇率下的小型开放经济。

（4）利率差。

（5）关于汇率制度的争论。

（6）从长期到短期：有物价变动的蒙代尔—弗莱明模型。

3. 引入思政案例

从贸易政策引入思政案例1，分析案例。

从汇率制度引入思政案例2，分析案例。

（三）案例分析要点

1. 启发思考题

（1）结合案例，分析中国践行多边主义和全球治理的国际意义是什么。

（2）结合案例，分析应对全球性挑战我们为什么需要"从都国际论坛"。

（3）结合案例，分析中国加入RCEP会带来什么样的挑战和机遇。

（4）结合案例，分析中国加入RCEP对中国的经济发展有什么影响。

2. 分析思路

（1）结合案例，分析中国践行多边主义和全球治理的国际意义是什么。

理论知识点：多边主义和人类命运共同体。

引导学生从人类命运共同体的角度分析中国坚持多边主义的意义。

参考答案：

2021从都国际论坛主题为"多边主义2.0版——后疫情时代的全球合作"，而中国以多边主义推动全球治理朝着更加公正合理的方向前进，以全球治理促进人类命运共同体的建设，中国的相关实践探索和理论创新具有划时代的意义，因而在国际上产生着重要的现实意义和深刻的长远影响。当前阶段，全球治理虽然面临挑战和缺乏动力，但中国在坚持多边主义和改善全球治理方面依然身体力行，在实践中克服困难，砥砺前行。在全球安全治理方面，中国是联合国第二大维和预算摊款国和经常性预算会费国以及安理会常任理事国第一大出兵国，在全球发展治理方面，中国为实现联合国千年发展目标作出了重要贡献。与此同时，中国同广大发展中地区的多边机制性合作已经实现了全覆盖，在国际上具有强烈的示范效应。在全球社会治理方面，中国根据当前信息社会化趋势，强调维护社会稳定的基础在于尊重各类社会阶层和群体的基本利益和政治主张，突出廉政、善治和民生，加强国际间政府和非政府组织之间的沟通和协调，努力避免在社会嬗变时发生剧烈动荡。全球治理事关整个国际社会，其难点和重点更是复杂纷繁。有鉴于此，中国在多边外交中充分发挥优秀传统文化和当代思想理念的作用，坚持长期、全面、综合观察，提倡对立统一的辩证思维，强调合作共赢和互谅互让，注意照顾各方核心利益和重大关切。

（2）结合案例，分析应对全球性挑战我们为什么需要"从都国际论坛"。

理论知识点：多边合作机制。

引导学生结合疫情背景，分析多边合作机制在经济社会方面的重要意义。

参考答案：

过去的这一年中，新冠肺炎疫情给全球经济、环境和社会等方面带来的影响，已成为全球都要面临的共同挑战。本次论坛的主题之所以定位为"多边主义2.0版——后疫情时代的全球合作"，是由于当今世界面临的问题需要全球性的解决方案。而事关世界未来的重大问题需要非常好的全球合作，仅仅靠双边伙伴、主要国家和地区伙伴之间的合作是不够的。比如当前的新冠肺炎疫情，也需要全球性的方案，而多边主义是未来的方向，必须把多边合作看作未来的必要机制。因此，如何改进这一机制是2021从都国际论坛上需要讨论的问题。疫情期间，中国向世界许多国家和地区提供了医疗系统和疫苗，当前需要确保公平分配新冠疫苗，这是目前最紧迫的任务。同时，加强多边合作，并为后疫情时代建立更安全的国际秩序奠定基础。后疫情时代迫切需要加强全球合作，要重振多边主义和持续推进多边主义，以便全面应对当今和未来的全球性挑战。

（3）结合案例，分析中国加入RCEP会带来什么样的挑战和机遇。

理论知识点：国内国际双循环、汇率制度。

引导学生从国内国际两方面分析签署RCEP对我国经济的影响。

参考答案：

历史实践表明，每一次较大的全球制度体系变革都会带来更多资源要素的全球配置与重组。RCEP的签署正是加快中国经济发展与实现资源重组的重大机遇，这为中国推动制度型开放、打造更高水平的外循环提供了广阔的空间，也为国内经济大循环创造了良好的政策支持与外部环境。畅通国民经济外循环的同时，推动国内大循环中生产、分配、流通、消费的提质升级，从而可以实现"RCEP—外循环—内循环"的良性互动。RCEP将有助于充分发挥中国的制造业优势，提升中国在国际国内两个市场的资源配置能力，从供给侧来看，RCEP协议有利于中国营造良好的国际公平竞争环境，促进企业主体经济活力的释放，从而拉动经济增长，提升居民收入和消费水平，为中国供给侧结构性改革带来积极促进作用。

RCEP带来机遇的同时也带来了挑战和风险。企业对外直接投资的扩大，将对国内的相关政策和服务体制带来新的要求。进口扩大将改变中国多年贸易顺差国的角色，需要我们去适应。人民币国际化的深化，对于国内金融市场稳定也会带来新的问题。但总体而言，机遇远大于挑战。

（4）结合案例，分析中国加入RCEP对中国的经济发展有什么影响。

理论知识点：贸易关税。

引导学生结合我国贸易政策分析签署RCEP对我国经济的影响。

参考答案：

RCEP的成功签署使中国在世界经济舞台上扮演着越来越重要的角色，为中国经济的发展提供了一个更加广阔的国际平台，提升了中国与其他亚太国家的贸易自由化程度，在该自由贸易协定的框架内，中国可更便捷地与其他国家进行贸易，甚至未来有可能达到全面"零关税"的贸易状态。RCEP的成功签署并落实一方面为中国实现"国内—国际双循环"提供了捷径，另一方面其在贸易投资自由化便利化、电子商务、数字贸易等经贸议题上的较高标准，促进了中国尽快适应国际贸易新规则的升级并调整现有产业结构，使中国市场规模和生产体系的优势转化为参与国际合作和竞争的新优势，使中国市场更加具有活力。RCEP 使中国在对外开放领域及地缘政治与经济中拥有了更多的话语权，使中国的国际地位有了进一步的提高。RCEP 的成功签署不仅为中国扩大和深化对外开放提供了更广阔的平台，同时也让"一带一路"沿线国家与身处 RCEP 的各国享受到了极高的经贸红利，中国在地缘经济中也掌握了更多的主动权。

（四）教学组织实施

教学组织安排如下表所示。

学习阶段	学习内容	时间限制	学习目标
课前	要求学生分组，并预习课本知识，查阅相关资料，了解中国经济对外开放状况。	提前一周	熟悉案例背景。
课中	讲授知识点，引入案例。	10 分钟	掌握基本理论知识。
	各组用 PPT 展示中国践行多边主义现状，分组讨论。	15 分钟	进一步熟悉案例背景。
	随机抽取 3 个小组进行发言。	15 分钟	结合理论分析问题，小组案例分析报告作为一次平时成绩。
	进行归纳总结，注意思政元素与供给侧结构性改革的结合。引导学生学会运用宏观经济学的理论知识解决现实问题。	10 分钟	归纳用到的关键理论，并对各组表现做一个简单点评。
课后	请学生继续关注中国对外经济情况。		增进记忆，巩固知识。

（五）总结

当前，世界正处在一个新的十字路口，国际社会比以往任何时候都更需要凝聚共识，坚定信心，促进共同发展。面对时代提出的新问题，我们要加强宏观政策协调，共同推动世界经济强劲、可持续、平衡、包容增长；摒弃意识形态的偏见，共同走和平共处、互利共赢之路；克服发达国家与发展中国家的鸿沟，共同推动各国繁荣发展；携手应对全球性挑战共同缔造人类美好未来。举办从都国际论坛以及加入 RCEP 正是我国深化改革开放的关键一步，也是我国积极承担国际责任、积极推动构建人类命运共同体的重要表现。我国积极促进以国内大循环为主体、国内国际双循环相互促进的新发展格局，就是要使国内循环的链条与国际外循环的链条实现有效对接，以国内循环为主体，国内循环产业链条上的要素与产品可以进入国际外循环的产业链，国际外循环的产业链条上的要素与产品也能够进入到国内循环的产业链。同时需要兼顾国内外的环境变化，需要兼顾短期和中长期的考虑，需要充分发挥国际经济循环的有利条件，从多个角度保障中国经济增长行稳致远，进而带动世界经济的复苏。中国将坚定维护多边主义，致力于拓展共同发展途径，促进文明互学互鉴，推进团结合作共赢，携手应对人类共同新挑战。中国将继续扩大高水平对外开放，与世界各国共享中国机遇，共同构建人类命运共同体。

参考文献

[1] 刘仲华，万宇，李欣怡，等.践行多边主义完善全球治理[N].人民日报，2021-12-07（2）.

[2] 荆鸣.区域竞争规则的多边主义导向——对RCEP竞争规则的评述和展望[J].国际商务研究，2021（5）：34-43.

[3] 王珂，王迪，齐志明，等.高质量实施RCEP推动更高水平开放[N].人民日报，2022-11-06（2）.

[4] 任鸿斌.用好用足RCEP红利，进一步加强与亚太经济体的贸易投资合作[EB/OL].（2022-11-03）[2022-12-26].https：//baijiahao.baidu.com/s?id=1748450381558339198&wfr=spider&for=pc.

总供给理论与供给侧改革

一、案例正文

案例1：供给侧结构性改革背景下广西智慧物流发展路径

在当前形势下，加快现代物流体系尤其是智慧物流建设，对应对疫情下的经济发展挑战，以及建立以国内大循环为主体、国内国际双循环相互促进的新发展格局具有重要的战略意义。智慧物流是指通过智能硬件、物联网、大数据等智慧化技术与手段，提高物流系统分析决策和智能执行的能力，提升整个物流系统的智能化、自动化水平。智慧物流集多种服务功能于一体，强调信息流与物质流快速、高效、通畅的运转，从而实现降低社会成本、提高生产效率、整合社会资源的目的，在我国现代化建设和国民经济社会发展中具有重要的战略地位，特别是在当前应对风险挑战、"六稳""六保""双循环"以及"一带一路"倡议中的作用十分突出。

广西2020年《政府工作报告》提出建设智慧物流体系，对推进全区产业转型升级起到举足轻重的作用。智慧物流体系建设是全区高质量发展的重要支撑，是应对经济下行压力、化挑战为机遇的重要转化力量，是畅通国内大循环的重要抓手。在加快推进现代流通体系建设方面，提出发展流通新技术新业态新模式，促进空港、跨境、冷链、电商、快递、大宗商品等物流发展。其中，现代物流体系建设重点在空港物流发展方面提出了加快发展航空货运仓储设施，开辟面向东南亚和国内主要城市的货运航线，发展航空快递业务和国际航班腹舱货运业务。在完善城乡融合消费网络方面，提出加强物流网络设施建设，加快建设商贸物流配送中心、快递服务网络、邮政和供销网络设施，实施快递"两进一出"工程，合理布局分拨中心、配送中心、末端配送网点等三级配送节点。在深入实施乡村建设行动方面，提出强化农村基础设施建设，完善乡村物流基础设施网络。[1]

案例2：长沙县农业旅游供给侧结构性改革优化策略

在乡村振兴战略背景下，农业旅游显得尤为重要，它连接着中国城乡二元结构的两端，在一定程度上能促进城乡二元经济结构向现代经济结构实现转换。在供给侧结构性改革的大背景下，长沙县农业旅游企业遇到优化调整的历史机遇。正确认识农业旅游企业发展中存在的问题和机遇，重构供需关系与供给体系，提质增效，能够实现农业旅游产业的可持续发展。科技应用不足、农业技术不足、人才供应不足这一局面亟须改善，注重产学研结合，与高校积极合作，培养人才，吸引人才，充分发挥企业产业资源和高校技术优势，共同打造产学研合作平台，与高校进行信息交流与共享，加强合作与互动，共同推动高校技术、人才企业农业优势资源和特色产业融合，具体可在"共建基地、承接课题、技术研发、人才培养、成果转化"等方面进行合作。一是科技赋能文旅融合，文化创意产品可激发人们内心的隐性认知，在情感上得到耦合，形成认同，文旅融合需要以资源为基础、创客为引力、消费为指南，从而实现农业旅游的增值；二是科技赋能农业生产，利用高校、科研院所的科技力量，能够增强农业综合生产能力和抗风险能力，促进标准化种植和生态化养殖模式的发展，用农业信息科技等现代化技术促进农业升级，改变"看天吃饭"局面。

随着"养好中国人"概念的提出，农业被赋予了更多的意义，不仅要生产，还要给城市寄托乡愁，提供休闲体验，传承传统文化；城市的群体分化也对旅游产品提出了不同要求。面临市场需求的新要求，企业根据自身内外部条件，结合产品市场需求和企业资源，一是需要完善产业链，由农林牧渔等基本产业围绕农业形成庞大的产业集群，拓展到农产品加工、流通等农业产后一体化发展，再进一步推进农业与旅游、教育、文化等农业生产性服务业和生活性服务业等第三产业的融合，形成以旅游业为中心的产业链，与其他产业进行联动发展。二是需要提升价值链，农业供给侧结构性改革要求农业产业发展从"量"到"质"的转变，生产优质产品、高档产品、专用产品和深加工产品。把提高农产品品质和附加值作为农业的主攻方向，不仅能够增加农业的经济附加值，还能够延伸其社会、生态、文明等非经济价值，以满足人民日益增长的美好生活需要。[2]

案例3：佛山企业美的集团供给侧改革

中央供给侧结构性改革强调创新是点燃经济发展的新引擎，美的集团则把技术创新作为提升产品附加值的战略基础，加快从要素驱动转向创新驱动。2015年投资30亿元建立起具有世界级水平的全球创新中心，加强研发人工智能、机器人、智慧家居等领域的产品。每年支出2亿元进行长远战略性技术研发。在国内全球总部佛山、上海、深圳等国内城市及美国、意大利、日本等国建立了10大研发中心。与麻省理工学院、中科院、清华大学等国内外近百家知名高校和研究机构建立合作关系。通过以上举措，美的集团产品研发技术能力不断增强，多项技术达到国际领先水平。

中央供给侧结构性改革强调改变"高增长、高投入、高消耗、低效益、低成本"发展老路，来实现经济"升级换挡"。美的集团坚持把效益作为检验供给侧结构性改革成败的标准，通过调整产业结构，优化生产流程，实现效率驱动，产品成本加快下降。据了解，美的集团主动进行战略收缩，通过减少资本性支出、缩短现金周期及提升盈利能力，实现降低资产负债率及增加自有资金、利润和纳税。大力推进减员增效，员工总人数从近20万人缩减至10万人以内，冗员大幅减少，薪酬却实现年均增长15%。构建选配式大规模制造生产方式，提高库存周转，2015年存货周转率比2011年提升38%。据悉，为适应新的科技革命和产业革命带来的新一轮发展机遇，美的集团大力发展智能制造，2012年以来投入约50亿元进行自动化改造，累计投入使用近1200台机器人，效率提升15%以上。美的集团广州及武汉冷气机工厂实现全智能工厂改造。2015年，美的联合组建了华南智能机器人创新研究院，推动机器人核心技术突破及智能装备加快发展。

中央供给侧结构性改革提出要扩大对外开放，更加注重推进高水平双向开放，加快企业"走出去"步伐。美的集团通过合作并购、设立海外生产基地等途径加强国际化资本运作，培育自有品牌，打造全球运营的跨国企业。据了解，美的集团在2015年先后与开利、博世、希克斯等暖通家电巨头开展合资合作。2016年收购日本东芝白电80.1%股权，获得东芝品牌40年的全球授权，超过5000项白色家电相关专利，以及东芝白电在日本、中国、东南亚的市场、渠道和制造基地。进军机器人产业领域，与日本安川电机合资设立工业、服务机器人公司；持有国内工业机器人领域领先企业安徽埃夫特公司17.8%股权。2017年1月持有全球四大机器人公司之一德国库卡94.55%股权，邀约收购德国机器人巨头库卡已经全部实施完毕；2月，美的收购以色列运动控制系解决方案提供商Ser-votronix逾50%的股份。中央供给侧结构性改革鼓励企业"走出去"发展，美的集团加快开拓海外市场，改变简单代工模式，力争在世界重要国家或地区拥有品牌、团队、资产、经营，实现"中国出口"向"当地运营"转变，推动外销业务模式以"OEM代工生产"向以"OBM自有品牌"的转变。目前，美的集团自主品牌销售收入占海外总收入约30%。在巴西、阿根廷、白俄罗斯、埃及、印度、越南等国家建立生产基地，加速提升全球家电市场份额。

二、案例的思政元素

1. "一带一路"倡议

"一带一路"是"丝绸之路经济带"和"21世纪海上丝绸之路"的简称。"一带一路"不是一个实体和机制，而是习近平主席提出的一种合作发展的理念和倡议。2013年9月，习主席在哈萨克斯坦的讲话中首次提出加强政策沟通、道路联通、贸易畅通、货币流通、民心相通，共同建设"丝绸之路经济带"的倡议，同年10月在印尼国会发表重要演讲，指出中国致力于加强同东盟国家的互联互通建设，愿同东盟国家发展好海洋合作伙伴关系，共同建设"21世纪海上丝绸之路"。就国内，"一带一路"为久远的丝绸之路赋予了新的时代意义，是丝绸之路复兴的重要机遇，加强了我国和沿线其他国家和地区的联系，也为改革开放的进一步推进开启了一个重要篇章；就国外，"一带一路"为世界的和平与发展带来了正能量，为世界经济的繁荣贡献了一分力量。譬如，该项政策指出，建立一个中国国际援助与合作基金，以政府名义对外实施贷款；政府贷款带动国内产能过剩企业"走出去"；与人民币国际化配套协调实施，推动人民币成为国际结算货币、支付货币和储备货币。发达国家可借此投资进行改革，缓解经济危机的损害，而发展中国家则可以借此完善、加强基础设施的建设，获得更多更快的发展机遇。

共建"一带一路"将从两个方面为构建新发展格局提供重要支撑。其一，共建"一带一路"有利于形成东西并重，海陆融通的对外开放格局。中国对外开放涉及的区域主要集中于东部沿海地区，而内陆的中部及西部地区的开放程度则长期处于封闭和落后状态，区域间发展不平衡。共建"一带一路"倡议提出后，中西部地区在对外开放中的不利地位得到改变。丝绸之路经济带从中国西部出发，深入欧亚大陆，西部省份由原来的对接东部转变为向西开放，成为"一带一路"建设的前沿阵地。这对加快西部地区发展，缩短区域间经济发展差异具有重要作用。其二，"一带一路"建立了互通互建、纵横交错的物流通道。国际物流禀赋优势是制约内陆地区对外开放和经济发展的直接因素之一，共建"一带一路"以基础设施建设为重要内容，通过建立现代化铁路网、高速公路网、自动化港口和机场等，形成了纵横交错的物流通道网络，降低了区域间商品交易、流动成本，促进资源的跨区域有序流动和优化配置，帮助中国充分利用两个市场、两种资源，推动实现高质量的国内大循环。

2. 推进供给侧结构性改革，打造我国国际竞争新优势

全球低增长困境的症结在于结构性改革迟缓。2008年国际金融危机爆发以后，美国、欧盟、日本等主要经济体都采取了史无前例的量化宽松政策，通过直接购买资产和债券、降低利率甚至实行零利率或负利率等方式，大规模增加市场流动性，提振市场信心。但从实际效果看，全球经济复苏迟缓，市场需求持续低迷，大宗商品价格大幅回落，主要经济体全要素生产率增速放缓。可见，单一的需求刺激并没有取得预期效果，需求管理的短期政策虽在抵御危机冲击上发挥了一定作用，但中长期结构性问题并没有得到根本解决，增强经济增长动力还需要推进结构性改革。

国际分工格局重构对结构性改革提出紧迫要求。欧美国家是主要的产成品消费市场，东亚国家是主要的生产基地，中东、拉美、非洲等地区是主要的能源原材料输出地。国际金融危机后，这种"大三角"分工格局悄然发生变化。欧美国家信贷消费模式难以持续，转向推进再工业化战略，一些高端制造业出现回流；能源原材料生产国迫于新能源技术快速发展的压力，着力延伸产业链，提高产品附加值；人力资源丰富的国家凭借劳动力低成本优势，抢占劳动密集型产业的国际市场。全球分工格局加快调整，跨境资本重新配置，各主要经济体都力求通过结构性调整提升分工位势，争取更有利的分工地位。加快结构性改革是打造我国国际竞争新优势的关键。改革开放以来特别是加入世界贸易组织后，我国对外开放水平不断提高，国际竞争力明显增强。凭借低成本优势和较强的产业配套能力，我国在全球贸易中的地位迅速上升。但也要看到，随着我国要素成本逐步提高，传统比较优势逐步减弱，而新的竞争优势尚未形成，面临"前有围堵、后有追兵"的双重挤压态势，这就要求我国从供给侧发力，加快产业结构转型升级，培育建立在新比较优势基础上的竞争优势。

3. 坚持科技创新，是我们的强国之路

供给侧结构性改革的核心在于通过科技创新来提高全要素生产率。因此，推动供给侧结构性改革，最后都要落在创新驱动发展、培育创新型经济上。在经济全球化和信息技术快速发展的时代，新产品、新技术的生命周期不断缩短，市场要求的创新频率在不断加快，新产品的开发与应用所需的投资也日益增大，传统的纵向一体化模式（从产品的设计和开发、生产、分销等产业链上的各个环节全部由一个企业来完成）已越来越难以实现。这就要求企业从独立创新转变为多元主体共生创新，与相关利益方联结成创新共同体，打造良好的产业生态和创新型产业集群。一些国家也意识到这一点，出台相关措施来促进共生创新。

世界各国经验证明，一个国家只有拥有大批有自主知识产权和自主品牌的创新型企业，并带动更多企业走创新发展之路，才能真正迈入创新型国家行列。但目前我国企业普遍存在创新动力不足的问题，必须花大力气加以解决。一方面，我国国有企业在国民经济的关键领域和重要部门中处于支配地位。因此，应当推动国有企业结构调整，通过创新发展一批，重组整合一批，清理退出一批，让国有企业成为创新的先锋。另一方面，中小企业特别是科技型中小企业，是科技创新的重要力量，是最具创新活力的企业群体。许多国家的实践表明，中小企业发明新技术、新产品的效率远高于大企业。我国的数据也表明，中小企业创造了60%以上的国内生产总值，完成了70%以上的发明专利，提供了80%以上的城镇就业岗位。因此，打造众创、众包、众扶、众筹平台，构建大中小企业、高校、科研机构、创客多方协调的新型创业创新机制，培育创业创新服务业，对于培育创新型中小企业就显得尤为重要。

三、案例的使用说明

（一）教学目标

本案例适用于中级宏观经济学或宏观经济学中总供给理论的宏观经济学知识点教学。

1. 知识目标

理解概念：宏观调控、索洛增长模型、技术创新。

掌握理论：宏观调控的影响、索洛增长模型、技术创新的影响、影响供给的因素。

2. 能力目标

系统思维能力：教师通过对理论的讲解，帮助学生系统地了解供给侧结构性改革、宏观调控对经济的影响，形成全面、系统、联系地分析问题、解决问题的思维能力。

判断实践能力：根据案例材料，设置由浅入深、由知识到能力的问题，通过解答问题帮助学生搭建一座"理论到实践、实践到理论"的思维桥梁，使学生能就供给侧结构性改革等方面的问题搜集信息与资料，善用适当的理论知识，提出合理的解决方案。

3. 素质目标

形成专业意识：理解宏观调控下供给侧结构性改革对中国经济的影响，养成关注经济热点、供给侧结构性改革进程的学习习惯。

提高职业素养：通过案例，引入"一带一路"倡议、科技创新和其他重要思政元素，拓宽学生视野，让学生理解国家经济发展和共同富裕的重要性，增强学生社会责任感，形成正确的发展理念。

（二）教学过程

1. 课前准备

（1）学生需要预习中级宏观经济学中供给侧的相关知识，对索洛增长模型、影响供给的因素等有完整的认识。

（2）授课教师可事先了解班级学生对供给侧结构性改革、宏观调控的认识。分小组、分小专题针对我国供给侧结构性改革、"一带一路"倡议等内容进行总结汇报，使全班同学对我国的现行经济问题有较系统、全面的认识，激发科技强国、"一带一路"倡议等相关问题的关注热情和学习兴趣。

2. 讲授理论知识

（1）索洛增长模型。

（2）宏观调控以及市场在资源配置中的作用。

（3）技术创新提高全要素生产率。

（4）影响供给的因素。

3. 引入思政案例

从索洛增长模型引入思政案例1。

从技术创新引入思政案例2。

从宏观调控、影响供给的因素引入思政案例3。

(三)案例分析要点

1. 启发思考题

(1)结合案例,分析"一带一路"倡议对中国物流业供给侧结构性改革的影响。

(2)结合案例,分析如何从企业角度加快科技创新发展?

(3)结合案例,分析"供给侧结构性改革"将给中国经济带来哪些积极影响?

(4)结合案例,谈谈在供给侧结构性改革背景下,采取哪些经济政策来引导产业升级,刺激消费活力?

2. 分析思路

(1)结合案例,分析"一带一路"倡议对中国物流业供给侧结构性改革的影响。

理论知识点:索洛增长模型。

引导学生从国家层面、企业内部等层次分析"一带一路"倡议对物流业供给侧结构性改革的积极影响。

参考答案:

首先,国内物流企业"走出去"。在"一带一路"的政策中,宏观的战略应当听从国家层面的决定,由国家进行统一的规划和谋略。在"走出去"的环节中,也应当尽量成建制地向外输出,将来自全国各个地区的贸易需求和声音,凝结为一个整套的标准,统一向外实施,把"中国制造"销出去,为国内物流企业创造丰富的市场机会。

其次,促进物流部门工作的开展。随着"一带一路"倡议的实施,各地区产业的沟通和交流必将增加,要想实现互利共赢,必须要以高速的物流服务为前提。"一带一路"就可以确保各级政府和部门能够在与政策相应的区域范围内保持政令畅通。在市场的决定作用下,政府应该理清与市场的边界,更多地围绕市场的需求来进行交通运输资源的配置,更好地发挥交通运输服务性的作用。

再次，促进物流企业进行改革创新。在"一带一路"建设的推动下，我国企业面对的消费市场将会更加广阔，这给我国物流企业的发展带来了很多的机遇。更多的物流企业选择对企业内部进行改革和创新，在企业中更多地引进科学的管理和先进技术，使得企业间的产品流通、企业内的物料移动、总分机构的事务处理等各方面实现信息化和自动化，也极大地推动了国内物流业的发展。

（2）结合案例，分析如何从企业角度加快科技创新发展？

理论知识点：技术创新提高全要素生产率，推动高质量发展。

引导学生从企业的多个视角出发探究科技创新发展的正确途径。

参考答案：

推进供给侧结构性改革，并非仅仅是数量结构的调整，而是整个产业结构的变革和升级。在这一过程中，科技创新扮演着十分重要的角色。科技创新的步伐加快了，供给侧的"造血机能"便增强了，就能够为满足需求升级提供源源不断的动力。

一是围绕传统产业升级和技术改造构建创新联盟，重点突破高端制造装备、关键零部件、基础原材料、重大工业流程等核心技术；二是借助信息化整合科技资源，形成一批面向行业和区域、开放运行的技术创新服务平台，为企业特别是广大中小企业提供研发设计、检测测试、专利标准等公共技术服务；三是引导企业加大研发投入，支持企业建立研究院、技术中心、海外研发机构等，加大企业国家重点实验室和工程（技术）研究中心建设力度；四是加强科技产业化示范，围绕节能环保、信息技术、高端装备制造、新能源、新材料和新能源汽车等战略性新兴产业，组织实施科技产业化示范工程；五是针对高科技企业高风险、高回报的特点，由政府支持和引导，推动天使投资基金、创业投资基金、风险投资基金的发展，切实解决高科技企业融资难的问题。

（3）结合案例，分析"供给侧结构性改革"将给中国经济带来哪些积极影响？

理论知识点：宏观调控以及市场在资源配置中的作用。

引导学生通过宏观调控、市场配置的作用，分析改革为经济带来的正向影响。

参考答案：

一是提高宏观调控效率和稳增长的重要推进器。一方面，将结构性改革引入宏观调控，形成"宏观调控＋改革"的政策组合拳，是新一届政府宏观调控创新的一个重要方面，也是实现稳增长与调结构平衡的重要举措。经济发展的本质在于结构变化和制度创新。在我国经济发展进入新常态的形势下，加快供给侧结构性改革，是增强发展动力，提高全要素生产率、长期稳增长的最有力措施。另一方面，在一些重大领域改革取得明显突破的情况，宏观调控可以更多地采取市场手段和经济手段，而尽可能减少行政手段，这既能增强市场信心，又能显著提高宏观调控政策的有效性。

二是努力实现市场资源配置中起关键性作用的关键举措。就经济体制问题而言，最大的结构性改革还是市场化改革，即简政放权、深化价格改革和要素市场化改革，着力理顺政府与市场的关系，让市场在资源配置中起决定性作用。我国在创新发展、协调发展、绿色发展、开放发展和共享发展等五大方面都面临重大的供给侧体制问题，解决这些制度性的障碍的关键是加快供给侧结构性改革。深化市场化改革这一重大的结构性改革，不仅能最大限度地降低政府对微观经济的直接干预，为市场主体创新提供宽松公平的宏观环境，让市场在竞争性领域发挥决定性作用，而且能提供强有力的制度激励，增强微观市场主体的竞争力。

（4）结合案例，谈谈在供给侧结构性改革背景下，采取哪些经济政策来引导产业升级，刺激消费活力？

理论知识点：影响供给的因素。

引导学生通过结合影响供给的因素，具体研究哪些经济政策适合产业结构升级，刺激消费需求。

参考答案：

一是从消费着手，有效协同供给侧结构性改革与需求侧管理。随着我国经济发展，消费结构不断升级，产生了明显的时间差异性，这对供给侧提出了新的适配性要求。及时充分实现供需适配，意味着及时充分释放经济发展的潜力。针对最近一轮消费升级的新特点，使消费品支出结构更加多元化、注重消费品质量提升、服务消费增长势头强劲等，除了应从需求侧做好政策引导，即主要提升居民消费升级的意愿和能力，还应改善产品和产业结构以形成有效供给。

二是从投资着手，一般来说，供给侧结构性改革通过提升供给对内需的适配性而推动经济发展。其中，优化投资结构是关键一环。这就需要在消费牵引下，通过优化投资结构使供需双侧形成良性互动；需要通过投资来优化供给，推动消费提质扩容和提档升级，形成需求牵引供给、供给创造需求的更高水平动态平衡。

三是从创新着手，我国需要扭住创新链，形成新供给、激发新需求。在新一代信息技术引领下，相关产业突飞猛进。特别是网络经济呈现出跃升的态势，它因广泛联系生产和日常生活而具有催生新业态发展的优势。从总体上看，新业态不仅扩大了需求的规模，而且弥补了旧业态的不足。特别是在新冠肺炎疫情防控期间，借助网络实现的无接触交易和互动等，因克服了空间障碍而给我们提供了极大方便。

（四）教学组织实施

教学组织安排如下表所示。

学习阶段	学习内容	时间限制	学习目标
课前	要求学生分组，并预习课本知识，查阅相关资料，了解中国供给侧改革状况。	提前一周	熟悉案例背景。
课中	讲授知识点，引入案例。	10分钟	掌握基本理论知识。
	各组用PPT展示"一带一路"建设发展现状，分组讨论。	15分钟	进一步熟悉案例背景。
	随机抽取3个小组进行发言。	15分钟	结合理论分析问题，小组案例分析报告作为一次平时成绩。
	进行归纳总结，注意思政元素与供给侧结构性改革的结合。引导学生学会运用宏观经济学的理论知识解决现实问题。	10分钟	归纳用到的关键理论，并对各组表现做一个简单点评。
课后	请学生继续关注中国供给侧改革情况。		增进记忆，巩固知识。

（五）总结

供给侧结构性改革是对我国经济进入"新常态"的精准施策。中国经济长期高速增长积累了庞大的经济总量，基数抬高后，连续多年的两位数增长已经不可重复了。今后必须坚持把改革发力点转到调整经济结构上，在保持总量增长的同时，实现结构优化。同时，随着我国由中等收入国家向高收入国家迈进，各种矛盾集中爆发，而各种矛盾的产生往往是因为发展存在诸多短板，出现结构性问题。推进结构性改革就是协调发展过程中的重大关系，在破解难题、补齐短板的同时又巩固和厚植原有优势，让中国经济健康发展、行稳致远。供给侧结构性改革从根本上说是调整国家的经济结构，使经济发展保持健康状态。长期以来过分依靠投资拉动需求从而发展经济的方式留下了技术创新不足的弊端，最终会成为制约经济发展的因素。供给侧的五大要素，劳动力，土地，资本，创新技术和制度改革，在改革开放40年中，更多的是充分利用了前三者，技术和创新仍有很大的潜力，是继续保持经济增长的重要因素。所以，通过供给侧改革改善供给结构，提升资源效率，增强创新能力，提升产品质量，消除产能过剩，从而满足高水平需求，是至关重要的。

参考文献

[1] 汤洪宇，丁承学.供给侧结构性改革背景下广西智慧物流发展路径与对策研究 [J].物流科技，2021，44（11）：88-90.

[2] 黄建红，何轮，田锟，等.长沙县农业旅游供给侧结构性改革困境与优化策略——以飘峰山庄为例 [J].山东农业工程学院学报，2021，38（10）：46-50.

AD-AS 模型与经济高质量发展

一、案例正文

案例1：完善电力价格政策，助力实现双碳目标

"十四五"时期，我国生态文明建设进入以降碳为重点战略方向、推动减污降碳协同增效、促进经济社会发展全面绿色转型、实现生态环境质量改善由量变到质变的关键时期，全社会的生产方式、生活方式都会产生重要变化。2020年9月22日，习近平总书记在第七十五届联合国大会一般性辩论上的讲话中提出，"中国将提高国家自主贡献力度，采取更加有力的政策和措施，二氧化碳排放力争于2030年前达到峰值，努力争取2060年前实现碳中和"。2021年4月30日，中共中央政治局第二十九次集体学习时，习近平总书记指出，实现碳达峰、碳中和是我国向世界作出的庄严承诺，也是一场广泛而深刻的经济社会变革，绝不是轻轻松松就能实现的。2021年10月24日，中共中央、国务院印发《关于完整准确全面贯彻新发展理念做好碳达峰碳中和工作的意见》(以下简称《意见》)，明确了碳达峰碳中和的指导思想、工作原则和重点任务；26日，国务院印发《2030年前碳达峰行动方案》(以下简称《方案》)，对推进碳达峰碳中和工作作出总体部署。《意见》和《方案》将完善价格政策作为碳达峰碳中和工作的重点任务和关键措施，提出了完善能源价格市场化形成机制、深化电价改革等相关要求。

在电力供给端，为进一步发挥市场价格信号在碳达峰碳中和目标实现中的作用，《意见》和《方案》提出要深化能源体制机制改革，完善电力等能源品种价格市场化形成机制，推进煤炭、油气等市场化改革，加快完善能源统一市场，全面推进电力市场化改革，完善中长期市场、现货市场和辅助服务市场衔接机制，扩大市场化交易规模，全面放开竞争性环节电价。上述措施

落地后将大力推动能源行业竞争性市场建设，建立健全引导各类能源资源合理投资、运行的市场化价格形成机制，促进清洁低碳电源向市场友好型方向发展，有效激励与高比例可再生能源相匹配的调节性电源的建设和运行，为可再生能源规模化发展目标的实现提供有力支撑。

在电力消费端，分时电价是通过价格杠杆调节需求侧用电行为的重要手段。对此，《意见》明确提出完善分时电价政策的要求，《方案》提出探索建立分时电价动态调整机制。一方面要定期评估和调整目录分时电价，另一方面要加快竞争性电力市场建设，促进市场化分时电价体系形成，更好反映电能量的分时价值，更好发挥电力需求侧的作用，提高能源低碳转型中的资源配置效率。

案例2：新冠肺炎疫情对中国经济产生的冲击

2021年中国经济整体经历了较为强势的复苏，在前一年高基数的带动下，2022年中国经济增速将处于下行周期，而新冠肺炎疫情和俄乌冲突持续扰动经济修复节奏，国内三重压力对经济造成持续影响，这或许将加快中国经济增速下滑的速度，2022年中国经济面临前所未有的挑战。从中国经济整体状况来看，2022年一季度GDP同比增长4.8%，高于市场预期，而第二季GDP较上年同期增长0.4%，大幅低于一季度，不及市场预期。以上半年看，中国GDP同比增长2.5%，低于年初政府工作报告提出的5.5%目标。而在政策的强劲支持下，2022年的经济可能在三、四季度出现一个明显回升。从经济各指标来看，目前就业、消费数据的下行趋势较为明显。受地方政府基建投资的拉动作用，全国固定资产投资整体保持平稳，但房地产市场投资与销售的疲弱走势较为显著。中国外贸数据一方面受到去年高基数因素的拖累，另一方面上海作为一个外贸港口枢纽，城市封控也会导致对进口的影响更为显著。疫情对供给端造成较大冲击，对工业和服务业冲击较大，二季度工业增加值在1%以下，服务业生产指数仍位于负增区间。

自从2020年新冠肺炎疫情在全球暴发之后，中国疫情防控高效、供应链保持稳定，为中国的外贸局面带来积极正面的影响。2020年及2021

年中国进出口占世界份额较往年有较为显著的上升，进口份额由2019年的10.76%上升至2021年的11.93%，出口份额由2019年的13.15%上升至2021年的15.10%。虽然中美贸易摩擦不断，但从中国与美国之间的外贸往来数据来看，近年中美贸易额的减少主要发生在2019年，而在2020年新冠肺炎疫情之后，中美贸易额又恢复快速上升势头。中国对美国出口商品金额由2019年的4 186.7亿美元上升至2021年的5 761.1亿美元，累计增幅为37.6%；中国从美国进口商品由2019年的1 227.1亿美元上升至2021年的1 795.3亿美元，累计增幅为46.3%。中国外贸在2020年及2021年的强势表现主要依托于以下几个因素：一是中国在疫情初期采取了果断的封锁措施，在主要经济体中最早实现生产恢复，保障了供应链对外需商品的支撑；二是全球主要经济在2020年及2021年实行了大规模的财政和货币刺激计划，拉动经济强势反弹，外需强劲也是提振中国外贸的主要因素。

中国经济外循环依然稳健的同时，也存在一些潜在风险点。中国单位劳动力成本在近年快速上升，一些制造业企业将部分产能转移至印度及东盟国家。例如，苹果公司已开始在印度生产iPhone13，以减少其对中国供应链的依赖；又如，2020年以前，中国还是耐克鞋类产品的最大制造国，现在，耐克一半以上的鞋子产自越南。虽然近年来，东盟制造业以较快速度增长，但从体量上来看，东盟五国制造业增加值与中国相比仍有巨大差距。西方发达经济体对中国设置贸易壁垒，中国如何进行产业的重新再布局需要考量。在2018年中美贸易摩擦发生一年后，美国事实上已经对几乎所有来自中国的进口产品加征了惩罚性关税，涉及产品价值超过5000亿美元。2022年9月美国核心通胀创40年新高，压力之下，拜登政府多次放风要取消对华加征的关税，但迟迟没有落地，关税贸易壁垒没有实质性改变。此前，也曾有欧盟对中国部分产品增加关税，中国生产企业向外转移制造基地的情况。关税等贸易壁垒问题，也是中国部分企业近年来向外转移制造基地的原因之一。中国高科技行业受到美国的制裁打压，关键技术存在"卡脖子"情况。截至目前，美国已先后把近百家中国企业列入实体清单，实行高科技出口管制。2022年2月，美国商务部将33家中国实体列入"未经核实清单"，这意味着美国公司向这些中国实体出口受到美国出口管理条例约束的物项时，不再享受通常的许可豁免，甚至对一些无需许可的低技术水平物项，也需要中国实体声明最终用途、用户和目的地国家，并同意美国方面的核查。疫情使中国供应链受到影响。上海作为长三角的中心港口城市，2020年3月以来的新冠肺炎疫情导致进口产品在港口的等待时间大幅提高，许多进口企业只能选择成本更高的空运或直接绕开上海港。例如，有位于长三角的跨境电商提出，上海疫情对长三角的供应链、物流影响比较严重，一方面是原材料不能及时到位，由于原材料生产企业的停工断供，影响了生产进度；另一方面推高了物流成本。

二、案例的思政元素

1. 构建人与自然生命共同体

习近平主席在"领导人气候峰会"上的讲话中提出了"六个坚持"，其中就有"坚持人与自然和谐共生"和"坚持绿色发展"。人类进入工业文明时代以来，在创造巨大物质财富的同时，也加速了对自然资源的攫取，打破了地球生态系统平衡，人与自然深层次矛盾日益显现。近年来，气候变化、生物多样性丧失、荒漠化加剧、极端气候事件频发，给人类生存和发展带来严峻挑战。新冠肺炎疫情持续蔓延，使各国经济社会发展雪上加霜。面对全球环境治理前所未有的困难，国际社会要以前所未有的雄心和行动，勇于担当，勠力同心，共同构建人与自然生命共同体。一要坚持人与自然和谐共生，大自然孕育了人类，人类应该以自然为根，尊重自然、顺应自然、保护自然。不尊重自然，违背自然规律，只会遭到自然报复。自然遭到系统性破坏，人类生存发展就成了无源之水、无本之木。我们要像保护眼睛一样保护自然和生态环境，推动形成人与自然和谐共生新格局。二要坚持绿色发展。绿水青山就是金山银山。保护生态环境就是保护生产力，改善生态环境就是发展生产力，这是朴素的真理。要顺应当代科技革命和产业变革大方向，抓住绿色转型带来的巨大发展机遇，以创新为驱动，大力推进经济、能源、产业结构转型升级，让良好生态环境成为全球经济社会可持续发展的支撑。生态兴则文明兴，生态衰则文明衰，绿色发展是千年大计，实现绿色发展关乎国家、民族和人民的未来。

2. 推动高质量发展

当今世界正处于百年未有之大变局中，国内外形势的深刻变化对经济高质量发展提出了迫切需求。从国内看，我国转向高质量发展阶段，要素成本上升，传统发展动力减弱，要培育增长新动力、新模式和新优势。绿色低碳发展是高质量发展的题中之义。"十四五"规划建议，要求将绿色发展体现到经济社会发展各领域各方面，加快推动绿色低碳发展、持续改善环境质量、提升生态系统质量和稳定性、全面提高资源利用效率，广泛形成绿色生产生活方式，碳排放达峰后稳中有降，生态环境根本好转，美丽中国建设目标基本实现。

中国应当也必须走一条不同于西方国家的能源结构升级路线，跨越油气，提高电的终端消费比重，构建安全、清洁、高效、可持续的能源体系，优先节能提效、优化电力源网荷储用关系，煤油气要控量增效，加快提升非化石能源占比，推动能源技术革命、能源与信息的深度融合。避免"高碳锁定"，要从停建燃煤电厂、挖掘已建电厂效率做起。同时，我国新能源汽车保有量已达492万辆，产销量连续5年位居世界第一，成为世界拥有电动汽车最多的国家；鉴于电动汽车接近传统燃油车的适用性，有关单位在市政车辆、公共交通、轻型卡车乃至重载卡车和工程机械方面都研发出了替代性产品，为燃油车辆的退出奠定了基础。此外，可再生能源的发展是碳中和的重点。风电、光伏、储能、电力电子等技术进步和规模化发展，成为能源行业碳中和的突破口；随着时间的推移，更多的低碳零碳解决方案会源源不断展开。只有尊重自然规律和市场规律，科学施策，顺序合理，我国才可以实现自己的承诺。

3. 将疫情影响降至最低，部署宏观调控组合拳

2020年3月27日，习近平总书记主持召开中共中央政治局会议，在科学分析判断国内外新冠肺炎疫情防控和经济运行形势基础上，打开宏观调控"政策箱"，部署宏观调控"组合拳"。适应国内外疫情防控新形势，及时完

善我国疫情防控策略和应对举措，把重点放在外防输入、内防反弹上来，保持我国疫情防控形势持续向好态势。在疫情防控常态化条件下，加快恢复生产生活秩序。统筹推进疫情防控和经济社会发展工作，坚定不移贯彻新发展理念，深化供给侧结构性改革，坚决打好三大攻坚战，加大宏观政策对冲力度，有效扩大内需，全面做好"六稳"工作，动态优化完善复工复产疫情防控措施指南，力争把疫情造成的损失降到最低限度，努力完成全年经济社会发展目标任务，确保实现决胜全面建成小康社会、决战脱贫攻坚目标任务。财政政策要更加积极有为；适当提高财政赤字率，发行特别国债，增加地方政府专项债券规模。金融政策中稳健的货币政策要更加灵活适度；引导贷款市场利率下行，保持流动性合理充裕。

4. 加强国际抗疫合作，构建人类卫生健康共同体

2020年1月20日，习近平总书记对疫情防控工作做《把人民群众生命安全和身体健康放在第一位》的指示。2020年1月25日，习近平总书记在中共中央政治局常委会会议上明确指出：生命重于泰山。疫情就是命令，防控就是责任。2020年1月28日，习近平主席会见世界卫生组织总干事谭德塞时指出，人民群众生命安全和身体健康始终是第一位的，疫情防控是当前最重要的工作。中国政府始终本着公开、透明、负责任的态度及时向国内外发布疫情信息，积极回应各方关切，加强与国际社会合作。中方愿同世界卫生组织和国际社会一道，共同维护好地区和全球的公共卫生安全。2020年3月26日习近平主席在二十国集团领导人特别峰会上发言，提出"携手抗疫，共克时艰"，表明重大传染性疾病是全人类的敌人。新冠肺炎疫情正在全球蔓延，给人民生命安全和身体健康带来巨大威胁，给全球公共卫生安全带来巨大挑战，形势令人担忧。当前，国际社会最需要的是坚定信心、齐心协力、团结应对，全面加强国际合作，凝聚起战胜疫情的强大合力，携手赢得这场人类同重大传染性疾病的斗争。中国倡议坚决打好新冠肺炎疫情防控全球阻击战，有效开展国际联防联控，积极支持国际组织发挥作用，加强国际宏观经济政策协调。

三、案例的使用说明

（一）教学目标

本案例适用于中级宏观经济学或宏观经济学中经济波段导论的宏观经济学知识点教学。

1. 知识目标

理解概念：财政政策、供给冲击。

掌握理论：AD-AS 模型、财政政策的影响、供给冲击的传导机制。

2. 能力目标

系统思维能力：教师通过对理论的讲解，帮助学生系统地了解用 AD-AS 模型分析原材料价格调整对产品供给的影响，形成全面、系统、联系地分析问题、解决问题的思维能力。

判断实践能力：根据案例材料，设置由浅入深、由知识到能力的问题，通过解答问题帮助学生搭建一座"理论到实践、实践到理论"的思维桥梁，使学生能就供需等方面的问题搜集信息与资料，善用适当的理论知识，提出合理的解决方案。

3. 素质目标

形成专业意识：理解用 AD-AS 模型分析原材料价格调整对产品供给的影响，养成关注经济热点的学习习惯。

提高职业素养：通过案例，引入高质量发展、构建人与自然生命共同体和构建人类卫生健康共同体等其他重要思政元素，拓宽学生视野，让学生理解国家、区域经济和社会合作的重要性，增强学生社会责任感，形成正确的全球发展理念。

（二）教学过程

1. 课前准备

（1）学生需要预习中级宏观经济学中凯恩斯主义的总供给曲线的相关知

识,对财政政策、供给冲击等有完整的认识。

(2)授课教师可事先了解班级学生对财政政策、供给冲击的认识。分小组、分小专题针对学习内容进行总结汇报,使全班同学对供给冲击有较系统、全面的认识,激发学生对财政政策、供给冲击等相关问题的关注热情和学习兴趣。

2. 讲授理论知识

(1)AD-AS 模型。

(2)供给冲击。

(3)出口商品的定价权。

(4)财政政策(税收)对于简单供给需求的影响。

(5)价格歧视对减排的影响。

(6)疫情对我国宏观经济造成的影响。

3. 引入思政案例

从(1)-(5)知识点引出思政案例1、2,分析案例。

从(1)-(4)及(6)知识点引出思政案例3、4,分析案例。

供给冲击:指原材料燃料等投入产品的价格变化,对经济中供给方带来的影响。

我国出现电力短缺问题出现拉闸限电情况原因有多个方面,其中一个主要原因是因为原料煤价格的上涨。我国主要是火力发电,由于我国对煤炭行业进行供给侧改革,减少了国内煤炭的供应量,又因为疫情等原因来自海外进口煤减少,导致火力发电部门煤储存量减少,煤炭价格上涨,造成电力生成部门成本上升。

(1)短期效应

$$W = W_{-1}[1 + \lambda(N - N^*)] \quad (式2\text{-}1)$$

$$Y = \alpha N \quad (式2\text{-}2)$$

$$P = (1 + z)W/[\alpha(1 - \theta p'_m)] \quad (式2\text{-}3)$$

凯恩斯主义总供给曲线立足于上述三个方程。$W = W_{-1}[1 + \lambda(N - N^*)]$

是 W-N 曲线，由菲利普斯曲线得到。$Y = \alpha N$ 是生产函数，体现一个线性的投入和产出的关系。$P = (1+z)W/[\alpha(1-\theta p'_m)]$ 为成本加成的定价原则。现在仍然立足于这三个式子。

$P = (1+z)W/[\alpha(1-\theta p'_m)]$ 可以变形为 $P[\alpha(1-\theta p'_m)]/(1+z) = W$，这是当期价格和当期名义工资的关系，前一期价格可以推导为 $P_{-1}[\alpha(1-\theta p_m)]/(1+z) = W_{-1}$。

所以可以得到公式 $P[\alpha(1-\theta p'_m)]/(1+z) = P_{-1}[\alpha(1-\theta p_m)]/(1+z)[1+\lambda(N-N^*)]$，令 $\lambda' = \lambda/\alpha$，$Y$ 与 Y^* 可以替代 N 与 N^*。

$P = [(1-\theta p_m)/(1-\theta p'_m)]P_{-1}[1+\lambda(Y-Y^*)]$ 是发生冲击之后，本期内 SAS 曲线称为 AS_1。

AS_1 曲线斜率为：$dP/dY = [(1-\theta p_m)/(1-\theta p'_m)]\lambda' P_{-1} > \lambda' P_{-1}$。

当 $Y=0$，AS_1 曲线纵轴截距为：

$[(1-\theta p_m)/(1-\theta p'_m)]P_{-1}(1-\lambda Y^*) > P_{-1}(1-\lambda Y^*)$。

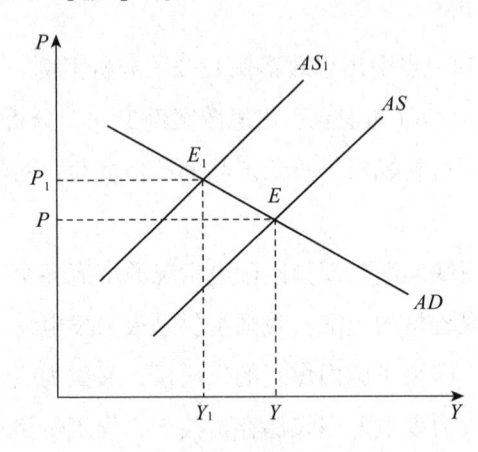

图 2-1 短期效应

在初始的 P-Y 坐标空间，初始的总需求曲线 AD 和总供给曲线 AS 交点 E。由于原材料煤价格上涨 p_m 到 p'_m 总供给曲线向左上方移至 AS_1，斜率变得更大导致新的均衡点为 E_1，E_1 对应的产量水平是 Y_1，对应的价格水平是 P_1，和初始点 E_0 相比，E_1 价格上涨而产量下降。当火力发电原料煤价格上涨，受冲击效应影响，电力生产部门生产电力成本提高同时发电量下降，所以会造成短时间用电紧张。

（2）中期效应

推导过程与短期相似，可以得出结论当进入 $t+1$ 期以后，总供给曲线的形式又和 t 期以前是完全一样的，$t+1$ 期以后总供给曲线又恢复到之前的形状。所以当发电原料煤价格上涨以后短时间内确实会造成电力减少，但是经过一段时间之后发电量会自动恢复到原料煤涨价前的价格，重新达到均衡。

（三）案例分析要点

1. 启发思考题

（1）结合中国的能源环境状况，为实现提前碳达峰目标并保持经济增长路径，你有什么政策建议？

（2）结合财政政策与碳减排，分析我国在推进"双碳目标"进程中可以采取什么样的财政政策。

（3）结合政府和市场的关系，分析在碳减排上两者如何正确发力？金融行业如何助力碳达峰、碳中和？

（4）我国做出在2060年前实现碳中和的庄严承诺，有什么深远意义？

（5）结合案例2，运用 AD-AS 模型分析新冠肺炎疫情对我国物价水平的影响？

2. 分析思路

结合中国的能源环境状况，为实现提前碳达峰目标并保持经济增长路径，有什么政策建议？

理论知识点：经济增长的要素、消费、投资和进出口。

引导学生结合中国"碳达峰、碳中和"的举措，从经济要素、消费、投资和进出口等方面展开分析。

（1）结合中国的能源环境状况，为实现提前碳达峰目标并保持经济增长路径，你有什么政策建议？

参考答案：

一是从经济各部门的技术进步、资本、劳动和管理效率等角度推动经济增长。不仅采用先进高效的能源效率技术和二氧化碳排放技术，而且积极采用各部门先进的生产技术，提高各个部门的全要素生产率，提高资本和劳动等生产要素的边际产出，优化利用资本和劳动等资源，提高各部门生产、流通和消费过程的管理效率，使经济系统的可持续增长与二氧化碳减排有机结合起来。

二是促进消费绿色低碳转型。要全方位稳步推进低碳进程，消费者的消费行为方式的改变，将是一个至关重要的因素。由于消费形式的变化，偏向于绿色低碳型，产品需求结构将发生变化，对产业链、产品链、价值链、能源链的延伸和融合有重大的推动意义。同时，加速全社会电能替代，将推进城乡居民消费电气化，有利于减少能源消费和碳排放。

三是增大新能源和低碳产业的投资和进出口贸易。增加科技研发的投入，推动新能源、低碳产业领域的技术研发、产品的创新和市场的拓展，有效地开发各类绿色技术，不断突破高端瓶颈技术，使国际发明专利申请量快速上升，逐步建成世界规模最大的国内绿色技术市场，推动经济绿色低碳持续发展。加强低碳和先进类产品的进出口贸易及技术的国际合作。在低碳类产品、先进类产品的进出口方面，继续保持开放的态势，积极参与国际贸易和合作，降低成本，提高能源效率和经济效率，提高资源的利用效率。

（2）结合财政政策与碳减排，分析我国在推进"双碳目标"进程中可以采取什么样的财政政策。

参考答案：

我国现行财税体系在推进碳减排中仍存在诸如财政支出结构不合理、绿色税收体系尚未形成、中央与地方财政事权与支出责任划分模糊等问题。因此，应加大财政碳减排支出力度，建立绿色预算体系及绿色税收体系，合理划分碳减排领域中央与地方财政事权与支出责任，通过优化财税政策更好助力实现碳达峰、碳中和。

一是围绕绿色转型场景，提供分级利率的绿色信贷产品。例如，依托大数据技术，联合金融机构，对预授信的电力能源企业进行碳评级。针对低碳评级的项目，如光伏、新能源等项目，提供优惠利率的信贷资金和新能源平台上线、撮合、监测等一站式平台服务。针对高碳评级的项目，联合监管机构、金融机构和大数据公司共同制定企业碳减排计划和监测跟踪机制，并提供专项绿色转型信贷资金，形成多平台共建的标准化一揽子解决方案。

二是根据企业能效状况，提供不同等级的贷款利率。例如，抓住商业银行等金融机构推广绿色金融产品的机会，细化电力能源产业链供应链金融产品融资利率和规模梯度，结合用电企业绿色评级和能效管理能力，匹配不同利率等级的供应链金融产品。又如，对科技创新和低碳环保类企业以及购买绿色电力或持有碳排放余额的企业，提供更多利率优惠和上浮融资规模。此外，还能借助区块链技术提供碳交易撮合、绿色电力溯源等服务。

三是基于企业绿色画像，打造绿色供应链金融场景。依托工业互联网设备识别、大数据监控、区块链确权等数字科技，对电力能源产业链上下游中小企业进行绿色画像。针对低碳排放企业，提供利率优惠的应收账款保理等供应链金融产品，并借助绿色 ABS 政策便利进行低成本证券化融资；针对高碳排放企业，重点监控企业财务风险，助力供应链核心企业和合作金融机构规避供应链绿色转型风险。

四是创新绿色消费金融场景。联合商业银行、消费金融公司等金融机构，对购买高能效评级家用电器的消费者提供低利率绿色消费信贷产品，对购买新能源车的消费者提供新能源车险等产品，逐步搭建绿色消费金融服务体系。

（3）结合政府和市场的关系，分析在碳减排上两者如何正确发力？金融行业如何助力碳达峰、碳中和？

参考答案：

政府和市场作为两种基本的资源配置方式，相辅相成，在促进碳减排上，也要正确发挥好两者的作用。

一方面，市场方面，碳定价政策成为越来越多国家激励减排的有效工具。通过总量控制和碳价格机制，形成对碳减排的约束和激励机制，有利于引导各类市场主体主动减排。有了碳市场的价格机制，企业可以通过碳交易市场补偿减排成本甚至获取收益，从而促进其参与技术研发的积极性。

另一方面，政府可以把碳减排的总体目标下达到各个省，通过各个省结合自身的经济发展结构来优化产业结构和能源结构，落实碳减排目标。

（4）我国做出在2060年前实现碳中和的庄严承诺，有什么深远意义？

参考答案：

一是提出环境承诺，显示大国风范。中华上下五千年，中华民族是一个历史悠久的民族，在这悠悠的历史长河当中，我们有过兴盛也有过衰败，但是这仍然表明中华民族是一个非常努力且具有能力的民族，而且近些年来我国的经济发展得很快，在全球也具有了相当的不错的地位，在这次会议当中，我国提出了这个承诺，也给其他国家做足了榜样，体现了中国的大国风范。

二是在国际上立足地位，给中国带来了新的合作机遇。中国过去曾受到过不平等的待遇，其他国家曾认为我们中国是落后的。但是随着这几年来中国经济的发展，还有在其他国家有危难的时候我们的出手相助，中国在国际上的地位也有所提升，而且交了很多朋友。我国提出的争取在2060年前实现碳中和的承诺，体现了我国的大国担当，让我国的国际地位和国际形象有所提升，有助于我国经济的长远发展。同时，中国是很注重团结的民族，我们与其他国家友好相处，我国提出实现碳中和的承诺，彰显了中国的大国精神。

三是推动中国产业结构的变革，寻找新的经济增长点。实现碳达峰、碳中和意味着我国经济增长与碳排放的深度脱钩，需要推动产业结构、能源结构、生产方式、生活方式、空间格局等全方位的深层次的系统性变革，构建以新能源为主体的新型电力系统。在这样的过程中，作为新能源的排头兵，光伏的发展对于实现碳达峰的目标和碳中和的愿景具有非常重要的意义，这为光伏产业的发展提供了更加广阔的发展空间。想要光伏产业、光伏企业能够更好地发展，就要大力推动相关装备技术服务走出去，强化知识产权的全球布局，提高抗风险的能力，打造全球能源变革的领军企业，不仅为我们国家碳中和作出积极的贡献，也助力全球应对气候变化。

（5）结合案例2，运用AD-AS模型分析新冠肺炎疫情对我国物价水平的影响?

参考答案:

疫情对宏观经济的冲击还表现在价格水平受到影响,商品零售价格指数于2020年2月结束近两年的上升趋势并达到最高点,此后一直回落,2020年4月份更是触达2019年10月低点。下面用总需求—总供给模型,对价格水平的冲击作出解释。

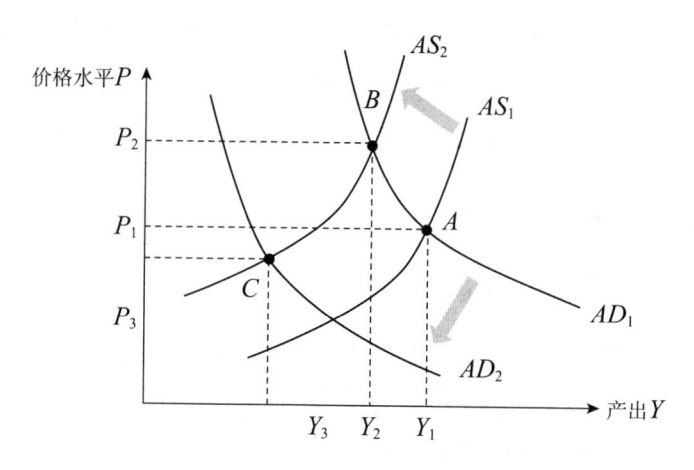

图2-2 总需求—总供给模型原理图

总需求函数 $AD=AD(P)$ 由产品市场均衡条件 $Y=C(YT)+I(r)+G+NX(e)$ 和货币市场均衡条件 $=L(r,Y)$ 求得。在疫情的影响下,根据图2-2中所分析,已知消费 C、投资 I、净出口 NX 呈紧缩状态,则总需求函数也受其影响呈紧缩状态,向左下方移动,由 AD_1 移动到 AD_2。

总供给即经济社会的总产量,总供给由宏观生产函数来表示产出与劳动和资本等之间的关系:$Y=f(N,K)$,其中,Y 为总产出,N 为整个社会的劳动力,K 为整个社会的资本存量。在短期内可以不考虑资本存量的变化,而劳动力因疫情期间企业的停工减产政策而缩减,紧缩总供给,总供给曲线向左上移动,由 AS_1 向 AS_2 移动。

总需求—总供给模型假设疫情前处于均衡点 A。由图2-2中价格水平的变化推断,结合由总需求曲线与总供给曲线的移动与图2-2中所分析,先经过总供给曲线的紧缩性移动,均衡点由 A 点移动到 B 点,产出水平变小,价格水平变高；再经过总需求曲线的紧缩性移动，均衡点由 B 点移动到 C 点，均衡的产出水平变小，价格水平急剧下降。由总需求曲线与总供给曲线的移动最终可得，均衡产出水平由 Y_1 下降至 Y_3，均衡价格水平从 P_1 下降至 P_3。综上所述，新冠肺炎疫情使得物价水平先上升，后下降。同时，新冠肺炎疫情降低了通胀率，由于我国执行了严格的疫情防控行动，大量中小微企业无法开工，大量第三产业服务业企业无法开业，这导致我国一季度失业率上升，由菲利普斯曲线：$\pi = \pi e - \beta(u-un) + v$ 可得，在短期，假设 πe 预期通货膨胀率与 v 供给冲击不变，菲利普斯曲线不移动，由于通货膨胀与失业率负相关，疫情期间高失业低产出使失业率增加，则通货膨胀率减小。

（四）教学组织实施

教学组织安排如下表所示。

学习阶段	学习内容	时间限制	学习目标
课前	要求学生分组，并预习课本知识，查阅相关资料，了解中国绿色转型和宏观经济运行状况。	提前一周	熟悉案例背景。
课中	讲授知识点，引入案例。	10分钟	掌握基本理论知识。
	各组用PPT展示我国财政政策、供给冲击现状，分组讨论。	15分钟	进一步熟悉案例背景。
	随机抽取3个小组进行发言。	15分钟	结合理论分析问题，小组案例分析报告作为一次平时成绩。
	进行归纳总结，注意思政元素与宏观经济政策组合的结合。引导学生学会运用宏观经济学的理论知识解决现实问题。	10分钟	归纳用到的关键理论，并对各组表现做一个简单点评。
课后	请学生继续关注后疫情时代中国宏观经济情况。		增进记忆，巩固知识。

（五）总结

当前我国发展处于重要战略机遇期，国际环境日趋复杂。碳达峰、碳中和目标的提出，是我国主动作出的战略决策，可借此推动广泛而深刻的经济社会变革，形成新的发展方式。在全球经济社会能源变革的大趋势下，有助于倒逼中国加快发展方式转型，加快构建起绿色低碳的经济体系。中国将以新发展理念为引领，在推动高质量发展中促进经济社会发展全面绿色转型，为全球应对气候变化作出更大的绿色贡献。在实现碳达峰的过程中，我国经济体会出现阵痛，当火力发电原料煤价格上涨，受冲击效应影响，电力生产部门生产电力成本提高同时发电量下降，所以会造成短时间用电紧张。但同时也存在有利的供给冲击：在下一轮科技革命到来时，全行业劳动生产率上升，进而社会生产总量上升，在其他条件不变的前提下，最终产品价格下降。同时2022年疫情进入到新的阶段，我国疫情不断出现反复，部分地区企业可能再度停产，相关紧密联系的第三产业萎靡不振，特别是国际贸易难以大规模发展，跨境旅游难以实现。我国政府面对疫情反复、经济回退的状况，应该继续加大政策力度，实施扩张性的财政政策和货币政策，树立信心、引导经济恢复。

参考文献

[1] 国家发展改革委.完善价格政策助力实现碳达峰碳中和目标[EB/OL].（2021-11-11）[2022-12-26].https：//baijiahao.baidu.com/s?id=1716110497257355563&wfr=spider&for=pc.

[2] 第一财经.从数据看疫情影响下的中国经济："保市场主体"依然是重中之重[EB/OL].（2022-05-12）[2022-12-26].https：//baijiahao.baidu.com/s?id=1732595661747498410&wfr=spider&for=pc.

[3] 新华社.习近平在"领导人气候峰会"上的讲话[EB/OL].（2021-04-22）[2022-12-26].https：//baijiahao.baidu.com/s?id=1697748449779955214&wfr=spider&for=pc.

失业理论与中国促进就业政策

一、案例正文

案例1：中国失业问题的"多重综合征"

中国是世界上人口最多的发展中国家，失业问题具有"多重综合征"。首先在传统正规部门（如国有单位和城镇集体单位）和局部地区（如东北地区）出现转轨经济国家特有的"转轨失业"，即失业率突然上升，城市贫困人口迅速增加。其次，城镇劳动力市场已经具有发达市场经济国家的高失业率特征，不同之处在于并不是由于失业保障福利水平过高，而是劳动力供给能力太大，实际失业保障覆盖率相当低下，且福利水平还十分低下。再次，在农村地区具有众多发展中国家共有的、严重就业不足的过高比例农业剩余劳动力，所不同的是长期以来限制和歧视农村劳动力向城市和发达地区转移的状况。因此，无论是城镇实际失业人数（相当于欧盟失业人数总数），还是农村就业不足人数，其规模都很大，而且还在迅速上升。失业问题已成为我国21世纪初期经济发展的最大挑战。[1]

随着社会经济转型，中国正面临着日益严峻的就业形势。劳动年龄人口数量的快速增长，农村劳动力向城市转移速度的加快以及城镇下岗职工再就业难度的加大，使得城镇失业现象日益严重。1996年底，全国城镇登记失业人数为552.8万人，登记失业率达3%。到2020年底，城镇登记失业人数达到116万人，比上一年少增116万人，城镇登记失业率达4.2%。受疫情影响，中国经济社会也遭受较大冲击，面临着严峻的就业形势。除了众多中小企业员工，高达2.9亿的农民工和2020年874万的高校毕业生等重点就业群体都受到冲击。"现代社会需要的是全面发展的高素质人才，而当今部分大学毕业生却存在素质方面的缺陷：没有扎实专业知识，缺少创新精神和创造能力,不具备较强的实践能力。"尽管一些毕业生就业能力不高,但择业中急功近利的现象非常严重。随着社会的物欲极度膨胀,"大学生的读书生涯越来越鲜明地穿上了功利的外衣"。同学们都在为考各种资格证书而忙碌,很少有自己思考的时间;其次,毕业生缺乏创新知识和创造能力,自主创业的基数较低;其三,毕业生缺乏必要的职业生涯规划。对自己职业生涯规划不明确成为毕业生找工作中的绊脚石,没有长远的眼光,使毕业生找工作的盲目性过大。对此,高校需要适应社会发展需要,针对社会发展变化的形式,"预测和把握市场需要,做出战略决策,建立起与市场经济接轨的人才培养体制,及时制定和调整学科专业结构与招生计划,扩大社会急需专业的招生数量,逐步推进高校人才培养模式的变革"。

案例2:上海"硬核"举措稳就业促发展

上海多部门连续发布多项文件,密集出台稳就业促就业措施,全力支持困难行业和企业等用人单位发展,持续稳定和扩大就业。支持用人单位稳定就业岗位,帮助重点群体实现就业。该通知明确,对受疫情影响较大的餐饮、零售、旅游、交通运输、文体娱乐、住宿、会展等7类行业中不裁员、少裁员的企业,在年内实施困难行业企业稳就业补贴政策。补贴标准为600元/人,每户企业补贴上限300万元。同时要求,支持失业人员和高校毕业生等重点群体就业,在年内实施重点群体一次性吸纳就业补贴政策。符合条件的用人单位可享受2000元/人的重点群体一次性吸纳就业补贴,补贴以"免申即享"方式发放。

在提升职业学校学生技能水平方面,进一步健全职业学校学生技能评价体系,完善协同推进的工作机制,加大政策措施的支持力度。在"十四五"期间,上海将坚持产业导向,紧贴市场需求,逐步构建全方位、多层次的职业学校学生职业技能等级认定体系,在全市职业学校范围内培育发展一批运作规范、成效显著的职业技能评价机构,打造一批富有产业特色、上海特点的职业技能评价品牌,职业学校毕业学年学生可参加职业技能等级认定的专业覆盖率达80%,为学生成长成才、就业创业提供有力支撑。通知还首次提出支持职业学校面向本校毕业学年学生开展职业技能等级认定，并制定发布工作指引，在评价实施范围、评价依据方式、备案流程、组织实施等方面做出了具体规定。[2]

同时，继续实施困难人员培训生活费补贴政策。根据上海职业技能提升行动相关规定，该市户籍就业困难人员和零就业家庭成员参加培训期间，按该市当年度城乡居民最低生活保障标准再给予生活费补贴，补贴期限不超过3个月，原则上每人每年享受1次，且不可同时领取失业保险金，该政策受理期限延长至2021年12月31日。对获得职业技能等级证书的劳动者，实施技能提升补贴。劳动者参加经上海人社部门备案的社会培训评价组织或企业职业技能等级评价机构按规定组织实施的职业技能等级认定、取得职业技能等级证书，且证书信息在上海市人社局官方网站中可查询的，自2021年5月1日起，可按规定申领职业技能提升补贴。此外，按规定落实好支持和促进重点群体创业就业有关税收优惠政策。畅通灵活就业线上线下缴费渠道，为灵活就业的劳动者参加职工基本养老保险提供便利。

案例3：综合施策稳就业促创业

2022年以来，各地各部门把稳就业保就业作为头等大事来抓，一方面落实落细党中央、国务院出台的一系列稳就业举措，另一方面紧密围绕用人单位和就业人群的具体情况，出实招、解难题，有力推动了就业形势稳定向好，为顺利完成全年各项就业目标任务打下了坚实基础。首先，援企稳岗服务常态化。企业是吸纳就业的主渠道。2022年以来，各地各部门做好企业招聘用工服务，支持企业生产经营，保持就业大局稳定。面对经济下行带来的困难和挑战，人力资源和社会保障部稳步推进重点企业用工常态化服务机制，着力为重点企业提供全方位、多渠道、常态化的用工服务和指导。据不完全统计，各地人社部门积极行动，强化政策落地，细化招聘活动，优化服务方式，深化劳务协作，累计帮助约4.7万家重点企业解决用工需求397万余人。其次，提高市场用工匹配效率。在线上，求职者可随时随地进入各个行业不同地域的专场招聘会，找到自己需要的招聘信息；在线下，厦门、吕梁、晋江、绍兴、黄冈、株洲、德州等地准备了多场未就业高校毕业生专场招聘会，方便求职者到现场与企业面对面咨询。满足求职者就业需求，要切实提高市场匹配效率。为此，各地人社部门深度发力招聘活动，各地区普遍开展"春风行动"、就业援助月、民营企业招聘月、"百日千万"网络招聘、高校毕业生招聘会及"直播带岗"等系列招聘活动，保用工保就业。

再次，支持创业带动就业。部署加大支持就业创业的政策，拓展就业空间，培育壮大市场主体和经济新动能。今年以来，创业人群所获得的支持政策更加全面。初创实体帮扶有力度，符合条件的高校毕业生可申请最高20万元的个人创业担保贷款，由财政给予贴息，合伙创业的，可根据符合贷款条件的合伙创业人数适当提高贷款额度；用工和社保政策有保障，提供担保贷款、税费减免、社保补贴等政策，支持自主创业和灵活就业；创业创新环境更友好，创业担保贷款人因疫情遇困的，不仅可延期1年还款，还引导银行增加中小微企业首贷、信用贷、续贷、中长期贷款等。"马兰花计划"是人社部门面向有创业意愿和培训需求的城乡各类劳动者开展的示范性创业培训，对创业青年和高校毕业生创业有重要的指导意义。

二、案例的思政元素

1. 就业是最大的民生

我国有14亿人口、9亿劳动力，解决好就业问题，始终是经济社会发展的一项重大任务。从中央到地方，稳就业、促就业已成为民生工作的重中之重。党的十八大以来，我国深入实施就业优先战略。在2018年年底中央经济工作会议首次提出就业优先政策之后，2019年政府工作报告进一步明确就业优先政策作为三大宏观政策之一，提出加强宏观政策的协调配合。就业优先政策全面发力，充分体现了以人民为中心的发展思想。2022年，我国确定新增城镇就业目标为1100万人以上。李克强总理表示，就业还是要让市场来唱主角，也就是继续通过保市场主体来保就业。一方面推动稳岗增岗，另一方面拓展就业渠道。

2021年政府工作报告中共有36处提到"就业"二字，报告指出"就业是最大的民生，保市场主体也是为稳就业保民生""就业优先政策要继续强化、聚力增效"。就业是经济社会发展的"源泉"和"稳定器"。多年来，面对国际国内复杂多变的形势，党中央、国务院坚持深入实施积极就业政策，把稳增长、保就业作为经济运行合理区间的下限。2022年政府工作报告也提出，就业优先政策要继续强化、聚力增效。着力稳定现有岗位，对不裁员、少裁员的企业，继续给予必要的财税、金融等政策支持。继续降低失业和工伤保险费率，扩大失业保险返还等阶段性稳岗政策惠及范围，延长以工代训政策实施期限。拓宽市场化就业渠道，促进创业带动就业。

2. 马克思关于人的全面发展理论内涵

马克思关于人的全面发展的理论阐述人发展的内涵，其具体包括以下几个方面：其一，人需要全面发展。马克思认为，人有物质需要和精神需要，当物质需要得以满足，精神需要是人发展最终的归属。社会主义社会和共产主义社会中，消灭了剥削，物质产品极大丰富，人发展呈现出多样性。只有个人的充分全面发展，才是社会主义实现的前提条件。其二，个人能力的全面发展。个人能力包括诸多方面，如智力能力、精神生产能力、社会交往能力和审美能力等。由于社会分工，将个人的能力的发展局限于某几个方面，这是违背个人发展的本性，所有人都有全面发展自己能力的权利。其三，个性的全面发展。每个人的个性特点不一，表现出的行为气质、品质、情感、特长和爱好也不同，个性的全面发展要求对上述方面获得最大的发展。这不仅是个人发展的需要，也是共产主义社会的最高追求目标。其四，社会关系的全面发展。马克思认为，人的本质是一切社会关系的总和，只有从社会关系着手，系统考察人的社会关系的总和，才可以得出正确的评价[3]。

和谐社会下"中国共产党所要构建的和谐社会是以人为本的和谐，人性、人道、人文、人本，人是和谐的轴心，和谐是为了人，为了全体人"。社会的和谐发展，由人的和谐发展来体现，离开了个人的全面、自由发展，就不会有社会的和谐。胡锦涛提出科学发展观，其中坚持以人为本是其本质和核心。在此的以人为本要求在社会中，要尊重人、理解关心人、不断满足人的需求，把促进人的全面发展作为发展的出发点。全面发展，要求将人的发展和社会的发展紧密联系在一起，而以人为本承认和肯定主体的多层次性和多元主体价值的双重性。"以人为本意味着任何个人都应享有作为人的权利，对任何个人的正当权利都应给予合理尊重；既要关注人们之间作为人的共同性，又要关注人们之间作为人的个性差异；对与人有关的事务，都是人的延伸和泛化。"此时的人的全面发展，要求人追求自身发展的协调性和可持续性。

3. 全面建成小康社会

全面建成小康社会是我们迈向中华民族伟大复兴的关键一步，在中国共产党奋斗史、中华人民共和国发展史、中华民族复兴史上都具有里程碑意义。党的十八大以来，中国特色社会主义进入新时代，以习近平同志为核心的党中央顺应我国经济社会发展新要求和广大人民群众新期待，按照全面建成小康社会各项要求，提出"四个全面"战略布局，并将全面建成小康社会置于引领地位，把全面深化改革、全面依法治国、全面从严治党作为确保实现全面建成小康社会战略目标的战略举措。为了统筹推进经济建设、政治建设、文化建设、社会建设、生态文明建设"五位一体"总体布局，突出抓重点、补短板、强弱项，特别是将脱贫攻坚作为重中之重，党中央采取许多具有原创性、独特性的重大举措，打赢了人类历史上规模最大、力度最强的脱贫攻坚战。中国7.7亿农村贫困人口摆脱贫困，减贫人口涵盖同期全球减贫人口70%以上，显著缩小了世界贫困人口的版图，创造了减贫治理的中国样本，奠定了全面建成小康社会的坚实基础。党的十九大对我国发展提出了更高的奋斗目标，形成了从全面建成小康社会到基本实现现代化再到全面建成社会主义现代化强国的战略安排，发出了实现中华民族伟大复兴中国梦的最强音。如今，经过全党全国各族人民持续奋斗，从"小康之家"到"小康社会"，从"总体小康"到"全面小康"，从"全面建设"到"全面建成"，小康目标不断实现，小康梦想成为不可改变的生动现实。

全面建成小康社会，对于世界社会主义的发展前景具有深远历史影响。中国全面建成小康社会，向世界展示了中国特色社会主义道路的旺盛生命力和巨大创造力，极大丰富了世界社会主义建设理论和实践的内涵，为世界社会主义发展提供了"中国样本"和"中国方案"。全面建成小康社会，中国共产党向人民、向历史交出了一份优异的答卷，生动阐释了中国共产党为什么能、马克思主义为什么行、中国特色社会主义为什么好，为我们全面建设社会主义现代化国家、实现第二个百年奋斗目标带来深刻启示。

4. 坚持以人民为中心

人民是历史的创造者，是决定党和国家前途命运的根本力量。必须坚持人民主体地位，坚持立党为公、执政为民，践行全心全意为人民服务的根本宗旨，把党的群众路线贯彻到治国理政全部活动之中，把人民对美好生活的向往作为奋斗目标，依靠人民创造历史伟业。

党的十九大报告对此作了全面概括，从多方面作出了说明。如，在论及"发展"时强调，"必须坚持以人民为中心的发展思想，不断促进人的全面发展、全体人民共同富裕"。在论及"发展社会主义民主政治"时指出，"人民当家作主是社会主义民主政治的本质特征"，"发展社会主义民主政治，就是要体现人民意志、保障人民权益、激发人民创造活力，用制度体系保证人民当家作主"。在论及推动"社会主义文化繁荣兴盛"时指出，"满足人民过上美好生活的新期待，必须提供丰富的精神食粮"。在论及"加强和创新社会治理"时要求，"全党必须牢记，为什么人的问题，是检验一个政党、一个政权性质的试金石"，"必须始终把人民利益摆在至高无上的地位"。改革发展成果要更多更公平惠及全体人民，"使人民获得感、幸福感、安全感更加充实、更有保障、更可持续"，朝着实现全体人民共同富裕不断前进。我们要充分认识其重大意义、重要地位，深刻理解、准确把握其核心要义、科学内涵与精神实质，在全面依法治国的实践中全面贯彻落实。坚持以人民为中心是一个重要专题，其充分体现了习近平总书记领导新时代治国理政实践的根本逻辑、显著特点和现实要求。学深悟透原著，有助于我们更加深入领会掌握习近平新时代中国特色社会主义思想的科学体系，进一步增强学思践悟的自觉性和坚定性，以实现人民幸福为己任，胸怀理想、锤炼品格，投身于中国特色社会主义伟大实践并为之终生奋斗。

三、案例的使用说明

(一) 教学目标

本案例适用于中级宏观经济学或宏观经济学中失业率的宏观经济学知识点教学。

1. 知识目标

理解概念：失业率、通货膨胀、菲利普斯曲线。

掌握理论：失业率与通货膨胀的关系、工资黏性、宏观经济政策。

2. 能力目标

系统思维能力：教师通过对理论的讲解，帮助学生系统地了解失业率、通货膨胀以及两者的关系对经济的影响，形成全面、系统、联系地分析问题、解决问题的思维能力。

判断实践能力：根据案例材料，设置由浅入深、由知识到能力的问题，通过解答问题帮助学生搭建一座"理论到实践、实践到理论"的思维桥梁，使学生能就失业率等方面的问题搜集信息与资料，善用适当的理论知识，提出合理的解决方案

3. 素质目标

形成专业意识：理解失业严重、通货膨胀对经济发展的影响，养成关注经济热点、失业率高低以及是否出现通货膨胀的学习习惯。

提高职业素养：通过案例，引入坚持以人民为中心、就业和其他重要思政元素，拓宽学生视野，让学生理解扩大就业、提高就业率的重要性，增强学生的社会责任感，形成正确的综合发展理念。

(二) 教学过程

1. 课前准备

（1）学生需要预习中级宏观经济学中开失业率的相关知识，对工资黏性、菲利普斯曲线和新凯恩斯主义等有完整的认识。

（2）授课教师可事先了解班级学生对失业率与通货膨胀的认识。分小组、分小专题针对我国就业政策改革、扩大就业措施、降低通货膨胀率等内容进行总结汇报，使全班同学对我国的失业率问题有较系统、全面的认识，激发学生对扩大就业、改革就业政策等相关问题的关注热情和学习兴趣。

2. 理论知识点

（1）工资黏性。

（2）新凯恩斯主义。

（3）宏观经济政策。

（4）通货膨胀。

（5）失业率。

（6）菲利普斯曲线。

3. 引入思政案例

从通货膨胀、失业率、菲利普斯曲线引入案例1。

从工资黏性、新凯恩斯主义引入案例2。

从宏观经济政策引入案例3。

（三）案例分析要点

1. 启发思考题

（1）结合案例，分析工资黏性对大学生就业政策改革的影响。

（2）结合案例，分析政府如何解决就业市场持续面临的压力。

（3）结合案例，分析国家可以运用哪些宏观调控措施来促进就业。

（4）结合案例，分析国家可以如何利用菲利普斯曲线提高就业率。

2. 分析思路

（1）结合案例，分析工资黏性对大学生就业政策改革的影响。

理论知识点：工资黏性、新凯恩斯主义。

引导学生复习回顾工资黏性、新凯恩斯知识，结合即将面临的就业现实问题分析。

参考答案：

①在局内人控制中寻找平衡点。大学生的岗位需求是高科技的岗位，这

些岗位因为局内人力量的存在制约着大学生的就业。但工会的力量又帮助着就业者与企业的沟通。故此,要想解决大学生就业的问题,就要在局内人控制中寻找平衡点。

②改革工资结构体系。新凯恩斯提出了一个减少或消除非自愿失业的方法:收取一定的就业费,并承诺加工龄工资。这样一来,大学生会愿意留在企业尽最大努力工作,工作效率不断提高,企业将被迫雇用更多的新大学生。

③合理设置专业和课程。高校应该紧密地与就业市场相联系,多开设社会需要的课程及专业,并合理预测未来发展动向,大胆预设相关课程及专业,培养相应人才;在教学中,应该理论结合实践,让学生在实践中发现问题,解决问题[2]。

(2)结合案例,分析政府如何解决就业市场持续面临的压力。

理论知识点:失业、宏观经济政策。

引导学生结合中国失业现状,从扶持企业发展的角度分析政府应采取的行为。

参考答案:

从疫情对实体经济和劳动力市场造成的冲击来看,政府应将稳就业着力点聚焦在保市场主体上。企业是承载就业的重要微观主体,保就业需要先稳定企业的生产经营和预期。因此,政府预计可以在财政、货币、投资、产业等政策上全面加强对企业的扶持力度。在财政政策方面,政府可以加大减税降费力度,包括减免小规模纳税人增值税,免征公共交通运输、餐饮住宿、旅游娱乐、文化体育等服务增值税。我国第三产业对 GDP 的贡献逐渐增加,对就业的吸纳程度也高于工业,因此对于小微服务业企业的税费减免支持将有效激发企业活力,吸收更多就业市场劳动力。在金融政策方面,政府可以强化对稳企业的金融支持,包括再延长中小微企业贷款延期还本付息政策,对困难企业贷款协商延期等,提高中小微企业贷款可获得性,让综合融资成本明显下降。在制度改革方面,政府可以优化民营经济发展环境,进一步促进非公有制经济健康发展,有助于企业经营活力上升。同时深入推进大众创业万众创新,更大激发社会创造力,增强企业灵活吸收劳动力。在外贸政策方面,政府可以加大对外开放力度,促进外贸基本稳定。稳定产业链供应链,支持出口产品转内销,围绕支持企业增订单稳岗位保就业。

(3)结合案例,分析国家可以运用哪些宏观调控措施来促进就业。

理论知识点:宏观调控。

引导学生结合上海"部分减负稳岗扩就业政策",从企业、个人、政策方面进行思考分析。

参考答案:

①采用积极的货币政策与财政政策。当经济不充分就业时,资源供大于求。通过采用此混合政策,刺激经济增长,增加总需求,当总需求增加时,资源逐渐得到充分利用,促进充分就业。

②可以通过减少摩擦性失业来促进就业。人才寻求工作与企业找寻员工时,常会出现人才与企业两者信息不匹配或者劳动力流动成本高的问题,导致人才难以就业,企业也难以找到合适的员工。国家可以通过促进劳动力与企业信息共享,减少劳动力市场的信息不对称问题,以促进就业市场实现均衡,提高就业率。

③减少结构性失业。很多失业原因是由于现有劳动力技能与新兴产业需要不适应而引起的失业,这就是结构性失业。可以通过加强教育培训,降低劳动力转换成本,减少失业率。上海通过对失业人员进行培训,便是从减少结构性失业方面来解决问题。

④基于我国性质,利用国有企业单位的行政性吸纳就业。我国国有企业单位是国家所有或国家控股,需要承担起维护社会稳定、经济发展、促进就业等社会责任。

(4)结合案例,分析国家可以如何利用菲利普斯曲线提高就业率。

理论知识点:菲利普斯曲线。

引导学生结合菲利普斯曲线对如何提高就业率的问题进行思考分析。

参考答案:

菲利普斯曲线是1958年英国经济学家菲利普斯在《英国1861—1957年

失业与货币工资变动的关系》一文中提出的。菲利普斯曲线形状分短期和长期两种。短期，菲利普斯曲线向右下方倾斜，需求管理政策有效；长期，菲利普斯曲线垂直，因为长期失业率为自然失业率，需求管理政策无效。现在研究的短期菲利普斯曲线意指经过改造后的菲利普斯曲线，即描述失业率与通货膨胀率之间替换关系的曲线。该曲线表明：物价上涨率增加时，失业率下降；物价上涨率下降时，失业率上升。政府可设置一个经济能够最大限度承受的通货膨胀与失业的界限，通过总需求管理政策把通货膨胀和失业都控制在此界限之内。当通货膨胀率过高时，可通过紧缩性的经济政策使失业率提高，以换取低通货膨胀率；当失业率过高时，采取扩张性的经济政策使通货膨胀率提高，以获得较低的失业率。在长期情况下，经济社会能够实现充分就业，经济社会的失业率将处在自然失业率的水平。从长期来看，工人预期的通货膨胀与实际通货膨胀是一致的。因此，企业不会增加生产和就业，失业率也就不会下降，从而便形成了一条与自然失业率重合的长期菲利普斯曲线。长期菲利普斯曲线的政策含义是，从长期来看，政府运用扩张性政策不但不能降低失业率，还会使通货膨胀率不断上升。

（四）教学组织实施

教学组织安排如下表所示。

学习阶段	学习内容	时间限制	学习目标
课前	要求学生分组，并预习课本知识，查阅相关资料，了解中国经济失业率发展现状。	提前一周	熟悉案例背景。
课中	讲授知识点，引入案例。	10分钟	掌握基本理论知识。
	各组用PPT展示人才就业发展现状，分组讨论。	15分钟	进一步熟悉案例背景。
	随机抽取3个小组进行发言。	15分钟	结合理论分析问题，小组案例分析报告作为一次平时成绩。
	进行归纳总结，注意思政元素与失业率改革的结合。引导学生学会运用宏观经济学的理论知识解决现实问题。	10分钟	归纳用到的关键理论，并对各组表现做一个简单点评。
课后	请学生继续关注中国失业率发展情况。		增进记忆，巩固知识。

（五）总结

我国经济经过较长时期的高速发展，目前增速已经明显放缓，在经济体量达到全球第二的同时，国内的就业情况仍然是一个严峻的问题。目前我国就业问题主要表现是城镇失业率突增，农村劳动力过剩，对于解决就业问题，政府可从宏观经济政策方面出发，利用混合政策提高需求，稳定通胀，促进资源的配置均衡，以达到充分就业；政府也可以从市场、产业等方面着手，增强市场活力与市场规范，促进产业结构升级，进而扩大就业机会。除在宏观经济政策方面采取措施外，政府也可通过采取减少信息不对称、对人才或失业者进行技能培训等措施，提高劳动力素质水平，减少摩擦性与结构性失业。就业是民生之本，实现充分就业才能创造全民美好生活，因此，必须要加大对就业问题的关注度，多方入手积极解决"就业难"问题，以促进中国经济长期持续地发展。

参考文献

[1] 芮映琳. 浅析我国失业问题对经济的影响及对策 [J]. 经济研究导刊，2021（28）：10-12.

[2] 段海容. 新凯恩斯主义工资黏性对大学生就业的启示 [J]. 时代金融，2019（20）：108-109.

[3] 钱培坚. 上海延续实施部分减负稳岗扩就业政策 [N]. 工人日报，2021-11-19（1）.

[4] 贾尧天. 新时代背景下马克思人才思想的创新与实践 [J]. 汉字文化，2019（15）：117-118.

索洛增长模型与中国经济长期发展

一、案例正文

案例1：优化生育政策促进人口长期均衡发展

2021年国家统计局公布的第七次全国人口普查数据显示，人口出生率逐年降低，全国人口老龄化程度进一步加剧，为积极应对我国人口老龄化、少子化问题，中央发布放开"三孩"的重要政策举措，实施一对夫妻可以生育三个子女政策及配套支持措施。从"双独二孩"到"单独二孩"，再到2016年实施"全面二孩"，后到2021年实施"开放三孩"政策，中国生育政策逐渐放开。2021年5月31日，中央政治局会议审议通过《中共中央国务院关于优化生育政策促进人口长期均衡发展的决定》。老龄化是全球性人口发展大趋势，预计"十四五"末期全球将由轻度老龄化转入中度阶段（占比超过20%），在2035年前后进入重度阶段（占比超过30%）。实施全面放开三胎政策从长期来看有利于扩大新增劳动力供给，降低老龄化峰值水平，减轻老年人口抚养比，改善人口年龄结构，缓和代际之间矛盾，提高社会整体活力。

目前我国正处于人口大国向人力资本强国转型的重大机遇期。处于人口年龄结构中的少儿人口和青年劳动力是人力资本提升所依靠的核心对象，其通过改变一国人力资源禀赋，间接对宏观经济产生影响。2010—2020年十年间，我国15~64岁劳动年龄人口由99 843万人缩减至96 776万人，表明我国劳动适龄人口正在收缩，劳动力资源呈现数量上减少的态势。王浩名研究发现，当年轻劳动人口（20~42岁）与高年龄劳动人口（43~64岁）的比值低于52%时，宏观经济增长就会出现减速。因此，从劳动力角度来看，生育三孩或者说提高生育孩数将对我国人力资源禀赋产生重要影响，主要体现在劳动力供给数量和质量两个方面。在劳动力供给数量方面，生育三孩将直接增加少儿人口数量。作为未来劳动力的重要储备，不断增加的少儿人口随着年龄的推移，将会促进未来劳动力群体规模的扩大。在劳动力供给质量方面，生育三孩将提升未来年轻劳动力在总劳动力人口中的占比，一方面可缓解劳动力逐渐高龄化的趋势，另一方面也将提升劳动力的整体质量和活力。此外，创造力是一国发展进步的根源，三孩生育数量增多的同时，我国平均年龄也将相应降低，这将提高我国人口的整体创新力，保持我国人力资源禀赋优势，促进经济社会高质量发展。

2021年5月31日中共中央政治局召开会议，听取"十四五"时期积极应对人口老龄化重大政策举措汇报，审议通过《中共中央国务院关于优化生育政策促进人口长期均衡发展的决定》。会议强调，实施积极应对人口老龄化国家战略，加快建立健全相关政策体系和制度框架。进一步优化生育政策，实施一对夫妻可以生育三个子女政策及配套支持措施。要将婚嫁、生育、养育、教育一体考虑，加强适婚青年婚恋观、家庭观教育引导，对婚嫁陋习、天价彩礼等不良社会风气进行治理，提高优生优育服务水平，发展普惠托育服务体系，推进教育公平与优质教育资源供给，降低家庭教育开支。要完善生育休假与生育保险制度，加强税收、住房等支持政策，保障女性就业合法权益。对全面两孩政策调整前的独生子女家庭和农村计划生育双女家庭，要继续实行现行各项奖励扶助制度和优惠政策。要建立健全计划生育特殊家庭全方位帮扶保障制度，完善政府主导、社会组织参与的扶助关怀工作机制，维护好计划生育家庭合法权益。要深化国家人口中长期发展战略和区域人口发展规划研究，促进人口长期均衡发展。

案例2：年轻一代日渐重视养老储备，储蓄率创下新高

近年来疫情的反复影响着投资者的观念，资金安全性和可持续投资成了理财的新焦点。除了社会老龄化的加速，疫情带来的不稳定性也让年轻人开始关注资金安全，养老储备和规划的概念越来越深入人心。2021年10月27日，富达国际和蚂蚁财富平台在上海发布2021年《中国养老前景调查报告》。调查报告显示，养老储备日渐受到中国年轻一代（18～34岁）的重视，储蓄率创下2018年以来的新高。报告中数据显示，年轻一代每月的储蓄比例从2020年的20%升到2021年的25%，每月储蓄金额达到平均1624元，35岁及以上群体达1727元。"因为疫情的原因，经历了整体疫情之后，大家对于增加应急投资和储蓄的热度没有减轻，而且更多人意识到应急储备的重要性，尤其是年轻一代。所以76%的年轻受访者表达出会增加应急预算的意愿，同时我们也看到年轻一代的受访者增加养老或者长期投资的意愿也在不断地显著增加。"富达国际北京代表处首席代表丛黎在接受采访时表示。

案例3："5G+工业互联网"赋能生产制造

走进位于武汉光谷的长飞光纤光缆股份有限公司光缆生产车间，只见工业机器人忙着分拣不同规格的光纤配盘，一台台AGV（自动导引运输车）有条不紊地运输成品光缆。通过5G传感器、"5G+光云工业互联网"神经中枢平台，这个车间的全流程生产数据被传输到10千米外的长飞公司总部运营指挥中心。工作人员坐在指挥中心的大屏幕前，不仅能实时监控和分析生产经营状况，还可预测未来变化趋势。"'5G+工业互联网'帮助长飞公司订单及时交付率提高了25%。企业数字化管理水平也大幅提升，其中能源利用率提高18%，库存周转率提升20%。"

如今，"5G+工业互联网"已融入我国各行各业的生产制造之中。在"2021中国5G+工业互联网"大会上，工信部发布了第二批"5G+工业互联网"十大典型应用场景，包括生产单元模拟、精准动态作业、生产能效管控、工艺合规校验、生产过程溯源、设备预测维护、厂区智能理货、全域物流监测、虚拟现场服务、企业协同合作等，以及石化化工、建材、港口、纺织、家电等"5G+工业互联网"五大重点行业实践。"'5G+工业互联网'在支撑实体经济降本增效、绿色发展方面的重要作用正不断显现。"工业和信息化部总工程师韩夏介绍，截至2021年9月底，全国5G基站数量已达到115.9万座，5G融合应用明显深化，深入信息消费、生产制造、民生服务等多个行业领域，创新案例超过1万个。其中，20个"5G+工业互联网"典型应用场景已在采矿、电力、钢铁等22个国民经济重点行业深度应用，助力

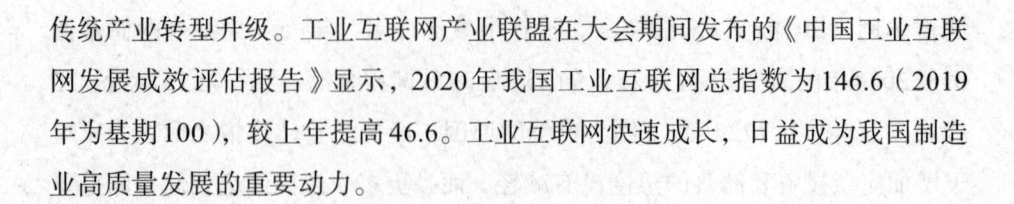

传统产业转型升级。工业互联网产业联盟在大会期间发布的《中国工业互联网发展成效评估报告》显示，2020年我国工业互联网总指数为146.6（2019年为基期100），较上年提高46.6。工业互联网快速成长，日益成为我国制造业高质量发展的重要动力。

二、案例的思政元素

1. 三胎政策落地，增强改革开放在大变局中开新局的长期信心

"民惟邦本，本固邦宁。"人是经济发展的核心要素，人口政策对实体经济的影响长远而深刻。作为地广人博的大国，中国人口政策的变化可谓牵一发而动全身。2021年5月31日，中共中央政治局召开会议，听取"十四五"时期积极应对人口老龄化重大政策举措汇报，审议通过《中共中央国务院关于优化生育政策促进人口长期均衡发展的决定》，提出进一步优化生育政策，实施一对夫妻可以生育三个子女政策及配套支持措施。从过去40多年的发展历程来看，改革开放是中国经济的成功秘钥，而改革开放目前已经走进深水区，再出发需要更强的决心和信心。从20世纪70年代开始实施的计划生育政策，到2013年的单独二孩政策和2016年的全面二孩政策，再到2021年的三孩政策，中国人口政策的动态路径反映了不同状态下的发展所需，彰显出中国经济政策应时而变的长期智慧和政策决心，也进一步强化了大变局中政策变革的连续性。

2. 人才强国战略推进新世纪科技队伍建设

人才强国战略是建设创新型国家和世界科技强国的基础支撑。在中国共产党建党百年之际，中央人才工作会议于2021年9月27至28日在京召开，习近平总书记发表重要讲话，提出了"加快建设世界重要人才中心和创新高地"这一新的重要战略目标。随着人才强国战略的贯彻实施和全面推进，世纪之交我国面临的人才断层和人才代际转移问题得到了较好的解决，为新世纪建设世界科技强国奠定了良好的基础。党的十八大以来，党和政府进一步重视人才工作，作出了全方位培养、引进、使用人才的重大部署。党的十九大报告强调"人才是实现民族振兴、赢得国际竞争主动的战略资源"，明确

要求"加快建设人才强国"。党中央的坚强领导推动新时代人才工作取得历史性成就，我国已经拥有一支规模宏大、素质优良的人才队伍。习近平总书记强调，我们的目标是，到2025年，"在关键核心技术领域拥有一大批战略科技人才、一流科技领军人才和创新团队"；到2030年，"在主要科技领域有一批领跑者，在新兴前沿交叉领域有一批开拓者"；到2035年，"国家战略科技力量和高水平人才队伍位居世界前列"。

3. 加快科技创新，面临环境深刻复杂变化

习近平总书记在2020年9月11日的科学家座谈会上说道："当今世界正经历百年未有之大变局，我国发展面临的国内外环境发生深刻复杂变化，我国'十四五'时期以及更长时期的发展对加快科技创新提出了更为迫切的要求"。科学技术从来没有像今天这样深刻地影响着国家前途命运。这既是国家领导人在对世界科技发展、科技竞争和综合国力竞争趋势和客观规律做出的科学判断，也是对我国发展的历史经验和教训的概括总结，新时代更需要科技创新大发展。新时代意味着近代以来久经磨难的中华民族迎来了从站起来、富起来到强起来的伟大飞跃，而这必须有基于自主创新能力持续提升的科技发展和创新发展的牢固支撑。因此，将科技创新发展上升到民族兴旺和国家强盛的决定力量是新时代中国特色社会主义科学技术思想的一条主线，已成为新时代中国特色社会主义实践的新发展理念。"科技创新是提高社会生产力和综合国力的战略支撑，必须摆在国家发展全局的核心位置。"改革开放40多年来，我国经济快速发展主要源于发挥了劳动力和资源环境的低成本优势。进入发展新阶段，我国在国际上的低成本优势逐渐消失。而与低成本优势相比，技术创新具有不易模仿、附加值高等突出特点，由此建立的创新优势持续时间长、竞争力强。实施创新驱动发展战略，加快实现由低成本优势向创新优势的转换，可以为我国持续发展提供强大动力，对我国提高经济增长的质量和效益、加快转变经济发展方式具有现实意义。同时科技创新具有乘数效应，不仅可以直接转化为现实生产力，而且可以通过科技的渗透作用放大各生产要素尤其是数据要素的生产力，提高社会整体生产力水平。

4. 坚定不移坚持绿色发展理念

习近平总书记2022年3月5日在参加内蒙古代表团审议时强调，要坚持"绿水青山就是金山银山"的理念，坚定不移走"生态优先、绿色发展"之路，良好生态环境是最普惠的民生福祉。奋进新征程，我们要牢固树立绿水青山就是金山银山的理念，驰而不息，久久为功，建设"生态美、产业兴、百姓富"的美丽中国。在"十三五"生态环境质量持续改善的基础上，"十四五"时期继续将这些指标作为约束性指标，显示出我国坚定不移走"生态优先、绿色发展"之路的决心。推动经济高质量发展，绝不能以牺牲生态环境为代价换取一时的经济增长。生态兴则文明兴，这是从人类文明发展史中得出的重要经验。站在对人类文明负责的高度，中国主张尊重自然、顺应自然、保护自然，探索人与自然和谐共生之路，坚持用生态文明理念指导发展，把生态文明建设放在突出地位，融入中国经济社会发展各方面和全过程，努力建设人与自然和谐共生的现代化。

三、案例的使用说明

（一）教学目标

本案例适用于中级宏观经济学或宏观经济学中经济增长的索洛模型等宏观经济学知识点教学。

1. 知识目标

理解概念：索洛模型的基本假设、外生和内生变量、数学公式、基本含义。

掌握理论：储蓄率、人口增长、技术进步对经济增长的作用。

2. 能力目标

系统思维能力：教师通过对理论的讲解，帮助学生系统地了解索洛模型下储蓄率、人口增长、技术进步对经济增长的作用，形成全面、系统、联系地分析问题、解决问题的思维能力。

判断实践能力：根据案例材料，设置由浅入深、由知识到能力的问题，通过解答问题帮助学生搭建一座"理论到实践、实践到理论"的思维桥梁，使学生能就经济稳定增长等方面的问题搜集信息与资料，善用适当的理论知识，提出合理的解决方案。

3. 素质目标

形成专业意识：理解索洛模型下储蓄率、人口增长、技术进步对经济增长的作用，养成关注经济增长热点、科技创新和人口生育政策的习惯。

提高职业素养：通过案例，引入三孩政策、人才强国战略和绿色发展理念等重要思政元素，拓宽学生视野，让学生理解国家的政治、经济和社会相互联系、共促发展，增强学生的社会责任感，形成正确的经济稳定发展理念。

（二）教学过程

1. 课前准备

（1）学生需要预习中级宏观经济学中索洛模型的相关知识，对储蓄率、人口增长、技术进步对经济增长的作用等有完整的认识。

（2）授课教师可事先了解班级学生储蓄率、人口增长、技术进步对经济增长的作用的认识。分小组、分小专题针对我国居民储蓄现状、技术进步前沿、生育政策实施情况等内容进行总结汇报，使全班同学对我国的经济增长问题有较系统、全面的认识，激发学生对储蓄、人口增长、技术进步等相关问题的关注热情和学习兴趣。

2. 讲授理论知识

（1）储蓄率对经济增长的作用。

（2）人口增长对经济增长的作用。

（3）经济体在储蓄率方面存在差异时，贫穷方赶超富裕方的理论机理。

（4）科技创新对经济增长的作用。

（5）具有技术进步的索洛模型中的黄金律稳态。

（6）具有技术进步的索洛模型对经济增长的促进作用。

3. 引入思政案例

从储蓄率对经济增长的作用引入思政案例1，分析案例

从人口增长对经济增长的作用引入思政案例2，分析案例

从科技创新对经济增长的作用引入思政案例3。分析案例

（三）案例分析要点

1. 启发思考题

（1）结合案例1，分析人口增长对经济增长的影响。

（2）结合案例2，分析储蓄率对经济增长的影响。

（3）结合案例2，分析两个经济体在储蓄率方面存在差异时，贫穷一方能否赶超富裕一方。

（4）结合案例3，分析科技创新对经济增长的影响。

（5）结合案例3，分析黄金律稳态中以技术进步为例的索洛模型。

（6）结合案例3，分析考虑技术进步的索洛模型对经济增长的促进作用。

2. 分析思路

（1）结合案例1，分析人口增长对经济增长的影响。

理论知识点：人口增长与经济增长。

参考答案：

如图2-3所示，人口增长率的上升增加了总产量的稳态增长率，因此有：人口增长率提高，降低了人均资本的稳态水平 k^* 和人均产出的稳态水平 y^*，会增加总产出的稳态增长率。

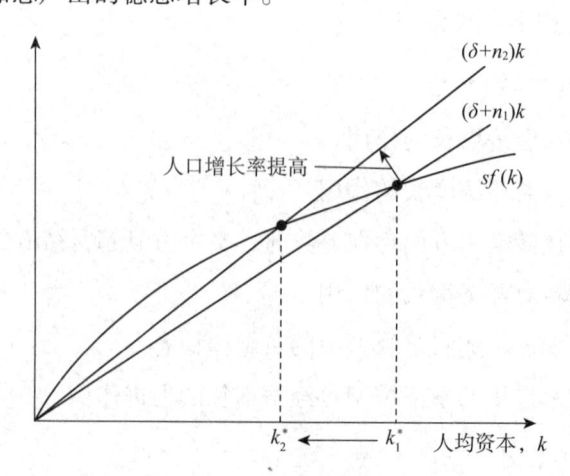

图2-3 人口增长率与经济增长的关系

（2）结合案例2，分析储蓄率对经济增长的影响。

理论知识点：储蓄率与经济增长。

参考答案：

如图2-4所示，从长期来看，随着资本积累，增长率逐渐降低，最终又回到人口增长的水平，即储蓄率的增加不能影响到稳态增长率，但却能提高收入的稳态水平；提高储蓄率将带来短期增长，但不能带来长期经济增长。

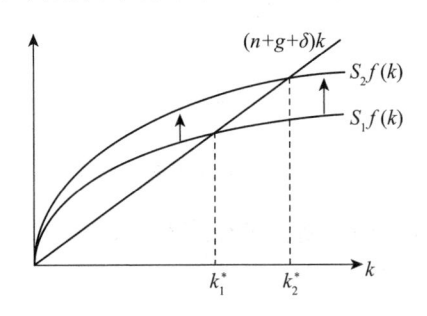

图2-4　储蓄率对经济增长的影响

（3）结合案例2，分析两个经济体在储蓄率方面存在差异时，贫穷一方能否赶超富裕一方。

理论知识点：从储蓄率方面解释经济增长率的差异。

参考答案：

如图2-5所示，假定初始人均资本存量分别为 k_0^i 和 k_0^j，且 $k_0^i > k_0^j$；储蓄率也分别为 s 和 s'，且 $s > s'$。这表明，经济体 i 不仅拥有更高的初始人均资本存量，而且有更高的储蓄率。经济体 j 的 k_0^j 更加靠近原点。在初始时刻，$k_0^i > k_0^j$ 意味着经济体 i 收入水平更高，即 $y_0^i > y_0^j$。随着时间的推移，两个经济体都会到达各自的稳定状态，由于它们的储蓄率不同，在图中表现为拥有不同的储蓄率线，进而它们的稳定状态不再相同，尽管资本折旧线就是相同的。因此，两个经济体的最终收入分别为 y_i^* 和 y_j^*，且 $y_i^* > y_j^*$。这表明，当两个经济体在储蓄率方面存在差异时，贫穷经济体最终将无法赶上富裕经济体。

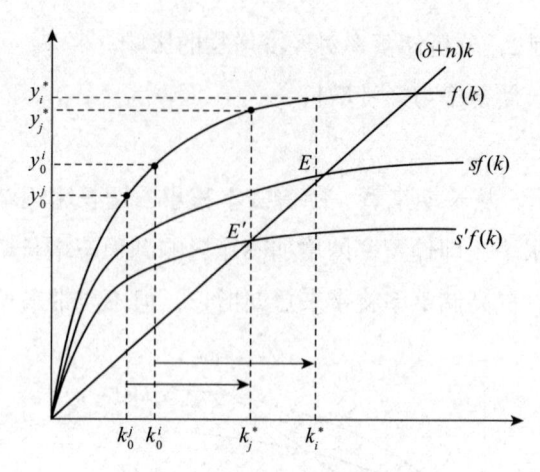

图 2-5 储蓄率对经济体的影响

（4）结合案例3，分析科技创新对经济增长的影响。

理论知识点：科技创新。

引导学生结合科技创新及经济增长的关系以及科技创新对经济增长的影响的分析。

科技创新是经济增长的源泉，经济增长是人类赖以不断改善生活水平的基本条件。因此，古今中外都对经济增长十分重视。经济增长的基本因素是劳动、资本、科技进步和制度创新。而科技进步对经济增长的贡献是通过科技创新实施的。一项成果的科技创新，通过大面积的技术扩散，必然会导致产业结构、市场结构、外贸结构等方面的变化，同时又牵动新一轮的科技创新。如此循环往复，就会推动经济可持续发展。因此，科技创新是经济增长取之不尽的源泉。科技创新对经济增长的贡献率随着科技水平的提高呈现递增趋势。目前，在一些工业发达国家，以科技创新为核心的科技进步对经济增长的贡献率已达到60%以上。

（5）结合案例3，分析黄金律稳态中以技术进步为例的索洛模型。

理论知识点：黄金律稳态，索洛模型。

引导学生结合黄金律稳态中的以考虑技术进步的索洛模型来分析经济增长。

参考答案：

黄金律是指能够使人均消费最大的稳态，资本积累的黄金律是使人均消费最大化的稳定状态的人均资本积累比例关系。$c(y)=f(k)-sy$ 稳态时，$sy=(n+\delta)kc(y)=f(k)-(n+\delta)kc'(y)=f'(k)-(n+\delta)=0$ 即：$f'(k)-(n+\delta)=0$，$f'(k)=n+\delta$。在索洛模型中，稳态指的是一种长期均衡状态。人均资本保持稳定不变的资本存量水平为"稳态"。在索洛模型中，引进技术进步因素后，使平衡投资项多了一个劳动生产率增长率 g。由于劳动效率提高，每个劳动力使用的机器设备数量也会相应增加，因此，现在的平衡投资不仅包括现有资本折旧量 δk 的补偿和对新增劳动力配备资本的投资 nk，还包括劳动生产率提高后对每个劳动力新增资本的投资 gk。

（6）结合案例3，分析考虑技术进步的索洛模型对经济增长的促进作用。

理论知识点：考虑技术进步的索洛模型。

引导学生结合索洛模型的定义和特征，从模型使用条件、公式等方面分析。

参考答案：

假设生产函数为：$Y=F(K,L)$①，其中 K 表示资本总量，L 表示劳动总量，Y 表示产出总量。随着技术的进步，劳动效率会提高。用 $L\times E$ 衡量效率工人数，E 代表每个工人的效率，这样生产函数就改写成：$Y=F(K,L\times E)$②，让 $k=K/(L\times E)$ 代表每个效率工人的资本，$y=Y/(L\times E)$ 代表每个效率工人的产出，这样②式就可以变换为：$y=f(k)$，资本存量的变换 $\triangle k=sf(k)-(\delta+n+g)k$，其中 s 为储蓄率，δ 为折旧率，n 为人口增长率，g 为劳动效率的增长率也就是技术进步的比率，$sf(k)$ 为投资，$(\delta+n+g)k$ 表示收支相抵的投资。收支相抵的投资包括三部分：为使人均资本不变，δk 是替代折旧的资本所需要的，nk 是为新工人提供资本所需要的，gk 是为技术进步所创造的新的"效率工人"提供资本所需要的。

当 $sf(k)=(\delta+n+g)k$ 时，经济是处于稳定状态的。即稳定状态时效率工人的人均资本是不变的。由于 $y=f(k)$，所以效率工人的人均产出也是不变的。由于每个实际工人的效率是按 g 的比率增长，因此人均产出 $Y/L=y\times E$ 也是按 g 的比率增长。总产出 $Y=y\times(E\times L)$ 是按 $n+g$ 的比率增长。

索洛技术进步模型可以解释经济的长期增长。经济一旦达到稳定状态，高储蓄率已经不能引起经济的增长，人均产出的增长只取决于技术进步的比率。可见，技术进步，也就是说科技成果转化是促进经济增长的最重要因素。

（四）教学组织实施

教学组织安排如下表所示。

学习阶段	学习内容	时间限制	学习目标
课前	要求学生分组，并预习课本知识，查阅相关资料，了解当前中国经济增长状况。	提前一周	熟悉案例背景。
课中	讲授知识点，引入案例。	10分钟	掌握基本理论知识。
	各组用PPT展示人口生育、科技创新、居民储蓄现状，分组讨论。	15分钟	进一步熟悉案例背景。
	随机抽取3个小组进行发言。	15分钟	结合理论分析问题，小组案例分析报告作为一次平时成绩。
	进行归纳总结，注意思政元素与国家战略和政策的结合。引导学生学会运用宏观经济学的理论知识解决现实问题。	10分钟	归纳用到的关键理论，并对各组表现做一个简单点评。
课后	请学生继续关注国内经济运行情况。		增进记忆，巩固知识。

（五）总结

改革开放以来，我国经济得到了迅猛发展，科教兴国、人才强国、创新驱动发展战略的提出，对我国提高经济增长的质量和效益、加快转变经济发展方式具有现实意义。

首先，科技创新与产业结构的变化之间有着密不可分的关系，主要表现在科技创新能够在最大程度上使得生产过程更加专业化和社会化，使得大规模生产成为一种可能，进而能够引起产业系统不同产业的比例发生一定的调整。另一方面，科技创新能够促进各种新机器以及各种新的劳动对象大量出现，进而就会导致再生产的过程会出现中间投入结构发生变化的情况，原有的产业机构也会有更好的新技术结构的选择，最终能够使产业结构的变化能够适应科技创新的相关要求。此外，科技创新还能够更好地促进原有的一些产业实现换代升级，大规模地扩大各种产业所对应产品的需求，从而为产业的发展提供更多的空间。综上所述，科技创新能够促进一些新兴产业以及产品的出现，能够更好地改变传统的产业机构，进而促进经济的可持续健康发展。科技创新不仅涉及了人与自然之间的关系，还涉及了人与人之间的关系，科技创新能够在很大程度上降低生产的成本，而且科技创新还能够在很大程度上降低经济增长过程中对环境资源的破坏，促进各种环保新技术以及资源替代技术出现，进而帮助人们减少对环境的依赖，最终实现由高消耗的经营方式转变为低成本的经营方式。

其次，三孩政策有望提升幸福感，为优化老有所养和性别比例创造更多可能。经济发展的最终目的是提升最广大国民的效用满足感，而效用满足具有主观性，与客观现实之间存在复杂关系，并且，三孩政策有望提振生育率，进一步挖掘消费增长和经济发展的潜能。身处百年未有之大变局，中国经济正在践行双循环新发展理念，谋求从高速增长向高质量发展的转变，在这一过程中，畅通内循环、构建消费主导的内生增长模式是经济转型和可持续发展的关键。总体而言，三孩政策有利于推动我国的人才强国、科教兴国，促进我国经济的长期发展，具有重要的社会意义。

参考文献

[1] 新华社.中共中央政治局召开会议听取"十四五"时期积极应对人口老龄化重大政策举措汇报，审议通过《中共中央国务院关于优化生育政策促进人口长期均衡发展的决定》[EB/OL].（2021-05-21）[2022-12-26]. http://yjzx.shangluo.gov.cn/Article.aspx?ID=38464.

[2] 王政."5G+工业互联网"赋能生产制造[N].人民日报，2021-12-08（18）.

[3] 周美林.围绕使命任务，做好新时代人口工作[N].健康报，2022-11-09（2）.

[4] 郭婧婷.养老储备众生相[EB/OL].（2022-04-09）[2022-12-26].https：//baijiahao.baidu.com/s?id=1729570019002229945&wfr=spider&for=pc.

财政政策理论与中国财政政策

一、案例正文

案例1：政府发放消费券促进居民消费

2021年7月下旬以来国内疫情多点散发，对消费市场又带来新的影响。作为2020年疫情期间促消费、扩内需、保增长的重要手段，消费券在2021年下半年又"闪亮登场"。《21世纪经济报道》刊文称，2021年中秋小长假期间，近20个省、市、区宣布发放消费券，总金额约10亿元。总体来看，消费券仍然更多投向零售、餐饮、旅游等受疫情影响较大的行业，也有一些今年受到疫情影响的城市会"因城施策"，补贴当地影响较大的重点行业。受汛情、疫情双影响，国内部分地区的住宿餐饮、文化旅游等聚集性、流动性、接触性消费受到冲击，导致8月社会消费品零售总额大幅回落，同比增速回落至2.5%。部分遭受疫情冲击的省份和城市抓住中秋、国庆消费旺季，通过发放消费券等形式，以释放消费潜力。发放额度最大的当数湖北省。2021年8月，武汉时隔一年后再次出现本土输入性病例，随后武汉用了22天时间将全域降为低风险地区。不过，因为8月正值暑期出游旺季，湖北文旅、餐饮等行业受到较大影响。从湖北省商务厅获悉，在9月17日发放了首批2亿元消费券后，9月20日湖北再次发放4亿元消费券，总量远超第一批。刚刚遭受疫情冲击的南京，也决定发5000万元"电子红包"。2021年7月，南京禄口国际机场暴发疫情，南京花了一个月时间打赢疫情阻击战。据了解，中秋、国庆假期，南京将分三轮发放5000万元电子消费券。南京消费券同样覆盖了南京市域内商场、超市、便利店、餐饮门店等领域。另外还增加了锦鲤消费券，其额度为5000元，由各平台负责抽取，可在南京市域内参与相应平台消费券发放活动的商户门店使用。南京市委、市政府新媒体平台"南京发布"发文称，希望通过政府引导与商家促销相结合，"尽快形成现实购买力，推动服务业全面复苏"。[1]

案例2：财税政策是共同富裕调节收入分配的重要工具

共同富裕是社会主义的本质要求。在实现共同富裕的道路上，中国共产党带领全国人民持续奋斗，取得了伟大的成就，历史性消除了绝对贫困，全面建成了小康社会。中央财经委员会第十次会议强调"必须把促进全体人民共同富裕作为为人民谋幸福的着力点"，并指出要"建立科学的公共政策体系，把蛋糕分好，形成人人享有的合理分配格局"。作为公共政策体系的重要内容，科学的财税政策是调节收入分配、推进共同富裕不可或缺的工具。财政是国家治理的基础和重要支柱，科学的财税体制是优化资源配置、维护市场统一、促进社会公平、实现国家长治久安的制度保障。在推进共同富裕的过程中，财税政策作为调节收入分配的重要工具，具有特殊的优点。财税政策的调节具有直接性、多环节性与经济性。财税政策既是收入分配的手段，也是调节经济的杠杆，与许多行政手段相比，其作用更加缓和，引发的经济和社会波动也相对较小。促进共同富裕，要正确处理效率和公平的关系，加大税收、社保、转移支付等调节力度并提高精准性，扩大中等收入群体比重，增加低收入群体收入，合理调节高收入，取缔非法收入，形成中间大、两头小的橄榄型分配结构。而合理调节高收入，从个人所得税制度来看，我国目前对工资薪金收入实行累进税率，较好发挥了对高工资性收入的调节作用，但对财产性收入仍实行相对较低的单一税率。对许多高收入者而言，财产转让、财产租赁等财产性收入往往构成了其主要收入来源。因此，有必要完善财产性收入的个人所得税政策，调节过高收入。

同时，运用税收政策调节过高收入应坚持合理调节、循序渐进的原则。合理调节是指税收调节高收入的力度和范围应合理、适度，以尽可能发挥其对经济社会发展的促进作用，减少其可能产生的负面影响；循序渐进则要求税收政策应根据经济和社会的发展变化有序、逐步推进。增加低收入群体收入，做好低收入群体的生活保障。财政政策应按照"兜底线、织密网、建机制"要求,加大财政对低收入群体民生服务保障的支持力度,通过提升养老保险待遇、完善大病保险和医疗救助制度、实施住房补贴等财政倾斜政策,发挥财政的托底保障效应,实现老有所养、老有所医、住有所居等目标。尽管财政政策可以在很大程度上解决低收入群体面临的现实问题,但由于财政资源的有限性,这些政策的实施必须充分考虑财政的承受能力和可持续性。一方面,这要求将财政政策的重点放在那些基础性、普惠性、兜底性的公共服务上,对低收入群体精准实施,而不是"撒胡椒面"。另一方面,这也要求财政政策的实施与经济社会发展相契合,在解决低收入群体问题的同时推动高质量发展。推进共同富裕是一项系统工程。在这一过程中,调节高收入和保障低收入是两个关键问题,而科学的税收政策和财政政策则是解决这两个问题的有力工具,需要二者相互配合,彼此呼应。同时,财税政策的实施也要与社保、住房、医疗等制度的改革紧密衔接、协调配套、统筹安排,在高质量发展中促进共同富裕目标的实现。

案例3:我国实行了税收优惠财政政策,促使经济平稳运行

当前,我国经济所处的发展周期发生重大的改变,突发公共卫生事件发生的频率小,但造成的危害和损失极大。在此情况下,国家通过税收财政政策调节经济发展,发挥基础性、保障性的作用。因此,我国实行了包括增值税、消费税、企业所得税和个人所得税的税收优惠政策,并在多方面产生了促进作用。在组织财政收入方面,2020年,国内生产总值101.5万亿元,全国税收1.5万亿元,同比下降2.33%;增值税收入为5.6万亿元,企业所得税收入为3.6万亿元,有效减轻了企业负担,释放了发展潜能,成为深化供给侧结构性改革,推动经济高质量发展的重要举措。[2] 应急税收政策短期内虽未充分发挥组织财政收入的职能,但从2月开始经济逐月持续稳定恢复的现象来看,及时出台税收政策起到不可替代的作用。在调节资源配置方面。受应急税收政策在物资供应方面的积极影响,2020年医药制造业投资同比增长28.4%,同时税务部门鼓励捐赠行为,至4月中国红十字会总会机关共接收捐赠220 776.17万元。各地积极落实支持企业复工复产的税收政策,对经济起到了明显的复苏作用。

财政政策在积极的基础上更加有为。鉴于疫情防控导致短期内企业盈利下滑，财政增收困难、支出加大，预算内财政收支矛盾会进一步凸显。在这种情况下，可适当上调今年预算赤字率至3%（2018年和2019年分别是2.6%和2.8%），以保障重点领域支出，并为"稳增长"拓宽政策空间；同时，可充分发挥减税降费政策的结构性调整功效，为受疫情影响较重的行业及小微企业减负，对重点发展行业增大支持力度。[3] 此外，在预算内财政资金"紧平衡"的背景下，地方政府专项债、PSL、PPP等广义财政工具可发挥更大的作用，为重大项目开工建设提供支撑。2月11日，财政部再下达2900亿元专项债务限额，加上此前提前下达的专项债务1万亿元，共已提前下达2020年新增地方政府债务限额18 480亿元，发行节奏明显加快。正常情况下，预计2020年新增专项债额度或将提高至3万亿元左右；如果考虑到疫情的影响下，预计在此基础上还会进一步扩张，以稳定投资。

二、案例的思政元素

1. 以高质量发展促进共同富裕

习近平总书记在中央财经委员会第十次会议上的重要讲话，明确了实现共同富裕的遵循和路径，阐明了促进共同富裕的根本动力。我们必须立足新发展阶段、贯彻新发展理念、构建新发展格局、推动高质量发展，统筹效率与公平，既做大蛋糕，又分好蛋糕，唯其如此，才能推动实现全体人民的共同富裕。必须在高质量发展中夯实共同富裕的物质基础。发展是解决一切问题、实现一切目标的基础。依凭发展这个硬道理，打赢了脱贫攻坚战、全面建成了小康社会；而接续推动共同富裕，让更多低收入人群迈入中等收入行列，让城乡收入差距加速缩小，仍然要靠高质量发展来做大增量。尤其在促进农民农村共同富裕这个最艰巨、最繁重的任务上，更要推动以城乡融合发展和全面推进乡村振兴为内在要义的高质量发展，让农民特别是小农户实现持续增收，让农村特别是脱贫地区尽快补上基础设施和公共服务的短板。必须在高质量发展中缩小地区差距、城乡差距、收入差距。全体人民共同富裕是一个总体概念,是一个在动态中向前发展的过程,其基本实现的标志是居民收入和实际消费水平差距缩小到合理区间。要既快又好地缩小地区、城乡和收入间的差距,必须推动高质量发展,让创新成为第一动力,积极稳妥推进农村各项改革,盘活农村资产,拓展农业多种功能,开发乡村多元价值,发展乡村新产业新业态。促进共同富裕,说到底是让人人过上好日子。我们只有坚持走高质量发展之路,才能更好满足人民群众日益增长的美好生活需要,实现全体人民共同富裕;也只有扎实推动共同富裕,才能夯实高质量发展的动力基础,实现人的全面发展。我们坚信,沿着高质量发展的路子坚定走下去,就一定能实现共同富裕的美好目标。

2. 抓"六保"促"六稳",是疫情当前恢复经济的重要举措

抓"六保"促"六稳",是生产生活秩序加快恢复的必然要求。当前,经济发展面临的挑战前所未有,必须充分估计困难、风险和不确定性,切实增强紧迫感,抓实经济社会发展各项工作。要深入贯彻习近平总书记重要讲话和重要指示批示精神,落实省委常委会议部署,千方百计抓"六保"、稳住基本盘。"六保""六稳"涉及面广,影响力大。只有抓好"六保"促进"六稳",才能在毫不放松抓好常态化疫情防控的同时,进一步打通"大动脉"、畅通"微循环"、破解"中梗阻",推动全省复工、复产、复商、复市全面提速,努力保持和巩固一季度发展的良好势头,确保实现二季度全面恢复、加快增长;只有抓好"六保",才能进一步扩大有效投资、加快项目建设、释放消费潜力;只有抓好"六保"促进"六稳",才能着力保障和改善民生、抓好就业工作、兜牢民生底线,解决好人民群众最关心最直接的烦心事、操心事。抓好"六保"促进"六稳"工作,就要求我们进一步增强风险意识,强化底线思维,统筹推进常态化疫情防控和经济社会发展工作,在抓好常态化疫情防控的同时,还要确保生产生活秩序加快恢复。

抓"六保"促"六稳",是稳住经济基本盘的关键举措。随着疫情防控形势持续向好,中国生产生活秩序加快恢复,但文化娱乐、餐饮服务等行业复工复产仍然较低,交通物流等行业仍存在诸多堵点。与此同时,全球疫情加速扩散蔓延,国际需求持续下滑,对中国经济影响正在日益凸显。在此情况

下，保市场主体对稳住中国经济基本盘至关重要。稳住经济基本盘，就是稳住大局，必须确保疫情不反弹，在稳的基础上积极进取，在常态化疫情防控中全面推进复工复产达产，恢复正常经济社会秩序，培育壮大新的增长点增长极。通过抓好"六保"促进"六稳"，着力打通供需两端，全力保市场主体、保产业链供应链稳定，真正为企业纾困解难，推动企业开足马力、达产达效；通过抓好"六保"促进"六稳"，提高中小企业生存和发展能力，既有助于保就业保民生，也有助于稳定产业链供应链，提升社会活力；通过抓好"六保"促进"六稳"，推动基层运转，尽快恢复公共服务正常运转，将有助于各项政策尽快落地，撬动更多积极因素发挥。

抓"六保"促"六稳"，必须牢牢把握发展主动权。持续蔓延的疫情对全球产业链供应链造成重大冲击，世界经济经受着各种叠加因素的影响。面对当前国际形势，我们必须主动作为，牢牢把握发展的主动权。要把投资拉动放在突出位置，积极扩大有效投资，在项目建设上有更大突破、更大作为，以项目建设带动传统产业改造升级，为实现高质量发展提供重要支撑。要多措并举刺激居民消费，充分激发社会活力，把被抑制、被冻结的消费重新释放出来，把在疫情防控中催生的新型消费、升级消费培育壮大起来，切实增强消费对经济增长的基础性作用，奋力实现决胜全面建成小康社会、决战脱贫攻坚的目标任务。

3.税收优惠财政政策是保证民生的重要手段

积极的财政政策需要相配套的财税体制，同样的，在疫情防控中所凸显的问题也要通过推进财税体制改革才能更好解决。当遇到突发事件后，国家在征税时考虑到个体纳税能力的差别，会通过税收的财富再分配作用，利用税费减免退税等有效手段来实现财富的再分配，从而达到社会的实质公平，从而改善人民的生活，反映出党为人民服务的优势。为助力打赢疫情防控阻击战，助力企业复产扩能，财政部、国家税务总局在短时间内迅速出台一系列涉及增值税、消费税等多领域全方位的税收优惠政策文件。政策覆盖主体包括疫情防控重点保障物资生产企业、运输疫情防控保障物资的物流企业，提供公交、生活、快递收派服务企业、参与疫情防治的医生及防疫工作者，

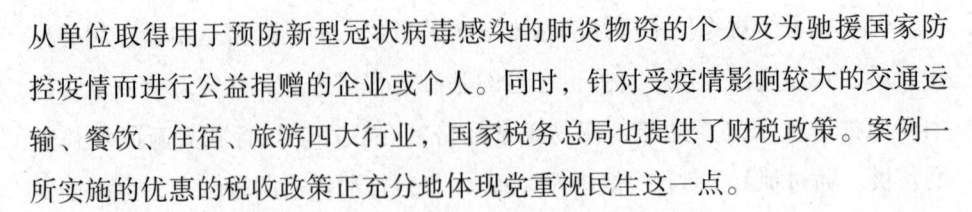

从单位取得用于预防新型冠状病毒感染的肺炎物资的个人及为驰援国家防控疫情而进行公益捐赠的企业或个人。同时，针对受疫情影响较大的交通运输、餐饮、住宿、旅游四大行业，国家税务总局也提供了财税政策。案例一所实施的优惠的税收政策正充分地体现党重视民生这一点。

4. 发展民生是赢得民心之基

习近平总书记多次指出："一个政党，一个政权，其前途命运取决于人心向背。"中国共产党在革命、建设和改革中，都是紧紧依靠人民不断创造伟业。人民是党执政的最大底气，也是党执政最深厚的根基。正是从这个意义上讲，民心是最大的政治。然而，民心何以向背？民心所向绝不是无缘无故的。民生问题，不仅仅是经济问题、社会问题，更是政治问题。民生问题关乎我们的政治安全和政权安全，关乎我们政党的合法性和公信力。人民群众最关心民生问题，而发展中国家的民生又是矛盾最为集中的突出问题。经过长期艰苦努力，中国人民迎来了从温饱不足到小康富裕的伟大飞跃，民生有了极大的改善。与此同时也要看到，中国仍处于并将长期处于社会主义初级阶段，仍是世界最大发展中国家，还有相当数量的困难群众，还有一些非常突出的问题。尤其是当前国内外复杂的情况下，民生问题切不可松懈，切不可掉以轻心。疫情下，人民生活受到冲击，老百姓收入减少，此时政府发放消费券、降低小企业贷款利率，正是为老百姓着想，要进一步巩固和赢得民心，必须多谋民生之利，多解民生之忧。

三、案例的使用说明

（一）教学目标

本案例适用于中级宏观经济学或宏观经济学中财政政策的宏观经济学知识点教学。

1. 知识目标

理解概念：财政政策、国民收入决定。

掌握理论：财政政策的影响、财政政策工具 IS-LM 曲线。

2.能力目标

系统思维能力：教师通过对理论的讲解，帮助学生系统地了解共同富裕下财政政策对国民收入的影响以及疫情经济下财政政策的影响，形成全面、系统、联系地分析问题、解决问题的思维能力。

判断实践能力：根据案例材料，设置由浅入深、由知识到能力的问题，通过解答问题帮助学生搭建一座"理论到实践、实践到理论"的思维桥梁，使学生能就共同富裕、疫情经济等方面的问题搜集信息与资料，善用适当的理论知识，提出合理的解决方案。

3.素质目标

形成专业知识：理解共同富裕下财政政策对国民经济的影响以及开放条件下财政政策对国民经济的影响，养成关注经济热点、财政政策的学习习惯。

提高职业素养：通过案例，引入共同富裕、"六稳""六保"和其他重要思政元素，拓宽学生视野，让学生理解国家、区域经济和社会合作的重要性，增强学生的社会责任感，形成正确的发展理念。

（二）教学过程

1.课前准备

（1）学生需要预习中级宏观经济学中政策的相关知识，对国民收入、财政政策等有完整的认识。

（2）授课教师可事先了解班级学生对国民收入、财政政策的认识。分小组、分小专题针对我国发展不均衡不充分、高质量发展、财税政策等内容进行总结汇报，使全班同学对我国的共同富裕问、疫情经济问题有较系统、全面的认识，激发学生对国民收入、财政政策等相关问题的关注热情和学习兴趣。

2.讲授理论知识

（1）财政政策的工具。

（2）税收优惠财政政策导致的外溢正效应。

（3）财政补贴对总供给和总需求的影响。

3. 引入思政案例

从财政政策引入思政案例1，分析案例。

从税收优惠财政政策导致的外溢正效应引入案例1，分析案例。

从财政补贴对总供给和总需求的影响引入思政案例2，分析案例。

从财政政策的工具引入思政案例3，分析案例。

（三）案例分析要点

1. 启发思考题

（1）结合案例，分析新冠肺炎疫情下，我国财政政策是如何有力推动经济运行稳中加固、稳中向好的？

（2）结合案例，分析税收优惠财政政策的作用与重要性。

（3）结合案例，分析财政补贴对经济发展的积极作用。

2. 分析思路

（1）结合案例，分析新冠肺炎疫情下，我国财政政策是如何有力推动经济运行稳中加固、稳中向好的？[4]

理论知识点：财政政策的工具。

引导学生结合财政政策的工具，从各方面展开分析。

参考答案：

一是保持适度支出强度，增强财政可持续性。2021年赤字率按3.2%左右安排，比去年有所下调，赤字规模为3.57万亿元，比2020年减少1900亿元。不再发行抗疫特别国债，地方公共卫生等基础设施建设、保基本民生等支出通过正常渠道给予保障。

二是持续推进减税降费，激发市场主体活力。继续实施制度性减税政策，延长小规模纳税人增值税优惠等部分阶段性政策执行期限，实施新的结构性减税举措。突出强化小微企业税费优惠，在继续落实好小微企业普惠性减税等政策的同时,进一步加大对小微企业和个体工商户税收减免力度,大力支持制造业和科技创新,增强企业活力和发展后劲。

三是加大转移支付力度,兜牢兜实"三保"底线。在实际新增财力有限的情况下,加大财力下沉力度,中央财政转移支付资金向中西部和困难地区倾斜,支持地方尤其是困难地区正常运转,以及公共服务提供和民生事业发展,增强地方"三保"保障能力。

四是尽力而为、量力而行,着力保障和改善民生。结合财政状况和实际需要合理确定民生政策,推进民生支出清单管理。建立健全激励约束机制,提高民生支出资金管理的科学性。完善再分配机制,强化对低收入群体的兜底保障。千方百计增加中央对地方转移支付规模,并向财政困难地区和欠发达地区倾斜,增强保基本民生的能力。

(2)结合案例,分析税收优惠财政政策的作用与重要性分析。

理论知识点:税收优惠财政政策导致的外溢正效应

引导学生从宏观角度了解税收优惠政策给人民生活带来的影响。

参考答案:

首先,如图2-6所示,市场供给与需求曲线分别为 S 和 D,市场均衡为 F 点,完全竞争均衡量为 Q_1,而均衡价格为 P_1。但从社会角度看,这一均衡并非最优。图中显示了边际外部收益曲线 MEB,这是一条递减的曲线,因为享受这种外部收益的人的边际效用是递减的。因而社会边际收益曲线或社会需求曲线应该是图中的 D_s,即 D 曲线与 MEB 曲线垂直相加,因此社会最优产量应是 D_s 曲线和 S 曲线的交点决定的产量 Q_E。为了鼓励生产者的正外溢效应活动,并使消费者将消费量从 Q_1 扩大到 Q_E,应将价格从 P 降低到 P_E,而这可以通过对厂商每生产一单位产品 T(如减免税优惠政策)来实现。T 的大小为最优产量 Q_E 下的边际外部收益或 P_1-P_E,这样厂商的供给曲线将下移至 $S-T$,于是,市场均衡将达到帕累托次优的 E 点。

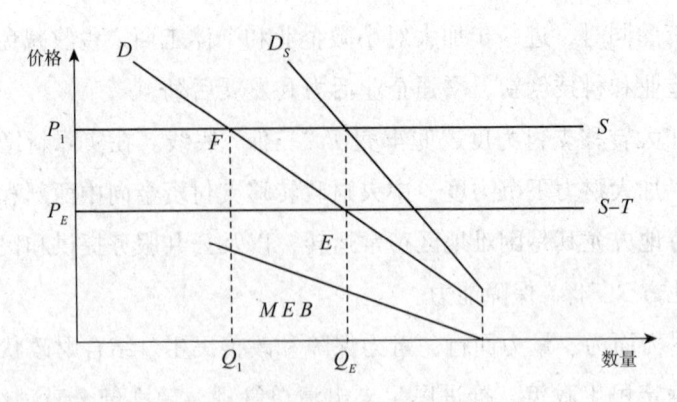

图2-6 税收优惠政策的作用

如果政府实行适当的税收优惠政策,使商品的外部正效应内在化为生产企业的经济利益,增加产品的税后盈利,就能有效鼓励具有外部正效益的商品的生产,提高各种商品的供给,满足群众的消费需求。而减免个人所得税,也会增加个人可支配收入,提升消费者的购买能力,促进大众的消费。两者相互影响促进,使社会经济稳定运行,从而恢复疫情后国家的生产水平,复苏我国的经济。

(3)结合案例,分析财政补贴对经济发展的积极作用。[5]

理论知识点:财政补贴对总供给和总需求的影响。

引导学生利用IS-LM模型,分析财政补贴对总供给和总需求的影响,进而得出财政补贴对经济发展的积极作用。

参考答案:

财政补贴能够在一定程度上促进社会总供求平衡。在社会经济活动中,社会产品的需求对社会产品的生产与供给起着决定性的作用。因此,财政补贴对社会需求总量和结构的影响,最终会间接迂回地反映到社会供给总量与结构的变化上来。

促进社会资源的优化配置。在市场经济条件下,市场机制在社会资源配置中的基础与主导作用是通过价值规律自发调节实现的。政府通过对具有正外部效应的活动给予一定的财政补贴,可以有效地弥补其效益损失,鼓励更多的生产者从事这些经济活动,从而达到优化全社会资源配置的目标。

配合自然垄断领域的管制价格，提供社会福利。在自然垄断存在的领域，公用事业生产的产品和提供的劳务与社会生产和人民活动密切相关，但是却无法通过市场价格进行公平有效的配置。因此，政府对此类生产企业通常都要采取价格管制手段，通过低价政策，促使整个社会提供其产品及服务。

促进产业结构的调整，加快经济发展。政府进行产业结构调整的重要手段之一就是实施财政补贴，政府可以直接利用财政补贴直接或间接地引导社会资金投向相关产业。例如，政府以税收上的投资抵免、加速折旧等方式对某些产业部门进行投资补贴，将会降低被补贴投资活动的相对成本或提高被补贴投资活动的相对受益，从而引导资金更多地投入到被补贴的投资领域。

（四）教学组织实施

教学组织安排如下表所示。

学习阶段	学习内容	时间限制	学习目标
课前	要求学生分组，并预习课本知识，查阅相关资料，了解中国财政政策状况。	提前一周	熟悉案例背景。
课中	讲授知识点，引入案例。	10 分钟	掌握基本理论知识。
	各组用PPT展示财政政策发展现状，分组讨论。	15 分钟	进一步熟悉案例背景。
	随机抽取3个小组进行发言。	15 分钟	结合理论分析问题，小组案例分析报告作为一次平时成绩。
	进行归纳总结，注意思政元素与财政政策的结合。引导学生学会运用宏观经济学的理论知识解决现实问题。	10 分钟	归纳用到的关键理论，并对各组表现做一个简单点评。
课后	请学生继续关注中国财政政策情况。		增进记忆，巩固知识。

（五）总结

自从党的十八大以来，党中央把握发展阶段新变化，把逐步实现全体人民共同富裕摆在更加重要的位置上，推动区域协调发展，采取有力措施保障民生安全。但是，目前由于新冠肺炎疫情和国际形势变化的影响，导致我国发展不平衡不充分问题仍旧存在，城乡区域发展和收入分配差距较大。文章通过 AD-AS、IS-LM 等宏观理论模型分析，分析了政府采取税收优惠的财政政策，证实了其政策效力的确可以为促进社会公平、减少收入差距、提高中等人群的收入作出贡献。尤其是在后疫情时代，政府必须发挥其职能，强化对宏观经济层面的调控。民生是人民幸福之基、社会和谐之本，是社会治理的基本保障；要通过抓"六保"促"六稳"来做好民生保障工作。中国政府将继续采取积极的财政政策支持经济复苏，财政政策更加积极有为，经济工作稳字当头、稳中求进，积极推出有利于经济稳定的政策，为对冲疫情影响、稳定经济运行提供更多支撑。

参考文献

[1] 21世纪经济报道. 近20个省市投放约十亿元消费券，抓住"双节"力促消费回补 [EB/OL]. (2021-09-21) [2022-12-26]. https://baijiahao.baidu.com/s?id=1711476988045632040&wfr=spider&for=pc.

[2] 赵孟鑫，李维娜. 新冠疫情下减税降费政策对财政经济运行的影响——以黑龙江省为例 [J]. 北方经贸，2021（11）：81-83.

[3] 姚景源. 疫情下的中国宏观经济及新发展格局 [N]. 华夏时报，2020-12-07（T02）.

[4] 孙晓霞. 疫情下财政政策应站在宏观调控 C 位 [J]. 国际融资，2020（8）：32.

[5] 宋瑞礼. 新形势下宏观调控要有新作为 [J]. 中国经贸导刊，2020（15）：53-55.

货币政策理论与中国货币政策

一、案例正文

案例1：降低小企业贷款利率、法定准备金率促进企业投资

央行决定自2021年12月7日起下调支农、支小再贷款利率0.25个百分点。下调后3个月、6个月、1年期再贷款利率分别为1.7%、1.9%、2%。市场人士指出，央行时隔一年多再度下调支农、支小再贷款利率，主要目的是助力结构性宽信用和降成本，定向特征明显。支农、支小再贷款利率并非政策利率，对市场影响有限，不会带动市场利率大幅下行，短期内也不意味着政策利率会随之下调。[1]

国泰君安宏观首席分析师董琦指出，从历史上看，支农、支小再贷款利率调降与全面政策利率调整关联度不高。央行再度下调支农、支小再贷款利率，主要目的是助力结构性宽信用和降成本，边际上减弱短期降低政策利率的必要性，政策利率调降的窗口可能并不在眼前，当前的"定向"使得短期调整政策利率的可能性下降。东方金诚首席宏观分析师王青对财联社表示，此次支农、支小再贷款利率属于结构性货政策定向发力性质，不过在央行政策的累积效应下，12月贷款市场报价利率（LPR）报价有可能小幅下调5个基点，并将直接带动各类企业贷款利率下行，扭转三季度贷款一般贷款利率边际上升的局面。2020年支农、支小再贷款利率曾调降两次，第一次调降后LPR报价下调。从近期央行先进行降准，再调降此类利率判断，政策稳增长信号在不断增加，后续LPR在降准的带动下可能也发生调降。[2]在宏观经济面临新的下行压力背景下，小微企业需要加大定向帮扶力度。小微企业融资成本下降后，将在一定程度上对冲上游原材料价格高企给企业造成的经营困难，最终有助于稳就业，稳定宏观经济运行。

2021年7月9日，中国人民银行决定于2021年7月15日下调金融机构存款准备金率0.5个百分点（不含已执行5%存款准备金率的金融机构）。此次降准为全面降准，除已执行5%存款准备金率的部分县域法人金融机构外，对其他金融机构普遍下调存款准备金率0.5个百分点，降准释放长期资金约1万亿元。7月13日，中国人民银行货币政策司司长孙国峰在国新办发布会上回应称，此次降准主要是为了优化金融机构的资金结构、提升金融服务能力、更好支持实体经济。积极的财政政策、稳健的货币政策要继续聚焦支持实体经济和促进就业，近期实行的降准措施要体现结构性，更加注重支持中小微企业、劳动密集型行业，帮助缓解融资难题。降准为银行提供长期、稳定的低成本资金，在增加银行体系流动性的同时降低银行资金成本，有助于提升银行服务中小微企业和个体工商户的意愿和能力。央行表示，此次降准有效增加金融机构支持实体经济的长期稳定资金来源，引导金融机构积极运用降准资金加大对小微企业的支持力度。降低金融机构资金成本每年约130亿元，通过金融机构传导可促进降低社会综合融资成本。

案例2：防范系统性金融风险

上海证券报记者获悉，人民银行2021年8月20日召开会议传达学习中央财经委员会第十次会议精神，研究部署人民银行系统贯彻落实工作。会议要求，人民银行系统各单位要坚持稳中求进工作总基调，保持宏观政策稳定性，为促进共同富裕提供有力的金融支持，坚决守住不发生系统性金融风险的底线。会议一致认为，共同富裕是社会主义的本质要求，是中国式现代化的重要特征。党的十八大以来，党中央把逐步实现全体人民共同富裕摆在更加重要的位置。中央财经委员会第十次会议明确提出在高质量发展中促进共同富裕，是我们党践行以人民为中心的发展思想，着力解决发展不平衡不充分问题，更好满足人民日益增长的美好生活需要的重大战略安排。会议认为，在防范化解重大金融风险攻坚战取得重要阶段性成果的背景下，中央财经委员会第十次会议对下一步防范化解重大金融风险工作作出重要部署，为我们做好新形势下的金融工作、确保经济金融大局稳定提供了根本遵循。会议要求，把促进共同富裕作为金融工作的出发点和着力点。坚持不搞"大水漫灌"，综合运用多种货币政策工具，保持流动性合理充裕，引导贷款合理增长，保持货币供应量和社会融资规模增速同名义经济增速基本匹配，保持宏观杠杆率基本稳定。要不断提升金融服务实体经济能力，继续扎实做好金融支持中小微企业工作，引导金融机构加大对小微企业、"三农"、制造业、绿色发展等重点领域和薄弱环节的支持力度。

会议要求，要提高金融支持区域发展的平衡性和支持行业发展的协调性，促进各类资本规范健康发展，坚决防止资本无序扩张。要持续做好金融服务乡村振兴和金融帮扶工作，加强农村金融基础设施和金融服务体系建设，促进农民农村共同富裕。会议提出，要坚持底线思维，遵循市场化法治化原则，毫不松懈防范化解各种金融风险。要夯实金融稳定的基础，处理好稳增长和防风险的关系，巩固经济恢复向好势头，以经济高质量发展化解系统性金融风险。要密切监测、排查重点领域风险点，落实重大金融风险问责、金融风险通报等制度。推动做好重点省份高风险机构数量压降工作。对于防风险的相关要求，中信证券研究所副所长明明认为，下半年需要提高稳增长的权重，风险处置过程中不能出现次生金融风险，更不能加大经济下行的压力。防风险不会导致货币政策立即走向进一步宽松。7月央行降准后信贷数据仍不乐观，主要是需求端约束了贷款规模增长，也指向后续财政和信贷支持政策发力。会议要求，进一步加强政策研究储备，加强金融法治和基础设施建设，加快推进制定金融稳定法。在2021年3月召开的全国两会上，全国人大代表、人民银行副行长刘桂平建议，修订中国人民银行法时要完善涉及金融稳定的条款，适时制定金融稳定法。防范化解金融风险需要坚实的法律基础，但我国现行法律对金融稳定和金融风险防范处置的规定条款分散、过于原则，部门化色彩较浓，缺乏系统完整的规定。建立统一、有序、高效、权威的金融稳定法律制度，已经刻不容缓。[3]

案例3：应对新冠肺炎疫情实施灵活性货币政策

鉴于疫情属于一次性外部冲击，同时我国宏观环境面临诸多周期性和结构性矛盾难题,宏观经济政策仍需避免"大水漫灌"的强刺激,而应是在总量层面适度宽松的同时更注重结构性精准施策。历史经验表明,疫情这一外生变量对经济的冲击是阶段性的,加上我国经济增长的韧性强,故没有必要使用大幅宽松的经济政策进行强刺激;另一方面,我国当前仍处在债务周期顶部区域,特别是2021年上半年仍将面临不小的通胀压力,也会制约总量经济政策的操作空间。为了对冲疫情的负面影响,"稳增长"政策需要加快节奏、增强力度;同时,在总量层面适度宽松的基础上要更加注重结构性调整,聚焦薄弱环节,采取有力措施,帮助企业尤其是中小企业渡过难关。[4]

货币政策要在稳健的基础上更加灵活适度。短期重在舒缓企业现金流压力,避免信用风险的集中爆发;中期应继续着力降低企业的融资成本。这次疫情阻碍了企业的正常生产经营,导致企业面临因营收下降而固定支出不减所带来的资金周转压力,使得本就紧绷的资金链条变得更加脆弱。货币金融机构当务之急就是要充分利用再贴现、再贷款等货币政策操作,以及加大授信额度、利息减免等措施手段,为企业恢复生产提供资金保障。中期角度看,还需把握好"稳增长"与"稳杠杆"间的平衡,借助利率市场化改革,疏通货币政策传导机制,通过保持流动性充裕、加大低成本资金供给、优化商业银行资产负债体系等多条途径,引导融资成本下降。初步判断,年内可能仍有1~2次全面或定向降准;以 MLF 为代表的政策利率在2020年2月17日下调10 BP 之后仍有20 BP 左右的下调空间,以有效引导 LPR 报价下行,降低企业融资成本,特别是要力争实现2020年普惠型小微企业贷款综合融资成本在2019年的基础上继续下降的目标任务。

二、案例的思政元素

1. 加快实现共同富裕的进程

共同富裕既是一个经济发展概念,也是一个社会发展概念,同时涉及政治、文化、生态等诸多领域,与人民生产生活息息相关。2021年8月17日,习近平总书记在中央财经委员会第十次会议上强调:"共同富裕是社会主义的本质要求,是中国式现代化的重要特征,要坚持以人民为中心的发展思想，在高质量发展中促进共同富裕。"消除贫困、改善民生、实现共同富裕，是社会主义的本质要求，是我们党的重要使命。以习近平同志为核心的党中央团结带领全国人民取得了脱贫攻坚战的全面胜利，创造了彪炳史册的人间奇迹。习近平总书记在庆祝中国共产党成立100周年大会上代表党和人民庄严宣告："经过全党全国各族人民持续奋斗，我们实现了第一个百年奋斗目标，在中华大地上全面建成了小康社会，历史性地解决了绝对贫困问题，正在意气风发向着全面建成社会主义现代化强国的第二个百年奋斗目标迈进。"脱贫攻坚战的全面胜利，标志着我们党在团结带领人民创造美好生活、实现共同富裕的道路上迈出了坚实的一大步。

新的征程上，我们要着力解决发展不平衡不充分问题，推动人的全面发展、全体人民共同富裕取得更为明显的实质性进展。共同富裕是一个长远目标，也是一项长期艰巨的任务。党的十九届五中全会《建议》提出，到2035年，"全体人民共同富裕取得更为明显的实质性进展"；在"改善人民生活品质，提高社会建设水平"部分强调，"扎实推动共同富裕"。要坚持鼓励勤劳创新致富、坚持基本经济制度、坚持尽力而为量力而行、坚持循序渐进等原则，着眼长远、科学谋划、周密部署，坚持系统思维，固根基、扬优势、补短板、强弱项，正确处理总体安排与阶段性部署的关系、效率和公平的关系，兼顾需要与可能，确保阶段性目标的可及性，适时调整政策目标和重点，分阶段扎实推进共同富裕。案例中的种种措施和政策，正是加快实现共同富裕进程的助力。

2. 民生是人民幸福之基、社会和谐之本，是社会治理的基本保障

要想经济稳健发展，就必须要改善民生。民生连着民心，民心凝聚民力，改善民生就是要让老百姓有依靠，有保障，生活水平得到显著提高。做好保障和改善民生工作，事关群众福祉和社会和谐稳定。要通过发展社会生产力，满足人民日益增长的物质文化需求，促进人民群众的全面发展。从根源实现经济发展和民生改善的良性循环。这和"要致富先修路"是一样的道理。任何地方离开了经济发展，谈改善民生就是无米之炊，要想改善民生经济发展是前提。民生改善既能有效调动人们发展生产的积极性，又能释放居

民消费潜力、拉动内需，催生新的经济增长点，对经济发展有着重要的促进作用。经济发展好了，人民群众的幸福感、获得感也就高了。

增进民生福祉是我们党坚持立党为公、执政为民的本质要求，让老百姓过上好日子是我们一切工作的出发点和落脚点。坚持在发展中保障和改善民生，经济发展是民生改善的物质基础，离开经济发展谈改善民生是无源之水、无本之木。我们的发展是以人民为中心的发展，如果发展不能回应人民的期待，不能让群众得到实际利益，这样的发展就失去意义，也不可能持续。要坚持不懈抓发展，不断扩大经济总量，让改革发展成果能够更多更公平地惠及广大人民群众。

保障和改善民生既要尽力而为，又要量力而行。民生工作直接同老百姓见面、对账，承诺了就要兑现，决不能开空头支票，否则就会失信于民。要坚守底线、突出重点、完善制度、引导预期，持之以恒把民生工作抓好，一件事情接着一件事情办，一年接着一年干，锲而不舍向前走，让群众看到变化、得到实惠。同时，我国仍处于并将长期处于社会主义初级阶段，改善民生不能脱离这个最大实际而提出过高目标。要坚持从实际出发，根据经济发展和财力状况逐步提高人民生活水平，做那些现实条件下可以做到的事情。

我们要结合工作实际，瞄准突出问题精准施策，以点带面辐射带动经济发展。采取针对性更强、覆盖面更大、作用更直接、效果更明显的举措，帮助群众增收致富，全面脱贫，家家户户奔小康。确保人民群众安居乐业、社会秩序安定有序。坚持以人民为中心的发展思想，因地制宜发展区域特色经济产业。真抓实干为人民群众办好事、办实事、解难事。坚持认真贯彻落实党和国家的路线、方针和政策，为经济发展，为党和人民的事业不懈奋斗。

3.金融支持实体经济发展，建设现代化社会主义强国

经济是肌体，金融是血脉，两者共生共荣。从疫情发生至今，金融业一直助力实体经济发展，为其发展创造了良好的金融环境。《2021年第一季度中国货币政策执行报告》提出，今年以来稳健的货币政策坚持稳字当头，体现了前瞻性、主动性、精准性和有效性，对实体经济支持力度稳固。中小微企业始终是金融支持实体经济的焦点。今年以来，货币政策突出了直达性、

精准性的特点，持续推进两个直达实体经济的货币政策工具来支持中小微企业发展。而人民银行近日印发《关于深入开展中小微企业金融服务能力提升工程的通知》，旨在进一步提升银行业金融机构中小微企业、个体工商户金融服务能力，推动金融在新发展阶段更好服务实体经济，从而建设现代化主义强国。国务院常务会议释放了政策信号，接下来，金融业将持续加力支持实体经济，特别是中小微企业，继续为其发展创造良好的金融环境。案例3中中国人民银行下调金融机构存款准备金率，营造适宜的货币金融环境以加大对中小企业的金融支持，为建设现代化社会主义强国打下良好的铺垫。

4. 推动城乡深度融合发展，坚持走全体人民共同富裕之路

实现全体人民共同富裕，是社会主义的本质要求，是人民群众的共同期盼，也是社会主义现代化的重要目标。坚持走全体人民共同富裕之路，必须在经济社会发展进程中逐步消除制约共同富裕目标实现的各类不充分不平衡因素，通过城市和农村农业现代化的协同推进与城乡深度融合发展，有效解决地区差距、工农行业差距、收入差距等问题。消除城乡对立、促进城乡融合是社会主义现代化建设的终极目标，也是马克思和恩格斯关于共同富裕与实现人的全面自由发展理论的内在要求。在新发展阶段推动城乡融合走向深入，关键在于抓住导致城乡分割、阻碍城乡要素双向流动和统一市场形成的"主要病灶"，通过对症下药和辨证施治相结合，着力破解城乡要素配置不合理、城乡基本公共服务供给不充足、农村经济发展模式多元、农民收入增长态势不稳固等问题。当前我国针对城乡融合发展体制机制所做的一系列改革，必须在同步下好"新型城镇化"和"乡村振兴"两盘大棋中进行谋划，积极利用我国新型城镇化进入后半段的发展拉力和农业农村现代化的政策推力协同并举来推进城乡融合体制成型，用好用足"工商资本下乡、人才下乡、技术下乡、土地制度改革、户籍改革"等政策红利，通过持续发挥新型城镇化以城带乡、工业化技术助农、逆城镇化人才回流、乡村振兴支农投入的多重兴农助农机制，彻底扭转农业农村"靠城市输血"的被动型发展模式。只有积极培育并最大化发挥乡村多种功能，激活乡土社会的内生动力，全面聚焦农村三次产业融合并探索建立小农户与现代农业的利益联结机制，

才能从源头上补齐农业农村现代化所需的人—地—钱—技术—公共服务等诸多"短板",形成城乡间相互渗透、互促互利的共生循环体系,从而高质量完成城乡融合发展建设的宏伟目标,实现全体人民共同富裕。

三、案例的使用说明

(一)教学目标

本案例适用于中级宏观经济学或宏观经济学中货币政策的宏观经济学知识点教学。

1. 知识目标

理解概念:货币政策、金融制度。

掌握理论:金融制度、货币政策的影响、货币政策的工具 IS-LM 曲线。

2. 能力目标

系统思维能力:教师通过对理论的讲解,帮助学生系统地了解共同富裕下货币政策的影响以及疫情经济下货币政策的影响,形成全面、系统、联系地分析问题、解决问题的思维能力。

判断实践能力:根据案例材料,设置由浅入深、由知识到能力的问题,通过解答问题帮助学生搭建一座"理论到实践、实践到理论"的思维桥梁,使学生能就共同富裕、疫情经济等方面的问题搜集信息与资料,善用适当的理论知识,提出合理的解决方案。

3. 素质目标

形成专业意识:理解共同富裕下货币政策对国民经济的影响以及疫情经济下货币政策的选择,养成关注经济热点和货币政策的学习习惯。

提高职业素养:通过案例,引入共同富裕、民生和其他重要思政元素,拓宽学生视野,让学生理解国家、区域经济和社会合作的重要性,增强学生社会责任感,形成正确的发展理念。

（二）教学过程

1. 课前准备

（1）学生需要预习中级宏观经济学中政策的相关知识，对货币政策、金融制度等有完整的认识。

（2）授课教师可事先了解班级学生对货币政策和金融制度等的认识。分小组、分小专题针对我国发展不均衡不充分、高质量发展、金融政策等内容进行总结汇报，使全班同学对我国的共同富裕以及疫情经济问题有较系统、全面的认识，激发学生对与货币政策等相关问题的关注热情和学习兴趣。

2. 讲授理论知识

（1）IS-LM 模型。

（2）AD-AS 模型。

（3）货币政策的传递机制。

3. 引入思政案例

从 IS-LM 模型、AD-AS 模型引入思政案例1，分析案例。

从货币政策的传递机制引入思政案例2，分析案例。

从 IS-LM 模型引入思政案例3，分析案例。

（三）案例分析要点

1. 启发思考题

（1）结合案例，分析央行下调存款准备金率的货币政策的效力。

（2）结合案例，分析投资补贴和预防性货币政策如何对共同富裕产生影响。

（3）结合案例，分析货币政策对宏观经济的影响。

2. 分析思路

（1）结合案例，分析央行下调存款准备金率的货币政策的效力。

理论知识点：运用 IS-LM、AD-AS 分析下调存款准备金率的效应。

引导学生运用 AD-AS/IS-LM 模型分析货币政策所带来的影响。

参考答案：根据凯恩斯的理论，中央银行在减少或增加货币供应量后，利率将随货币供给的变动而变动，若资本的边际效率一定，则利率的下降引起投资上升，利率上升引起投资下降。投资的变动又通过乘数作用引起支出和收入的同向变动。把货币供应量用 M 表示，利率用 r 表示，投资用 I 表示，消费用 C 表示，收入用 Y 表示。则凯恩斯的货币政策传导机制如下所示：

$M\uparrow \to r\downarrow \to I\uparrow \to C\uparrow \to Y\uparrow$。

所以最终可以推测到，社会的总产出是增加的，但均衡利率可能会随之下调，国民收入会上升，并且物价会上涨，会造成短期的通胀。

但从现实中可以看出，此次降准的目的是优化金融机构的资金结构，提升金融服务能力，更好支持实体经济。一是在保持流动性合理充裕的同时，增强金融机构资金配置能力，为高质量发展和供给侧结构性改革营造适宜的货币金融环境。二是调整中央银行的融资结构，有效增加金融机构支持实体经济的长期稳定资金来源，引导金融机构积极运用降准资金加大对小微企业的支持力度。三是此次降准降低金融机构资金成本每年约130亿元，通过金融机构传导可促进降低社会综合融资成本，保障民生，促进消费与投资。

（2）结合案例2，分析投资补贴和预防性货币政策如何对共同富裕产生影响。

理论知识点：货币政策的传递机制。

引导学生从货币政策的传递机制角度出发，分析预防性货币政策和投资补贴如何对共同富裕产生影响。

参考答案：

如图2-7所示，在实际余额（即实际货币存量）的变动对收入的最终影响之间有两个关键的联系。第一，由于资产组合出现了不均衡所产生的实际余额变动，必然导致利率的变动。第二，利率的变动必然使总需求发生变动。通过这两个关系，实际货币存量的变动，影响经济中的产出水平。

```
实际货币供给   →   资产组合的调整引起   →   根据利率变动调   →   根据总需求变动
   的变动              资产价格与利率变动         整支出              调整产出
```

图2-7 货币政策的传递机制

通过金融手段助力共同富裕的核心是发挥货币政策及信贷政策的收入再分配效应，其重点是结构性政策工具的使用。从落实共同富裕、优化收入分配的角度看，要求货币政策保持适度的流动性投放，同时持续强化结构性调控，引导资金定向支持国民经济重点领域薄弱环节如民营经济、中小企业，也可避免资产价格泡沫带来的财富分配不均。

我们认为在共同富裕推进过程中央行可能采取的结构性政策工具包括：针对三农、小微、扶贫、制造业等领域的信用或专项再贷款；区域再贷款；碳减排货币政策工具支持金融机构增加投放减碳贷款，支持新能源行业发展及产能过剩行业绿色转型；对重点领域薄弱环节的定向降准；通过MPA体系加强对信贷投向和区域的考核；重启PSL投放。

通过金融手段助力共同富裕核心是发挥货币政策及信贷政策的收入再分配效应，重点是结构性政策工具的使用。在共同富裕推进过程中，要求货币政策保持适度的流动性投放，同时持续强化结构性调控，引导资金定向支持国民经济重点领域薄弱环节如民营经济、中小企业，也可避免资产价格泡沫带来的财富分配不均。

（3）结合案例3，分析货币政策对宏观经济的影响。

理论知识点：IS-LM模型。

引导学生利用IS-LM模型正确认识货币政策对经济的积极影响。

参考答案：

货币政策效果的大小是指当 LM 曲线变动时，均衡国民收入的变动水平。从 IS 曲线与 LM 曲线看，这种影响的大小随 IS 曲线和 LM 曲线的斜率不同有所不同。在 LM 曲线斜率不变时，IS 曲线越平缓，LM 曲线移动（由于实行变动货币供给量的货币政策）对国民收入变动的影响就越大；反之，IS 曲线越陡峭，LM 曲线移动对国民收入变动的影响就越小。变动情况如图2-8所示。

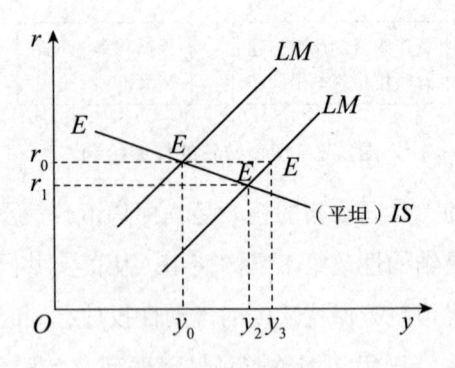

图2-8 货币政策效果

央行全面降准有助于促进经济进一步恢复，缓解市场流动性紧张。一方面，降准释放的资金可以置换中期借贷便利（MLF）、增加金融机构的长期资金占比，为金融机构提供长期稳定资金来源，且金融机构每年的资金成本还可下降约130亿元，从而增强其服务实体经济的能力，同时也为下半年政府债发行创造有利条件。另一方面，降准可以降低外资流入推高人民币汇率的压力，有利于稳定我国下半年的出口态势。从长远角度来看，美联储收紧货币政策将对各国带来较大的外溢效应，我国也难以置身事外，降准也是我国央行跨周期调节的举措。短期来看，全面降准对冲下半年MLF到期、地方政府债发行的压力，同时通过降准，从融资成本角度缓解企业由于大宗商品等成本上涨带来的压力。[5]

（四）教学组织实施

教学组织安排如下表所示。

学习阶段	学习内容	时间限制	学习目标
课前	要求学生分组，并预习课本知识，查阅相关资料，了解中国现行货币政策。	提前一周	熟悉案例背景。
课中	讲授知识点，引入案例。	10分钟	掌握基本理论知识。
	各组用PPT展示货币政策发展现状，分组讨论。	15分钟	进一步熟悉案例背景。
	随机抽取3个小组进行发言。	15分钟	结合理论分析问题，小组案例分析报告作为一次平时成绩。

续表

学习阶段	学习内容	时间限制	学习目标
课中	进行归纳总结，注意思政元素与货币政策的结合。引导学生学会运用宏观经济学的理论知识解决现实问题。	10分钟	归纳用到的关键理论，并对各组表现做一个简单点评。
课后	请学生继续关注中国货币政策情况。		增进记忆，巩固知识。

（五）总结

目前，全球经济继续复苏，但分化仍然存在。新冠肺炎疫情不确定性有所上升，经济复苏面临下行风险。中国政府将继续采取稳健的货币政策支持经济复苏，货币政策更加灵活适度，经济工作稳字当头、稳中求进，积极推出有利于经济稳定的政策，为对冲疫情影响、稳定经济运行提供更多支撑。中国在世界经济中的地位发生了历史性变化，但是我们现在仍面临着一些困难和挑战。例如：如何实现共同富裕，如何防范化解系统性金融风险。货币政策在防范化解系统性金融风险和实现共同富裕中发挥着重要作用。目前国内外金融风险形势正在发生深刻变化，加强货币政策在系统性金融风险应对中的协调配合具有重要理论和实践意义。

参考文献

[1] 张晓翀.央行时隔一年多再度下调支农、支小再贷款利率，政策利率会随之全面下调吗？[EB/OL].（2021-12-08）[2022-12-26].https：//baijiahao.baidu.com/s?id=1718540953276672073&wfr=spider&for=pc.

[2] 全面降准今日落地，1万亿元真金白银，谁受益？[EB/OL].（2021-07-15）[2022-12-26].https：//www.kuadu.com/yejiezixun/20210727/15631.html.

[3] 章晟，景辛辛.新冠肺炎疫情冲击下投资者信心与宏观经济政策作用效果[J].中南财经政法大学学报，2021（6）：77-92，159-160.

[4] 郭心悦.新冠肺炎疫情下中国宏观经济应对措施分析[J].商场现代化，2021（19）：175-177.

[5] 顾贺，孙兆倩.新冠肺炎疫情对我国经济影响机理分析[J].合作经济与科技，2021（24）：45-47.

第三章 国际商务

经济全球化与国际商务环境的机遇与挑战

一、案例正文

案例1：进博会让中国大市场成为世界大机遇

2022年8月25日，由中国国际进口博览局主办的"中国国际进口博览会5周年专家研讨会"在人民日报社新媒体大楼举行。参会嘉宾认为，5年来中国国际进口博览会（以下简称"进博会"）联通中国和世界，其国际采购、投资促进、人文交流、开放合作四大平台作用不断凸显，成为全球共享的国际公共产品。进博会的"金钥匙"不仅是中国的，也是世界的，是中国推动新一轮高水平对外开放的务实举措，更是各个国家顺应经济全球化时代潮流的"大合唱"。

2017年5月14日，习近平主席在"一带一路"国际合作高峰论坛开幕式上宣布，中国将从2018年起举办中国国际进口博览会。进博会由企业商业展、国家综合展、虹桥论坛等组成，作为世界上第一个以进口为主题的国家级展会，自筹办至今走过5年历程，已发展成与世界共享中国机遇的重要平台。进博会展览规模越来越大，企业商业展面积从首届的27万平方米扩大至第四届的36.6万平方米。溢出效应也越来越强，据统计，前三届进博会带动外资新设和增资项目622个，投资额约305亿美元。

进博会已不仅仅是一个"买全球、卖全球、惠全球"的展会。除了展会签约，还通过"进博会走进地方"等活动，搭建平台，组织参展商实地考察、精准对接，让展品变商品、参展商变投资商。强大的平台、便捷的机制，让进博会成为许多全球新品的首发地、前沿技术的首选地、创新服务的首推地。过去的四届进博会上，参展企业共发布新产品新技术新服务超1500项。德国制药企业勃林格殷格翰第一次参展，就拿下了2亿元人民币的合同；第二次参展，让首次进入中国市场的展品迅速站稳脚跟，不到一年就正式商业化上市。更多这样的企业跟着进博会"走进地方"，带动更多投资项目落地开花。

开放是当代中国的鲜明标识。作为推动中国与世界市场相通、产业相融、创新相促、规则相联的重要平台，进博会正在兑现"办出水平、办出成效、越办越好"的承诺，不仅让中国的大市场成为世界的大机遇，更展现了中国扩大高水平开放的坚定决心。不管国际风云如何变幻，中国对外开放的大门只会越开越大，释放的红利也将越来越多，世界各国都将从中长久受益。

案例2：创新为全球服务外包插上翅膀

富士康是全球最大的苹果手机生产商，供应全球90%以上的苹果手机。但仔细研究苹果手机的生产，不是简单的"美国制造"或"中国制造"，一部苹果手机的组成部件来自不同国家：日本的手机闪存与触摸屏，韩国的应用处理器，德国的摄像头、GPS接收器，美国的蓝牙，中国进行组装。

苹果手机的国际商务活动的利益分配：总生产成本为178.96美元的一部苹果手机，日本贡献了59.25美元，德国贡献了28.85美元，韩国贡献了22.96美元，中国组装仅贡献了6.5美元。

近年来，互联网、大数据、云计算、人工智能的发展，既为服务外包企业依托自身技术优势支持制造企业转型升级提供了便利，也为服务外包企业创新业务提供了技术手段。当前中国以数字经济、智慧产业为代表的知识密集型产业发展势头迅猛，新业态、新模式不断涌现，在此背景下服务外包产业作为现代高端服务业的重要组成部分，已逐渐成长为经济创新增长的新引擎，对于推进经济结构调整和产业转型升级具有重要意义。

目前，中国已有一批创新能力强、集成服务水平高、具有国际竞争力的服务外包龙头企业市场影响和领导力持续提升，一批"专、精、特、新"的中小型服务外包企业成长壮大起来。高端服务外包已经开始从标准化模块式供给向个性化定制式供给发展。"开放协同，互联共享"在全球化时代已不再是一句口号，而是通过服务外包的平台，为全球经济合作共赢提供发展新机遇。

经济全球化为服务外包提供了市场和条件，而服务外包的发展又反过来促进了经济全球化的进程。服务外包是经济全球化的组成部分之一，也是经济全球化的一个特征。服务外包有助于全球资源的有效配置，深化国际分工和合作，扩大国际贸易和投资，从而推动了经济全球化的发展。两者都是在信息技术和互联网的支持和促进下形成并发展的。

案例3：经济全球化背景下警惕西方对中国的文化渗透

习近平总书记强调，"意识形态工作是党的一项极端重要的工作"。随着21世纪互联网突飞猛进的发展，世界各地之间的联系、互动更加密切，尤其是各种思想文化间的交流与碰撞更加频繁，这使得西方国家更容易对中国进行文化渗透。长期以来，西方国家利用最新的媒介工具，通过文化产业、学术理论等手段竭力宣传他们的生活方式、价值观念、意识形态以及宗教信仰等，企图在中国人中培养西化的价值取向，解构中国文化的根基，构造中国文化低劣或不如西方文化的印象，并对中国社会制度和领导人进行丑化，削弱中国主流意识形态。

随着新式传播媒介的不断更新，尤其是微博、微信、推特等社交媒体的广泛使用，改变着媒体格局和舆论生态，并对中国的主流意识形态安全造成了挑战，这也使得新时期西方国家对中国文化渗透的花样不断翻新。

一是通过网络进行文化渗透。进入21世纪以来，随着通信技术的迅猛发展、互联网及智能手机用户的日益增多，以美国为首的西方国家依靠其对网络技术的垄断，利用网络推行"民主化进程"，通过微博、微信、推特、脸谱等社交新媒介，进行文化渗透。例如，美国国务院民主人权暨劳工局自2008年至今已经投入数亿美元来推进所谓的网络人权。正是借助了网络时代的各种新媒介，西方国家往往蓄意操纵新闻的传播来影响人们对事物的认知，丑化和妖魔化中国，诋毁中国政府的公信力，企图使中国人思想混乱，并丧失对中国文化、制度、体制的信心，从而达到分化中国、否定社会主义制度的目的。

二是通过西方文化产业的植入进行渗透。20世纪80年代以来，以美国为首的西方国家开始利用其文化产品（电影、电视娱乐节目、流行音乐、广告等）和大众消费品（可口可乐、麦当劳、肯德基、星巴克、迪士尼等）的输出，潜移默化地推广其生活方式、思维方式、价值理念乃至政治制度等。这些文化产品在潜移默化地改变着国人的消费观，引发了一些中国人的物欲症和攀比心理，使得拜金主义、享乐主义在民众中有所蔓延，也在某种程度上冲击着中国自身的传统文化与价值观念。

三是通过西方学术理论对中国进行文化渗透。改革开放以来，以美国为首的西方国家借中国对外文化交流的契机，通过学术交流、学术赞助等途径向中国兜售西方各种学术理论，如新自由主义、新制度经济学等，企图通过西方社会理论来影响中国的知识分子，进而鼓吹私有化，鼓吹国有企业私有化，其目的不是为了搞活中国经济，而是瓦解中国社会主义经济制度的基础，进而分化瓦解中国，将中国引向西方道路。苏联解体、东欧剧变之后，西方国家又抛出"历史终结论"，企图建立一统天下的世界。进入21世纪之后，西方国家抛出"民主社会主义救中国""普世主义"价值观，通过宣传西方的"人权""民主""自由""议会制""多党轮流执政"等来影响中国高校、科研机构和企事业单位工作人员。西方国家企图混淆是非，把中国思想界搞乱，通过控制中国的知识分子来影响中国的决策，进而颠覆中国的政治制度和社会制度，以实现其"和平演变"的目的。

二、案例的思政元素

1. 对外开放是中国基本国策

习近平总书记指出："对外开放是中国的基本国策和鲜明标识。中国扩大高水平开放的决心不会变，同世界分享发展机遇的决心不会变，推动经济全球化朝着更加开放、包容、普惠、平衡、共赢方向发展的决心也不会变。"中国经济持续快速发展的一个重要动力就是对外开放。完整、准确、全面贯彻新发展理念，必须全面提高对外开放水平，建设更高水平开放型经济新体制，形成国际合作和竞争新优势。

对外开放是富民之路、强国之路。只有坚定不移对外开放，坚持打开国门搞建设，才能建立开放型经济新体制，形成全面开放新格局，推动国内高质量发展、助力全面深化改革，提高劳动生产率、增强国际竞争力，发挥国内消费潜力、增强消费者福利。

对外开放是包容之路、共赢之路。只有坚持对外开放，奉行互利共赢，才能推动建设开放型世界经济，更大范围地参与经济全球化，更好地促进全球与地区的贸易和投资自由化、便利化，更好地促进世界科技的合作和分享、文化文明的互鉴和共存、各国人民的交往和友好。

经济全球化是不可逆转的时代潮流。习近平总书记在党的十九大报告中强调，中国坚持对外开放的基本国策，坚持打开国门搞建设。他多次强调，中国开放的大门不会关闭，只会越开越大！

开放还是封闭，前进还是后退，人类面临着新的重大抉择。人类社会发展的历史告诉我们，开放带来进步，封闭必然落后。世界已经成为你中有我、我中有你的地球村，各国经济社会发展日益相互联系、相互影响，推进互联互通、加快融合发展成为促进共同繁荣发展的必然选择。

中国开放，是世界机遇。面对经济全球化带来的机遇和挑战，正确的选择是，充分利用一切机遇，合作应对一切挑战，引导好经济全球化走向。中国将继续坚持对外开放基本国策，坚定不移地推进经济全球化、贸易投资自由化，为中国发展创造天时地利，更为世界创造更大的发展机遇。

2. 坚定不移贯彻总体国家安全观

党的二十大报告强调，国家安全是民族复兴的根基，社会稳定是国家强盛的前提。必须坚定不移贯彻总体国家安全观，把维护国家安全贯穿党和国家工作各方面和全过程，确保国家安全和社会稳定。

国家安全，责重如山。国家安全是民族复兴的根基，国家要实现长治久安、繁荣昌盛，必须要做好国家安全屏障。

在中国共产党第二十次全国代表大会上，习近平总书记指出，我们要坚持以人民安全为宗旨、以政治安全为根本、以经济安全为基础、以军事科技文化社会安全为保障、以促进国际安全为依托，统筹外部安全和内部安全、国土安全和国民安全、传统安全和非传统安全、自身安全和共同安全，统筹维护和塑造国家安全，夯实国家安全和社会稳定基层基础，完善参与全球安全治理机制，建设更高水平的平安中国，以新安全格局保障新发展格局。

习近平总书记指出，我们要健全国家安全体系，完善高效权威的国家安全领导体制，完善国家安全法治体系、战略体系、政策体系、风险监测预警体系、国家应急管理体系，构建全域联动、立体高效的国家安全防护体系。增强维护国家安全能力，坚定维护国家政权安全、制度安全、意识形态安全，确保粮食、能源资源、重要产业链供应链安全，维护中国公民、法人在海外合法权益，筑牢国家安全人民防线。提高公共安全治理水平，坚持安全第一、预防为主，完善公共安全体系，提高防灾减灾救灾和急难险重突发公共事件处置保障能力，加强个人信息保护。完善社会治理体系，健全共建共治共享的社会治理制度，提升社会治理效能，畅通和规范群众诉求表达、利益协调、权益保障通道，建设人人有责、人人尽责、人人享有的社会治理共同体。

3. 坚持科技是第一生产力，人才是第一资源，创新是第一动力

习近平总书记在二十大报告中强调，必须坚持科技是第一生产力、人才是第一资源、创新是第一动力，深入实施科教兴国战略、人才强国战略、创新驱动发展战略，开辟发展新领域新赛道，不断塑造发展新动能新优势。要坚持教育优先发展、科技自立自强、人才引领驱动，加快建设教育强国、科技强国、人才强国，坚持为党育人、为国育才，全面提高人才自主培养质量，着力造就拔尖创新人才，聚天下英才而用之。

完善科技创新体系。坚持创新在中国现代化建设全局中的核心地位。完善党中央对科技工作统一领导的体制，健全新型举国体制，强化国家战略科技力量，优化配置创新资源，提升国家创新体系整体效能。扩大国际科技交流合作，加强国际化科研环境建设，形成具有全球竞争力的开放创新生态。

加快实施创新驱动发展战略。加快实现高水平科技自立自强。以国家战略需求为导向，积聚力量进行原创性引领性科技攻关，坚决打赢关键核心技

术攻坚战。加快实施一批具有战略性全局性前瞻性的国家重大科技项目,增强自主创新能力。营造有利于科技型中小微企业成长的良好环境,推动创新链产业链资金链人才链深度融合。

深入实施人才强国战略。坚持尊重劳动、尊重知识、尊重人才、尊重创造,实施更加积极、更加开放、更加有效的人才政策。着力形成人才国际竞争的比较优势。加快建设国家战略人才力量。深化人才发展体制机制改革,把各方面优秀人才集聚到党和人民事业中来。

三、案例的使用说明

(一)教学目标

本案例适用于国际商务经济全球化的相关知识点教学。

1. 知识目标

理解概念:经济全球化、市场全球化、生产全球化。

掌握知识:经济全球化的表现形式、经济全球化的驱动力、经济全球化的影响。

2. 能力目标

全面认知能力。经济全球化对整个世界经济发展和各国经济发展有利有弊,是否搭经济全球化这趟车,要结合具体国情进行选择,因此,在实践中,有些国家积极参与经济全球化,而有些国家会采取逆全球化的行为。通过这部分知识讲解和案例分析,引导学生掌握动态分析问题的方法,提高学生全面认知和系统分析问题的能力。

逆向思维能力。围绕三个案例提供的材料和对应课程知识点,设置从知识掌握到能力提升的相关问题,引导学生进行逆向思维,从中国如果不参与经济全球化会带来哪些不利影响来分析和说明中国参与经济全球化的重要意义。

3. 素质目标

具有国际视野。通过案例分析使学生认识到参与经济全球化的重要意义，充分利用各国优势的资源进行全球生产布局，实现利益最大化。在中国建设高水平开放型社会和外贸高质量发展的政策驱动下，从事对外经贸工作不仅要具备专业知识、技能，还要具有国际视野。

树立文化自信。中国对外开放，必然伴随着各种思想文化间的交流与碰撞，西方国家利用微博、微信、推特等最新的媒介工具，竭力宣传他们的价值观念、意识形态等，企图在中国人中培养西化的价值取向，解构中国文化的根基，削弱中国主流意识形态。通过案例分析，教师引导学生理性看待西方文化，正确评价中国文化，提高对中国优秀文化成就的自信心。

（二）教学过程

1. 课前准备

（1）学生需要预习国际商务中经济全球化的相关知识，对经济全球化的表现形式、经济全球化的驱动力、经济全球化的影响有完整的认识。

（2）授课教师根据学生对经济全球化相关内容的掌握情况，将结合案例设计的讨论题提前下发给学生，并对学生进行分组。要求每组学生自行分工，查阅相关资料，写讲稿和制作课堂案例分析的 PPT 课件，小组内学生要在课前进行讲解练习，进一步完善讲稿和 PPT 课件。

2. 讲授理论知识

（1）经济全球化的内涵与表现形式。

（2）经济全球化的驱动力。

（3）经济全球化的积极影响与消极影响。

（三）案例分析要点

1. 启发思考题

（1）以富士康为例分析生产外包与经济全球化的关系。

（2）全球价值链重构背景下中国应如何选择？

2. 分析思路

（1）以富士康为例分析生产外包（服务外包）与经济全球化的关系。

案例分析知识点：经济全球化的含义、经济全球化的形式、生产外包。

案例分析思路：引导学生结合所学的经济全球化具体表现形式，以富士康的生产性服务外包为例，分析经济全球化的起因与结果。

参考答案：

经济全球化是指经济活动通过对外贸易、资本流动、技术转移、提供服务、相互依存、相互联系而形成的全球范围的有机经济整体。服务外包是指企业将其非核心的业务外包出去，利用外部最优秀的专业化团队来承接其业务，从而使其专注核心业务，达到降低成本、提高效率、增强企业核心竞争力和环境应变能力的一种管理模式。

经济全球化带动资本、信息、技术、劳动力、资源在全球范围内流动、配置和重组，使生产、投资、金融、贸易在世界各国、各地区之间相互融合、相互依赖、相互竞争和制约，整个世界连接成一个巨大的市场。作为经济全球化的重要表现形式之一的生产全球化主要是指企业从全球各地区筹供商品和服务，利用各国在生产要素上的成本和质量差异，降低总成本，改善产品质量和性能，提升企业竞争力。

从案例提供的材料可以看出，苹果公司利用各国要素禀赋的差异，进行全球生产布局，实现整体利益的最大化。苹果公司如果将手机各种核心部件都从美国采购，手机组装也在美国完成，这将导致其核心部件质量良莠不齐，手机成本居高不下。因此，苹果公司充分发挥世界各国技术优势和要素禀赋优势，选择日本的手机内存与触摸屏、韩国的应用处理器、德国的摄像头和 GPS 接收器、美国的蓝牙，并在中国完成手机硬件的组装，在保证质量的同时，有效降低成本。

通过对苹果手机案例的分析我们可以看出，经济全球化为服务外包提供了市场和条件，而服务外包的发展又反过来促进了经济全球化的进程。服务外包是经济全球化的组成部分之一，也是经济全球化的一个特征。服务外包有助于全球资源的有效配置，深化国际分工和合作，扩大国际贸易和投资，从而推动了经济全球化的发展，两者都是在信息技术和互联网的支持和促进下形成并发展的。

（2）全球价值链重构背景下中国应如何选择？

案例分析知识点：国际分工、价值链、全球价值链重构。

案例分析思路：将现阶段国际分工特点和全球价值链重构的国际商务大环境变化，与中国现阶段经济发展诉求相结合，分析全球价值链重构的商机与中国的优势，进而提出中国深度融入全球价值链的路径。

参考答案：

全球价值链是指为实现商品或服务价值而连接研发、设计、生产、营销、消费、售后服务等过程的全球性跨企业价值创造系统。全球价值链重构是在禀赋变动、技术变革和制度重构三种力量协同作用下，不断在横向纵向延伸的动态复杂过程。其本质是基于世界分工体系的全球资源配置能力的调整，具体表现在产业技术标准、生产组织体系、地理空间分布、价值获取能力的重构，以实现世界财富的再分配。作为中国劳动密集型企业的代表，富士康展现了经济全球化条件下，中国企业主要靠廉价劳动力进行简单加工的现状。而发达国家比如美国、日本则凭借核心技术进行创新研究，创造高新技术产品的核心价值。中国要想在全球价值链重构中顺利完成新旧动能转换必须有所作为：

一是以数字生态系统建设为核心，打造全球价值链聚变平台。数字平台已经成为全球价值链重构的新领导者。谷歌、微软、苹果等数字平台，他们的经济活动正在围绕基于平台的生态系统进行重构。以生态系统为导向发展数字经济，应成为中国经济数字化转型的战略方向。这就要求企业转变思维、主动求变、跨界合作。

二是以高质量共建"一带一路"为抓手，拓展全球资源配置战略空间。"一带一路"不仅有助于实现中国全球价值链分工地位的根本性改变，而且有助于塑造新兴经济体在亚太价值链和国际秩序重构中的主体地位，拓展全球资源配置战略空间。中国可以用以5G技术为代表的数字基础设施为依托，搭建数字化公共服务平台，构建网络空间命运共同体，缩小发展中国家与发达国家之间的"数字鸿沟"。

三是要立足供给侧结构性改革，切实加大科技创新。深化供给侧结构性改革要求中国企业转变思维，扎根中国市场，以服务中国消费者、辐射世界市场为宗旨开发产品和服务。富士康等众多企业应该从单纯的"代工厂"模式中跳出来，本着为消费者创造价值的商业理念，培养消费者对中国本土产品和服务的认可度，让价值回归中国本土企业。

四是从全球价值链发展历程来看，全球价值链重构没有完成时，只有进行时，并且是加速进行。这一过程对中国既是机遇也是挑战，中国要创造和利用从客场全球化向主场全球化转场的重大历史机遇，将国内价值链与全球价值链整合。

（四）教学组织实施

用1课时简要梳理案例中涉及的经济全球化表现形式、经济全球化的驱动力、经济全球化的双重影响，引入案例讨论思考题，由学生主导、教师辅助进行1课时案例讨论。具体教学组织安排如下所示。

学习阶段	学习内容	时间限制	学习目标
课前	对学生分组，要求学生根据之前下发的案例思考题，查阅相关资料，预习相关知识。	课前5天	了解经济全球化对国际商务活动的双重影响；提高学生团队协作能力。
课中	知识讲解：讲授案例涉及的经济全球化的知识点，提炼和融入案例呈现的思政元素；通过设计的思考题，引入案例内容。	45分钟	掌握经济全球化的内涵与表现形式、经济全球化的驱动力、经济全球化的双重影响。
课中	小组分享：各组根据分配的思考题，以PPT课件为主，辅助黑板，分享本组对案例思考的观点。	30分钟（每组5分钟）	学会从不同视角分析同一问题；加深对案例内容及涉及知识点的理解。
课中	自由讨论：所有学生根据各小组分享的内容进行自由讨论和补充分析。	10分钟	提高学生表达能力、独立思考能力。
课中	教师总结：结合案例内容和思考题设定的目的，点评各小组学生分享的观点，总结各组从材料准备、PPT制作、讲解中值得学习的地方。	5分钟	引导学生学会运用所学经济全球化与国际商务的有关知识分析中国面临经济全球化的战略选择问题。

续表

学习阶段	学习内容	时间限制	学习目标
课后	自主学习：要求学生持续关注经济全球化的发展趋势及对企业从事国际商务活动的影响。		巩固已学的经济全球化相关知识，提升分析问题能力。

（五）总结

经济全球化是社会生产力发展的客观要求和科技进步的必然结果，是不可逆转的时代潮流。改革开放40多年来，中国始终坚持对外开放基本国策，不断扩大对外开放，成为经济全球化的受益者和重要贡献者。

从第二个案例可以看出，互联网、大数据、云计算、人工智能的发展，既为服务外包企业依托自身技术优势支持制造企业转型升级提供了便利，也为服务外包企业创新业务提供了技术手段。因此，是科技支撑了苹果公司能够利用全球资源进行生产布局。由此可以得出，我们要坚持科技是第一生产力，人才是第一资源，创新是第一动力，为中国经济发展注入源源不断的活力。

经济全球化既提供了发展机遇，也可能带来安全隐患。我们要在国际商务活动中防范西方国家以尊重"人权""民主""自由"等借口，混淆是非，把中国思想界搞乱，或通过控制中国的知识分子来影响中国的决策，进而颠覆中国的政治制度和社会制度，以实现其"和平演变"的目的。

参考文献

[1] 进博会让中国大市场成为世界大机遇[N].人民日报,2022-05-13（5）.

[2] 人民网.用好进博会"金钥匙"共享中国更高水平对外开放[EB/OL].（2022-08-27）[2022-12-26].https://baijiahao.baidu.com/s?id=1742279154092019115&wfr=spider&for=pc.

[3] 王希,刘雨溪.创新为全球服务外包插上翅膀（环球热点）[N].人民日报（海外版）,2018-06-12（10）.

[4] 李士珍,曹渊清,杨丽君.警惕西方对我国的文化渗透[J].红旗文稿,

2018（5）：34-36.

[5] 张进财. 全面提高对外开放水平 [N]. 人民日报，2022-4-25（9）.

[6] 胡鞍钢. 对外开放是中国基本国策 [J]. 中国品牌，2018（7）：93.

[7] 红网. 振奋人心！党的二十大报告，治国方略增加的这些内容意义重大 [EB/OL].（2022-10-17）[2022-12-26].https：//baijiahao.baidu.com/s?id=1746869371991713760&wfr=spider&for=pc.

[8] 中国网. 习近平：坚定不移贯彻总体国家安全观，确保国家安全和社会稳定 [EB/OL].（2022-10-17）[2022-12-26].http://health.china.com.cn/2022-10/17/content_42138987.htm.

[9] 新华社. 坚持科技是第一生产力 人才是第一资源 创新是第一动力 [N]. 经济日报，2022-10-17（2）.

海外撤侨与中国政治制度的优越性

一、案例正文

案例1：利比亚撤侨事件

2022年国庆假期，电影《万里归途》的热映，再次点燃人们的爱国热情。这部电影是根据2011年利比亚大撤侨真实事件改编。据新华社报道，2011年初，利比亚内战爆发，局势很快失控。暴徒们疯狂袭击中国工地，利比亚的中企停产。当时，约有3万中国人在利比亚，中国政府决定启动国家一级响应，把在利比亚的中国公民一个不少地撤回来。

2011年2月22日，中共中央做出指示，外交部必须全力营救在利比亚的中国同胞，务必让数万中国同胞安全回家。中国外交部成为整个撤侨行动的总指挥部，同时，还要派出精干力量奔赴利比亚前线。派出去的人，必须在漫天硝烟中，把每一个中国同胞安全带回家。

自此，中国外交史上最大的撤侨行动开始了。但是，要撤离几万人谈何容易，战乱地区枪声四起，且交通工具匮乏，要一次性撤出几万人几乎不可能。本次行动成败的关键在于，使用什么样的装备将3万多人迅速撤出险境。经过外交部指挥人员分析，最可行的办法是走海路。当时约60%的中国同胞集中在利比亚靠北海岸线一带，从这里集中出发，可以保证大部分同胞相对安全地撤离。如果此时能够调集足够的船只，可以较快地把同胞们撤出利比亚。

外交部立刻联系了中远集团和中海运集团，调集了数艘船只赶往利比亚，包括"新福州"号、"新秦皇岛"号等数艘巨轮，这些超大型船只的出现为撤离中国侨民起到了重要作用。这些大船原本是运送货物的，现在则成为撤离数万同胞的生命之船。接到命令后，船只全速赶往利比亚解救同胞，与此同时，中国外交部还从希腊、马耳他租借船只，一起驶向利比亚，准备接应中国同胞撤离。后来，这些巨轮足足撤出1万多名中国同胞。

与此同时，中国人民解放军也在第一时间接到中央军委的命令，尽一切可能参与到利比亚撤侨行动。正在亚丁湾执行护航任务的解放军海军徐州舰，接到命令后向利比亚全速前进，争取用最短时间赶到目的地。这是中国历史上首次海军舰艇在远洋执行撤侨任务，意义十分重大。

徐州舰的出现不但可以为中国撤离侨民提供帮助，而且一旦出现威胁撤侨船只的情况，徐州舰也可以进行反击，可以说是本次撤侨行动的主心骨。后来，被困在米苏拉塔的中国同胞在撤离的民船上休息之际，突然有人一声高喊："看！那边有我们的军舰！"听到这句话，所有的中国同胞都从船舱里跑了出来，此时在他们附近的，正是中国海军徐州舰。军舰上挂着的"祖国欢迎你"的巨大红字标语，让所有在场的中国同胞热泪盈眶……

沿海的中国同胞是大多数，可以从海路迅速撤离，但在内陆地区的5000多中国同胞则被困在南部重镇塞卜哈。为了营救他们，中国政府想尽一切办法联系各国民航部门，请求包机撤离中国同胞。但是，利比亚已经陷入战乱，各国航空公司要么取消班机，要么迟迟不愿派飞机进入利比亚。愿意派出飞机的国家，能找到的飞机也少得可怜，根本没法完成解救中国同胞的任务。

最后，中央军委特别批准我军四架伊尔-76运输机前往塞卜哈，将滞留在此地的5000多名中国同胞撤离。外交部也紧急动员起来，向沿途各国办理军机过境手续。2011年2月28日清晨，解放军某师师长亲自带领四架伊尔-76运输机从乌鲁木齐机场起飞，经巴基斯坦、沙特阿拉伯、阿曼、苏丹、埃及等国飞向利比亚塞卜哈。最终，滞留在塞卜哈的5650人全部成功回到祖国。脱离险境后，有些人在下机时，激动地亲吻国旗和机身。

至此，中国外交史上最大规模的一次撤离行动结束，外交部向党中央和国务院汇报，整个撤离行动中，共35 860名中国同胞，全部成功撤离战乱中的利比亚，这是一个了不起的壮举。

这次行动中，中国政府共动用91架次中国民航包机、35架次外航包机、

12架次军机，租用外国邮轮11艘、国有商船5艘，军舰1艘，历时12天，成功撤离中国驻利比亚人员35 860人，还帮助12个国家撤出了2100名外籍公民，被认为是中国军事、经济、外交实力的一次全面展现。

案例2：也门撤侨事件

2018年风靡全国的电影《红海行动》中，中国海军在异国他乡解救人质、执行撤侨任务的情节，就是改编自2015年发生的真实事件。

2015年，也门安全局势急剧恶化。危急关头，中国公民的生命财产安全如何保障？祖国是坚强的后盾。习近平主席下令海军护航编队执行撤侨任务。3月27日，外交部领保中心迅速召开部级协调会，研判局势，制订方案。

接到撤侨任务后，正在亚丁湾海域的中国海军护航编队赶赴也门。40小时内，临沂舰在亚丁港外完成部署，潍坊舰、微山湖舰在红海荷台达港外集结，等待撤离人员到来。时间紧迫，困难重重：港口安全形势需要重新评估，后勤保障不确定，没有备用舱室和存库，撤离人数不定；如何办理进入亚丁港外交准入？中资机构和驻也门使馆迅速行动。危急之中，更见中也牢固友谊：军舰入港许可，需要军方很多人签字，接到中国使馆请求后，也门军方人士自己开车找到相关上级领导签字，当天办完许可证。撤离运送过程中，也门方面全力配合，235千米公路途经的9个检查站一路畅通。使馆的车队直接开到码头登舰。到4月6日，共撤出中国公民613人，协助15个国家279名外国公民安全撤离。

也门撤侨，是中国政府应有关国家请求开展的人道主义救援行动，也是一场坚定有力的国家行动，是对国家理念的一次生动诠释，充分体现了中国政府"以人为本"的理念和国际主义、人道主义精神，充分证明了党中央在国家安全方面决策的果断、精准、科学，彰显了负责任大国的能力与担当。

二、案例的思政元素

1. 中国政治制度的优越性

习近平总书记指出："有中国特色社会主义制度的显著优势，中国政治制度和治理体系在应对新冠肺炎疫情、打赢脱贫攻坚战等实践中进一步彰显了优越性，'中国之治'与'西方之乱'对比更加鲜明。"党的十八大以来，以习近平同志为核心的党中央统筹中华民族伟大复兴战略全局和世界百年未有之大变局，解决了许多长期想解决而没有解决的难题，办成了许多过去想办而没有办成的大事，推动党和国家事业取得历史性成就、发生历史性变革，积累了宝贵经验。一方面，我们必须清醒看到，当前，和平与发展的时代主题面临严峻挑战，百年变局和世纪疫情相互交织，经济全球化遭遇逆流，大国博弈日趋激烈，世界进入新的动荡变革期，既不太平也不安宁，国内改革发展稳定任务艰巨繁重。另一方面，我们也必须清醒看到，中国特色社会主义制度的显著优势，中国政治制度和治理体系的显著优越性是中国发展所具有的诸多战略性有利条件之一。

利比亚撤侨事件、打赢脱贫攻坚战、应对新冠肺炎疫情彰显了中国政治制度和治理体系的显著优越性。"凡将立国，制度不可不察也。"中国的政治制度和治理体系是以马克思主义为指导、植根中国大地、具有深厚中华文化根基、深得人民拥护的制度和治理体系，是党和人民长期奋斗、竭力探索、历尽千辛万苦、付出巨大代价取得的根本成就。党的十九届四中全会通过的《中共中央关于坚持和完善中国特色社会主义制度、推进国家治理体系和治理能力现代化若干重大问题的决定》，总结了中国特色社会主义制度和国家治理体系的显著优势。这些显著优势，是决定中国特色社会主义制度优越性和先进性的主要因素，是坚定中国特色社会主义道路自信、理论自信、制度自信、文化自信的基本依据。"玉瓷之石，金刚试之。"在利比亚撤侨、打赢脱贫攻坚战、应对新冠肺炎疫情等治国理政伟大实践中，中国特色社会主义制度的显著优势，中国政治制度和治理体系的显著优越性得到进一步彰显。

"听言不如观事，观事不如观行。"实践一再证明，中国特色社会主义制度所具有的显著优势，是抵御风险挑战、提高国家治理效能的根本保证。

"中国之治"与"西方之乱"对比更加鲜明。当前，世界正经历百年未有之大变局，新冠肺炎疫情全球大流行使这个大变局加速演变，两者深刻交织，不稳定不确定因素明显增多。曾长期被许多发展中国家奉为圭臬的西方资本主义制度弊病缠身、矛盾不断，欧美国家更是乱象频发。与"西方之乱"不同，中国制度无论是在平时还是在危急时刻都展现出强大的优越性和有效性，在经济发展和社会稳定上创造了史所罕见、世所罕见的奇迹。

2. 中国共产党时刻心系民众安危

我们党来自人民，根基和血脉在人民。为人民而生，因人民而兴，始终同人民在一起，为人民利益而奋斗，是我们党立党兴党强党的根本出发点和落脚点。2020年5月22日，习近平总书记在参加十三届全国人大三次会议内蒙古代表团审议时，对"坚持人民至上"做出深刻阐释。党的十九届六中全会审议通过的《中共中央关于党的百年奋斗重大成就和历史经验的决议》，把"坚持人民至上"概括为党百年奋斗的十条历史经验之一，揭示了我们党永葆旺盛生命力和强大战斗力、始终立于不败之地的成功密码。在党的二十大报告中，习近平总书记又一次强调，必须坚持人民至上。党的十八大以来，以习近平同志为核心的党中央坚持人民至上、紧紧依靠人民、不断造福人民、牢牢植根人民，始终把人民放在心中最高位置，描绘出"以人民为中心"的时代画卷。

"我的执政理念，概括起来说就是：为人民服务，担当起该担当的责任。"2014年2月7日，习近平总书记在俄罗斯索契接受俄罗斯电视台专访时这样回答主持人的提问。党的十八大以来，以习近平同志为核心的党中央始终坚持、不断发展、全面贯彻人民至上的价值理念，深刻回答了"我是谁、为了谁、依靠谁"这一系列根本性问题。关于"我是谁"，总书记指出，"人民立场是中国共产党的根本政治立场，是马克思主义政党区别于其他政党的显著标志"，"江山就是人民、人民就是江山，打江山、守江山，守的是人民的心"。关于"为了谁"，总书记强调，"为人民谋幸福，是中国共产党人的初心。我们要时刻不忘这个初心，永远把人民对美好生活的向往作为奋斗目标"，"我们追求的发展是造福人民的发展，我们追求的富裕是全体人民共同富裕"，"全党同志要从党的百年奋斗史中不断体悟初心使命，贯彻好以人民为中心的发展思想，矢志不渝为实现中华民族伟大复兴而奋斗"。关于"依靠谁"，总书记强调，"人民是我们党执政的最深厚基础和最大底气"，"人民是历史进步的真正动力，群众是真正的英雄"，"共产党做事的一个指导思想就是尊重群众首创精神"这一系列重要论述，丰富和发展了马克思主义人民主体思想，展示了总书记的人民情怀，体现了中国共产党的理想信念、性质宗旨、初心使命，为新时代始终坚持人民至上提供了根本遵循。

三、案例的使用说明

（一）教学目标

本案例适用于国际商务及国际商务政治环境的知识点教学。

1. 知识目标

理解概念：国际商务政治风险、国际商务政策风险。

掌握知识：国际商务环境构成要素、政治风险的表现形式。

2. 能力目标

系统观察能力：使学生能够根据东道国政治制度特点、政局变化趋势、与周边国家的关系等，通过系统观察，综合判断企业在该国商务活动的政治风险程度。

全面认知能力：使学生能够根据国际和地区国际商务政治环境变化情况，以及东道国政治和政权结构，结合相关学科知识，全面认知一国政治环境及其发展趋势。

理性分析能力：使学生能够根据一国政治环境情况，以及影响其变化的各项指标的变化，运用科学的方法，理性分析和预测该国政治风险等级，提出有效的规避政治风险的建议。

3. 素质目标

良好的思想政治素质：通过国际商务政治环境的相关案例分析，加深对中国社会主义核心价值观和中国政治制度的优越性的认同，提高学生的思想政治素质。

专业的职业技能素质：通过师生共同分析国际商务政治环境的相关案例，提高学生政治风险敏感度，掌握基本的分析一国政治环境的方法与技能。

自主学习与知识更新素质：根据教师的专业知识讲解和案例分析，参考相关教辅资料，能够进一步自主学习，拓展专业知识面，达到举一反三的目的。

（二）教学过程

1. 课前准备

（1）学生需要预习国际商务中国际商务政治环境中的一国政治制度、政党制度、政治风险、政策风险，以及政治风险与政策风险的关系等相关知识。

（2）授课教师根据学生对国际商务政治环境构成要素与政治风险的掌握情况，将结合案例设计的讨论题提前下发给学生，并对学生进行分组。要求每组学生自行分工，查阅相关资料，写讲稿和制作课堂案例分析的 PPT 课件，小组内学生要在课前进行讲解练习，进一步完善讲稿和 PPT 课件。

2. 讲授理论知识

（1）国际商务政治环境的构成要素。

（2）一国政治制度及主要内容。

（3）一国政党制度、选举制度。

（4）集权主义与极权主义的区别。

（5）政治风险、政策风险的表现形式及二者之间的关系。

（6）一国商务政治环境与国际商务活动的影响。

（三）案例分析要点

1. 启发思考题

（1）如何解读中国政府不计代价快速撤侨的行为？

（2）从事国际商务活动的企业为什么要研究国际政治环境？

2. 分析思路

（1）如何解读中国政府不计代价快速撤侨的行为？

案例分析知识点：政治制度、政党制度、集权主义。

案例分析思路：引导学生从中国政权组织形式、国家结构形式、政党制度及选举制度等一国政治制度组成内容，来分析中国政府和执政的中国共产党不计代价行为背后的合理逻辑。

参考答案：

从事件起因看：这类突发性的灾难性事件对中国在外公民的人身和财产安全产生严重的威胁。而中国政府是人民的政府，始终把人民放在第一位，不允许中国公民在国外受到任何的人身财产安全威胁。

从事件过程看：中国在利比亚撤侨事件中主要体现了三个"第一次"，即第一次大规模动用民航飞机、租用外国游轮和飞机，第一次采用海陆空联动的撤离方式，第一次采用将人员摆渡至第三国再撤回国的方式。

从事件结果看：中国不计代价从利比亚撤侨对国内和国际都产生了深远的影响。对于国内的影响体现在两个方面，一是保障了中国人民的生命财产安全，增强了中国人民的爱国信心；二是让开展国际商务活动的中国企业吃下了"定心丸"，中国政府会坚定不移地为中国公民的生命和财产安全保驾护航。对国际的影响主要表现也体现在两个方面，一是使他国认识到中国是一个真正强大、有实力、有影响力的国家；二是使外国企业看到了社会主义制度的优越性，中国政府的执行力和应对突发性危机的能力，能够增强外商来中国投资的信心。

（2）从事国际商务活动的企业为什么要研究国际政治环境？

案例分析知识点：国际政治环境的构成因素、国际政治环境对国际商务活动的影响。

案例分析思路：从国际政治环境的内涵、构成要素、具体表现形式，分析国际政治环境对国际商务活动的影响。

参考答案：

根据案例内容，利比亚政局动荡对在当地工作和生活的中国人和中国企业造成严重威胁,中国政府采取了紧急撤侨行动,保障了中国公民生命安全。从利比亚政局动荡对中国人和中国企业的影响中可以看出,一国政治环境变化对国际商务活动将产生重大影响。

分析一国与其他国家或国际组织间的关系对国际商务活动的影响可以从以下四个方面入手:一是当企业所属母国与企业进入的东道国产生摩擦甚至形成对抗关系后,东道国对企业所属母国的态度影响着企业国外分公司的经营情况;二是国际合作组织或区域性合作组织的协议或规定会影响成员与非成员国之间的商务活动;三是一国在国际组织中的地位对国际关系和行为方式产生影响,进而影响企业国际商务活动;四是国家之间签订的双边或多边协议对成员国国际商务活动有很大影响。

一国国内政治环境对国际商务活动的影响体现在以下两个方面:一是政府类型和政治体制会影响参与国际商务活动的外国企业进入该国所持有的态度与立场,外来企业需要分清该政府的政策是开放还是保守,执政党是否支持外国企业在本地发展;二是一国政治环境的稳定性对在该国从事商务活动的外资企业产生直接影响,因此,企业在进入东道国市场之前,要客观评估东道国的政治环境稳定性以及东道国政治环境变化可能带来的风险与损失。

(四)教学组织实施

用1课时简要梳理案例中涉及的国际商务政治环境构成因素,国际商务政治与政策风险的表现形式以及如何分析一国商务政治环境变化对企业经营的影响,引入案例讨论思考题,由学生主导、教师辅助进行1课时案例讨论。具体教学组织安排如下所示。

学习阶段	学习内容	时间限制	学习目标
课前	对学生分组,要求学生根据之前下发的案例思考题,进一步查阅国际商务政治环境涉及的相关资料,预习指定的国际商务政治环境分析的相关知识。	课前5天	了解国际商务政治环境构成要素及变化趋势及对一国企业从事国际商务活动的双重影响;通过课前的资料搜集、小组研讨,提高学生团队协作能力。

续　表

学习阶段	学习内容	时间限制	学习目标
课中	知识讲解：讲授案例涉及的国际商务政治环境的知识点，提炼和融入案例呈现的思政元素；通过设计的思考题，引入案例内容。	45分钟	掌握与分析一国商务政治环境相关的知识、方法和理论依据。
	小组分享：各组根据分配的思考题，以PPT课件为主，辅助黑板，分享本组对案例思考的观点。	30分钟（每组5分钟）	学会从不同视角分析同一问题；加深对案例内容及涉及知识点的理解。
	自由讨论：所有学生根据各小组分享的内容进行自由讨论、补充分析、质疑及答疑。	10分钟	提高学生表达能力、独立思考能力、提出问题能力。
	教师总结：结合案例内容和思考题设定的目的，点评各小组学生分享观点，总结各组从材料准备、PPT制作、讲解中值得学习的地方。	5分钟	引导学生学会从国家领导人更迭、反对势力的力量、种族和宗教冲突等方面来判断一国商务环境的稳定性。
课后	自主学习：要求学生持续关注国际商务政治环境的变化趋势，结合所学知识，从专业角度思考与分析目前国际商务政治环境对中国企业从事国际商务活动的影响。		巩固已学的国际商务政治环境相关知识和理论，拓展国际商务环境研究范围，提高研究国际商务环境的能力。

（五）总结

利比亚撤侨事件，一方面充分体现了中国政治制度的优越性，中国共产党时刻心系民众安危执政方针；另一方面也体现了中国作为世界大国的能力与责任，与西方其他国家的做法形成了鲜明的对比，增强了中国的国际影响力。无论是2011年的利比亚撤侨，还是2020年初暴发的新冠肺炎疫情，中国政府在面对类似的突发性危机（事件）时，均表现出强大的凝聚力、执行力和危机处理能力，使外国企业既看到了中国的强大，中国政府的担当，也看到了中国政治环境的稳定性，增强了外国企业来华投资的信心。

参考文献

[1] 郭歆.军舰、战机出动！真实的利比亚撤侨，有多惊险？[EB/OL].（2022-10-11）[2022-12-26].https://mp.weixin.qq.com/s/oMcsOgV4UOk

46hpdDaXr2g.

[2] 李文滔.电影《万里归途》热映对话亲历利比亚撤侨的成都小伙：看到徐州舰就心安了[EB/OL].（2022-10-13）[2022-12-26].https://baijiahao.baidu.com/s?id=1746576596919655971&wfr=spider&for=pc.

[3] 共产党员网.《百炼成钢·党史上的今天》3月29日[EB/OL].（2021-03-29）[2022-12-26].https://www.12371.cn/2021/03/29/VIDE161702244021 2625.shtml.

[4] 林建华.中国特色社会主义制度的显著优势[J].红旗文稿，2022（7）：22-24.

[5] 教育部习近平新时代中国特色社会主义思想研究中心.始终把人民放在心中最高位置[EB/OL].（2022-10-17）[2022-12-26].http://www.qstheory.cn/dukan/qs/2022-10/17/c_1129067936.htm.

改革开放以来中国人口政策变迁

一、案例正文

人口问题一直是人类社会面临的基础性、全局性、长期性和战略性问题。人口生育政策是一个国家为了调整本国人口存量，以及人口总量增长过快或过慢而采取的对人们生育行为、生育理念以及生育环境进行干预的政策措施，其本质是为了通过对人口内在结构的调整使国家的人口总量、人口出生率等指标保持在合理的区间，以实现人口长期均衡发展，从而确保社会经济的可持续健康运转。改革开放以来，中国人口政策根据社会发展的阶段性特征经过多次战略调整，经历了"提倡只生一个""开小口、堵大口""双独二孩""单独二孩""全面二孩""全面三孩"的历史变迁。

1. 1978—2012年：以"一胎"为基调的计划生育

1978年，第五届全国人民代表大会第一次会议通过的《中华人民共和国宪法》第五十三条规定"国家提倡和推行计划生育"。计划生育第一次以法律形式载入中国宪法。同年，中央下发《关于国务院计划生育领导小组第一次会议的报告》，明确提出"提倡一对夫妇生育子女数最好一个，最多两个"。1980年，中共中央发表《关于控制中国人口增长问题致全体共产党、共青团员的公开信》，启动了以一胎化为基调的计划生育政策。公开信在表述上仅"提倡一对夫妇只生育一个孩子"。1982年，在党的十二大会议中，确定"计划生育"政策为中国基本国策，并在12月《中华人民共和国宪法》中确立了计划生育的法律地位，增强了该项政策的执行力度。同年，在《中共中央、国务院关于进一步做好计划生育工作的指示》中，提出照顾农村独女户生育二胎。1984年，中央批转国家计生委党组《关于计划生育工作情况的汇报》，提出"对农村继续有控制地把口子开得稍大一些，按照规定的条件,经过批准,可以生二胎;坚决制止大口子,即严禁生育超计划的二胎和多胎",即"开小口、堵大口"。至此,中国计划生育政策经过多年的实践、讨论、修改,进入了相对稳定时期,以城市"一孩"、农村"一孩半"为基本特征的新时期中国人口政策,就这样稳定下来。十余年来,人口控制成效更加显著,人口增长速度大幅下降,"人口爆炸"引信拆除;由于经济社会发展、生活水平提高,加上长期政策效应,人们生育观念发生了积极转变,人口政策实施难度降低。

2000年,中共中央国务院颁布《关于加强人口与计划生育工作稳定低生育水平的决定》,强调"控制人口数量、稳定当前生育水平、实现人口由数量到质量的转变"。在提升人口素质的同时,中国计划生育政策也逐步放松了对个体生育行为的限制,2002年施行的《中华人民共和国人口与计划生育法》明确规定,国家稳定现行生育政策,鼓励公民晚婚晚育,提倡一对夫妻生育一个子女;符合法律、法规规定条件的,可以要求安排生育第二个子女。根据各省实际情况,计划生育政策逐步放松,2011年,中国全部省份全面实施"双独二孩"政策。

2. 2013—2021年:"单独二孩"和"全面二孩"政策

从允许"双独二孩"到"单独二孩"再到"全面二孩",中国人口生育政策逐步在回归自主,并通过积极构建有利于激励人们生育意愿的政策体系和机制来引导人们的生育行为与政策预期接近或者吻合。2013年,十八届三中全会审议通过《中共中央关于全面深化改革若干重大问题的决定》。决定提出,坚持计划生育的基本国策,启动实施一方是独生子女的夫妇可生育两个孩子的政策,逐步调整完善生育政策,促进人口长期均衡发展。2015年,习近平总书记在《中共中央关于制定国民经济和社会发展第十三个五年规划的建议》中,首次提到"少子化""适龄人口生育意愿明显降低""总和生育率明显低于更替水平",并将"14岁以下人口比重低于世界平均水平"和"劳动年龄人口开始绝对减少"列为人口安全挑战。同年,十八届五中全会决定,坚持计划生育的基本国策,完善人口发展战略,全面实施一对夫妇可生育两个孩子政策,积极开展应对人口老龄化行动。2016年,正式实施"全面二孩"政策，计划生育的表述在各种官方文件中逐步淡出。2018年，国务院机构改革不再保留国家卫生和计划生育委员会，组建国家卫生健康委员会，生育政策再次放松。

3. 2021年至今：生育政策松绑

2021年，中共中央政治局审议《关于优化生育政策促进人口长期均衡发展的决定》并提出"一对夫妻可以生育三个子女政策"；此外，围绕"三孩政策"出台了一系列配套支持措施；同年，国家医疗保障局办公室发布《关于做好支持三孩政策生育保险工作的通知》，旨在确保政策顺利实施并达到政策预期目标。

进入21世纪，人们生儿育女的约束条件发生了深刻的变革，中国社会经济取得了飞速发展。物质和精神生活的极大丰富不断形塑着人们的生育观念，传统的"多子多福""养儿防老"等思维已经被"优生优育"等观念逐渐取代。随之出现中国人口结构的快速老龄化现象以及男女性别比失衡成为中国人口政策调整面临的重大问题。在这样的场景下，中国人口生育政策从"双独二孩""单独二孩"到"全面二孩"再到"全面三孩"，逐步进入人口生育行为的松绑状态。与此同时，通过生育、教育、住房、养老等一系列协同政策机制的构建来调整人口结构与人口规模，使其更好地与当前的社会经济条件相契合。

目前中国正面对着从人口数量大国到人口质量强国转变的重大战略机遇时期，在遵循国情民情的基础上，实施宽松化的人口政策并与之相应的配套政策，充分将人力资源转化为社会经济发展的重要推动力，把握好人口发展的契机，积极应对持续的低生育率风险，为建设新时代具有中国特色的社会主义强国提供良好的人口环境。

二、案例的思政元素

1. 正确理解中国社会主义发展的阶段性特征

建设中国特色社会主义，必须坚持一切从中国实际出发。一个国家的实际是多方面的，包括社会性质、生产力水平、政治结构、文化传统、发展趋势等多个方面，但最大的实际是本国的历史方位即社会发展阶段。准确把握当代中国的历史方位，正确认识中国社会所处的发展阶段，是建设中国特色社会主义的首要问题，是制定和执行正确的路线、方针、政策的根本依据，也是制定国家中长期发展战略的根本前提。

20世纪70年代末80年代初，中国人口政策面临着"人口控制迫在眉睫"的现实需要。当时的人口形势十分严峻：总量从1970年的8亿增长到1980年的10亿，10年增长2亿，形成第三次人口高峰。人口规律表明，"人口高峰一旦出现，就不得不需要经过两三代人的时间才能逐步缓解"，"人口多，底子薄，耕地少"的基本国情更显突出，"在生产还不够发展的条件下，吃饭、教育和就业就都成为严重的问题"，这引起邓小平同志的高度重视，反复强调要"限制人口增长"。由此，采取果断措施遏止住人口数量过快增长的势头，实是当务之急。计划生育政策在控制人口规模过快增长问题中起到了关键作用，使中国以发展中国家身份进入低生育水平国家行列。

计划生育政策是一项长期战略，并不是一成不变的，而是随着中国社会发展的实际情况进行调整。2000年以后，人口政策稍有放松。群众的生育观念、经济条件和受教育程度有了明显改善，人口数量问题得到大幅缓解，更加强调人口质量的重要性。2010年后，中国经济水平大幅提升，然而人口出生率持续下滑，此时严格的人口政策已经不适合中国国情，生育政策逐步放松，人口政策从"单独二孩"到"全面二孩"再到"全面三孩"的转变，都体现了中国从发展的阶段性特征出发制定和调整政策的特点。

2. 事物都具有两面性，应该全面地、辩证地看问题

中共中央总书记习近平在主持中共中央政治局第二十次集体学习时指出，辩证唯物主义是中国共产党的世界观和方法论，我们党要团结带领人民实现中华民族伟大复兴的中国梦，就必须不断接受马克思主义哲学智慧的滋养，学会用辩证方法去观察处理实际问题，增强辩证思维能力，提高解决中国改革发展基本问题的本领。

回顾中国人口的发展历程，也需要全面地、辩证地看待计划生育政策的

影响。一方面，在中国改革开放初期，人口激增，经济基础薄弱，计划生育政策稳定了中国人口的生育水平，促进了人口稳定发展，提高了中国的人口素质，对中国人民整体生活水平和经济水平的提升有着积极作用。另一方面，紧缩性人口政策通过限制家庭生育子女数量大大降低了人口出生率，使中国生育率持续下跌，劳动力供给不足，整体加速迈入中高度老龄化社会，使中国社会经济、文化科技等方面的长远发展面临着更大的压力。

3. 一切以实际出发，实事求是

2022年2月25日，中共中央政治局就中国人权发展道路进行第三十七次集体学习。习近平总书记在主持学习时肯定了中国人权事业取得的历史性成就，总结了我们党团结带领人民尊重和保障人权的成功经验，对更好推动中国人权事业发展做出重要部署。"中国开启了全面建设社会主义现代化国家、向第二个百年奋斗目标进军的新征程，我们要深刻认识做好人权工作的重要性和紧迫性，坚定不移走中国人权发展道路，更加重视尊重和保障人权，更好推动中国人权事业发展。"

习近平总书记强调，人权是历史的、具体的、现实的，不能脱离不同国家的社会政治条件和历史文化传统空谈人权。一切从实际出发，实事求是，评价一个国家是否有人权，不能以别的国家标准来衡量，更不能搞双重标准，甚至把人权当作干涉别国内政的政治工具。要把握战略主动，着力讲好中国人权故事，运用形象化、具体化的表达方式，增强当代中国人权观的吸引力、感染力、影响力。

在推进中国人权事业发展的实践中，我们把马克思主义人权观同中国具体实际相结合、同中华优秀传统文化相结合，总结我们党团结带领人民尊重和保障人权的成功经验，借鉴人类优秀文明成果，走出了一条顺应时代潮流、适合本国国情的人权发展道路：坚持中国共产党领导；坚持尊重人民主体地位；坚持从中国实际出发；坚持以生存权、发展权为首要的基本人权；坚持依法保障人权；坚持积极参与全球人权治理。

三、案例的使用说明

（一）教学目标

本案例适用于国际商务及国际商务人口环境的知识点教学。

1. 知识目标

掌握知识：一国人口环境构成要素、人口环境变化对企业从事国际商务活动的影响。

掌握理论：人口增长理论、人口转变理论、适度人口理论。

熟悉政策：中国不同时期的人口政策。

2. 能力目标

辩证思维能力：通过梳理中国不同时期的人口政策及这些政策制定的背景和目标，引导学生以动态发展的眼光来观察问题和分析问题，提高学生的辩证思维能力。

学以致用能力：围绕案例提供的材料和对应课程知识点，设置从知识掌握到能力提升的相关问题，引导学生将课堂学习的有关人口环境、人口政策、人口理论等相关内容，用于分析案例思考题，提高学生学以致用的能力。

3. 素质目标

建立政策自信：结合国情，深度理解新中国成立以来中国在不同阶段采取的人口政策的背景与政策目标，从中国 70 多年人口政策演进与经济发展的关系，科学评价中国人口政策合理性，不盲从、不偏信。

树立大局观念：培养学生眼界宽广，从整体利益视角来观察事物和认识事物，既不要纠结局部利益，也不要面面俱到。结合当时的中国国情，从长远和整体利益来看待中国人口政策实施的效果和存在的瑕疵。

（二）教学过程

1. 课前准备

（1）学生需要预习国际商务中社会文化环境的相关知识，对人口环境的构成指标、世界人口变化趋势、各项人口环境指标对国际商务活动的影响有完整的认识。

（2）授课教师根据学生对一国社会文化环境特别是一国人口环境的相关知识点的掌握情况，将结合案例设计的讨论题提前下发给学生，并对学生进行分组。要求每组学生自行分工，查阅相关资料，写讲稿和制作课堂案例分析的 PPT 课件，小组内学生要在课前进行讲解练习，进一步完善讲稿和 PPT 课件。

2. 讲授理论知识

（1）人口环境的构成指标和世界人口变化趋势。

（2）人口理论：人口增长理论、人口转变理论、人口适度理论等。

（3）人口总量、增长率、年龄结构等对国际商务活动的影响。

（4）人口的民族构成、宗教信仰及对国际商务活动的影响。

（5）一国居民的受教育程度、家庭结构对国际商务活动的影响。

（6）人口的地理分布与地区移动对国际商务活动的影响。

（三）案例分析要点

1. 启发思考题

（1）一国人口政策对企业从事国际商务活动有什么影响？

（2）从经济学的角度解读新中国成立以来中国人口政策的变化。

2. 分析思路

（1）一国人口政策对企业从事国际商务活动有什么影响？

案例分析知识点：人口政策、人口环境构成指标、人口环境各项因素变动对国际商务活动的影响。

案例分析思路：引导学生结合中国不同时期的人口政策目标和政策内容，分析人口政策对企业从事国际商务活动的影响。

参考答案：

人口政策是一个国家根据本国人口增长过快或人口停止增长乃至出现负

增长而采取的相应的政策措施。一国人口政策一般应包括四部分内容：调节人口自然增长政策、国内人口迁移政策、人口分布政策、国际移民政策。人口政策是一个国家社会经济政策体系中的重要组成部分，它在生产、经济发展、资源利用、生态循环中起重要作用，因而每个国家都力求制定一个符合本国实际的、反映客观规律的人口政策。

人口政策对人口规模、人口增长率、人口分布、人口年龄结构等有直接影响，而这些因素又会对国际商务活动的经营环境造成影响。

1）人口规模。人口规模是企业确定市场潜量的一个依据。一个国家的市场规模与其人口总数成正比。目前，全世界的人口正在不断增长中，那么企业可进行国际商务活动的国际市场规模也在不断扩大。

2）人口增长率。人口增长率是企业预测市场规模增长的依据之一。一方面，人口增长意味着需求的增长，商品的消费量增加，市场规模随之扩大；另一方面，人口增长如果超过了收入增长，就会导致人均收入下降，市场吸引力降低，进而影响进行国际商务活动。

3）人口分布。人口密度对于企业评估分销渠道和运输问题是很重要的。人口密度高的市场，分销点可以少设而且集中，从而降低了企业销售的成本。

4）人口年龄结构。目前许多国家都面临着人口老龄化的问题，这使与"银发消费"有关的商品如医药、保健用品、眼镜、助听器等老年人用品的需求迅速增加，甚至还会带来营销组合策略上的新突破，如开发老年邮购和上门服务，为老年人提供廉价、优质服务等。

一国人口环境虽然是国际商务活动环境的次级影响因素，但企业通过对一国人口政策的分析，能够更有效地进行市场预测，掌握未来消费者的倾向，从而制定适合本企业从事国际商务活动的经营战略及策略。

（2）从经济学的角度解读新中国成立以来中国人口政策的变化。

案例分析知识点：人口理论、人口政策、要素禀赋。

案例分析思路：引导学生将根据不同时期中国经济发展面临的具体国情，以相关经济学理论为依据，科学评价中国人口政策变化的原因和结果。

参考答案：

从时间轴我们可以看出新中国成立以来人口政策的变化，大致可以分成三个阶段：从鼓励生育到计划生育再到现在的二孩和三孩政策，其中计划生育被分成了三个时期。

新中国成立时到1957年中国主要是鼓励生育政策时期。新中国成立之初中国人口为4亿人，为了恢复农业生产和发展工业化提供劳动力，再加上借鉴苏联鼓励人口增长的政策，实行了鼓励生育的政策。鼓励生育政策带来的丰富农业和工业劳动力，一方面保证了粮食的供给，有助于解决中国人的基本温饱问题；另一方面为工业发展提供了持续多年的人口红利，发展劳动密集型产业具有成本优势，使中国成为"世界工厂"和"世界制造业中心"。

1958年到1969年是计划生育思想复苏但人口仍持续快速增长时期，到1970年人口增加到8亿左右。1970年以后是计划生育政策的调整和完善阶段，"晚、稀、少"人口政策开始执行。1980年，国务院又调整了计划生育政策，除人口稀少的少数民族地区外，全国不分城乡地推行独生子女政策。1991年中国计划生育政策正式形成。

计划生育作为新中国成立以来实行时间最长的人口政策，给我们的经济生活带来了众多的影响：第一，缓解人口过快增长的压力；第二，优化资源配置，提高人均资源水平；第三，为产业升级准备了高素质人才；第四，人口老龄化现象逐步显现。并且随着时间的推移人口老龄化带来的负面影响愈发严重。

到2013年，由于中国生育水平稳中趋降，人口结构性问题突出，社会养老保险缺口较大。中国决定实施"单独二孩"政策，这一政策可以扩大消费需求，有效逆转市场供过于求的局面，可以明显提高婴儿和儿童消费品和服务的需求；延长人口红利周期，促进劳动年龄人口比例上升；缓解中国人口结构的老化，提高经济增长的潜力，在一定程度上缓解养老金缺口。

随着经济的发展，物质极大丰富，人们的生育意愿降低。在开放"单独二孩"后，出生率并没有得到显著的提高。所以国家先后出台了"全面二孩"政策和"全面三孩"政策。这两项人口政策的陆续实施也带来一些与政策目标有出入的问题。1）农村女性是三孩政策的主力军。国家放开二孩主要是提倡一些有能力有意愿的家庭生育二孩，但事与愿违，实际上是主要是一些农村没有养育条件的家庭在生育二孩。2）生育风险较大。一是孕妇生育风险，二是企业中如果所有适孕的女性全部去生二孩会导致职位的空缺，不利于企业稳定。3）生养成本有待降低。从怀孕到养育一个孩子长大直至其具有自立能力，必须付出巨大的成本，而就目前的福利政策来说，一个三胎家庭是压力巨大的，所以我们的相关社会保障应该推进。

（四）教学组织实施

用1课时简要梳理案例中涉及的人口环境构成要素、人口环境因素变动对企业从事国际商务环境的影响、一国人口政策的目标与内容，引入案例讨论思考题，由学生主导、教师辅助进行1课时案例讨论。具体教学组织安排如下表所示。

学习阶段	学习内容	时间限制	学习目标
课前	对学生分组，要求学生根据之前下发的案例思考题，查阅相关资料，预习相关知识。	课前5天	了解中国人口政策变迁背景、理论依据及带来的问题；通过小组作业提高学生团队协作能力和集体主义精神。
课中	知识讲解：讲授案例涉及的人口环境及对企业从事国际商务活动的相关知识点，提炼和融入案例呈现的思政元素；通过设计的思考题，引入案例内容。	45分钟	熟悉新中国成立以来特别是改革开放以来的人口政策变化情况及政策变迁的理论依据。
	小组分享：各组根据分配的思考题，以PPT课件为主，辅助黑板，分享本组对案例思考的观点。	30分钟（每组5分钟）	学会从不同视角分析同一问题；加深对案例内容及涉及知识点的理解。
	自由讨论：所有学生根据各小组分享的内容进行自由讨论和补充分析。	10分钟	提高学生独立思考能力、文字表达能力、语言表达能力。
	教师总结：结合案例内容和思考题设定的目的，点评各小组学生分享观点，总结各组从材料准备、PPT制作、讲解中值得学习的地方。	5分钟	引导学生学会运用所学国际商务环境相关的知识分析和解决中国企业从事国际商务活动面临的问题。

续 表

学习阶段	学习内容	时间限制	学习目标
课后	自主学习：要求学生持续关注国际商务环境特别是东道国社会文化环境演进情况，结合所学知识，从专业角度思考与分析一国人口环境变化对在该国经营的企业影响。		巩固已学的国际商务环境相关知识，提升分析问题能力。

（五）总结

改革开放以来，中国人口政策经历了由紧缩到宽松的转变，这种长期战略的调整是以中国经济状况为基础的。改革开放初期，紧缩的计划生育政策针对飞速增长的人口规模和薄弱的社会经济基础无疑是一剂良药，使经济发展速度和生活水平大幅提升。21世纪后，生育率得到有效控制，人口问题重心从数量向质量转移，人口政策也逐步放松，生育率维持在较低水平；目前，中国面临着劳动力供给不足和老龄化严重的社会问题，人口政策转为鼓励生育，为将来的经济增长提供动力。人口政策实际上是根据中国发展的实际情况制定、调整和修改的。人口为中国的生产市场提供劳动力，为消费市场提供需求，一国的人口政策对国际商务环境产生了多方面的影响。

参考文献

[1] 马红鸽，贺晓迎.建党百年来中国共产党人口生育政策变迁及其启示[J].西安财经大学学报，2021（5）：29-38.

[2] 李琦.改革开放以来中共人口决策历程考察[J].中共党史研究，2013（2）：20-32.

[3] 坚定不移走中国人权发展道路 习近平强调"六个坚持"[EB/OL].（2022-02-27）[2022-12-26].http://www.qstheory.cn/qshyjx/2022-02-27/c_1128420110.htm.

众志成城：打赢新冠肺炎疫情防控的人民战争

一、案例正文

案例1：《习近平：在全国抗击新冠肺炎疫情表彰大会上的讲话》节选

2020年9月8日，全国抗击新冠肺炎疫情表彰大会在北京人民大会堂隆重举行。中共中央总书记、国家主席、中央军委主席习近平在大会上发表重要讲话。

新冠肺炎疫情是百年来全球发生的最严重的传染病大流行，是新中国成立以来中国遭遇的传播速度最快、感染范围最广、防控难度最大的重大突发公共卫生事件。

面对突如其来的严重疫情，党中央统揽全局、果断决策，以非常之举应对非常之事。党中央坚持把人民生命安全和身体健康放在第一位，第一时间实施集中统一领导，中央政治局常委会、中央政治局召开21次会议研究决策，领导组织党政军民学、东西南北中大会战，提出坚定信心、同舟共济、科学防治、精准施策的总要求，明确坚决遏制疫情蔓延势头、坚决打赢疫情防控阻击战的总目标，周密部署武汉保卫战、湖北保卫战，因时因势制定重大战略策略。

面对突如其来的严重疫情，中国人民风雨同舟、众志成城，构筑起疫情防控的坚固防线。武汉和湖北是疫情防控阻击战的主战场，武汉胜则湖北胜、湖北胜则全国胜。一方有难，八方支援。我们举全国之力实施规模空前的生命大救援，用10多天时间先后建成火神山医院和雷神山医院、大规模改建16座方舱医院、迅速开辟600多个集中隔离点，19个省区市对口帮扶除武汉以外的16个市州，最优秀的人员、最急需的资源、最先进的设备千里驰援，在最短时间内实现了医疗资源和物资供应从紧缺向动态平衡的跨越式提升。各行各业扛起责任，国有企业、公立医院勇挑重担，460多万个基层党组织冲锋陷阵，400多万名社区工作者在全国65万个城乡社区日夜值守，各类民营企业、民办医院、慈善机构、养老院、福利院等积极出力，广大党员、干部带头拼搏，人民解放军指战员、武警部队官兵、公安民警奋勇当先，广大科研人员奋力攻关，数百万快递员冒疫奔忙，180万名环卫工人起早贪黑，新闻工作者深入一线，千千万万志愿者和普通人默默奉献……全国人民都"为热干面加油"！"武汉必胜、湖北必胜、中国必胜"的强音响彻中华大地。武汉人民、湖北人民识大体、顾大局，不畏艰险、顽强不屈，自觉服从疫情防控大局需要，主动投身疫情防控斗争，为阻断疫情蔓延、为全国抗疫争取了战略主动，作出了巨大牺牲和重大贡献！

面对突如其来的严重疫情，中国同世界各国携手合作、共克时艰，为全球抗疫贡献了智慧和力量。我们本着公开、透明、负责任的态度，积极履行国际义务，第一时间向世界卫生组织、有关国家和地区组织主动通报疫情信息，第一时间发布新冠病毒基因序列等信息，第一时间公布诊疗方案和防控方案，同许多国家、国际和地区组织开展疫情防控交流活动70多次，开设疫情防控网上知识中心并向所有国家开放，毫无保留同各方分享防控和救治经验。我们在自身疫情防控面临巨大压力的情况下，尽己所能为国际社会提供援助，宣布向世界卫生组织提供两批共5000万美元现汇援助，向32个国家派出34支医疗专家组，向150个国家和4个国际组织提供283批抗疫援助，向200多个国家和地区提供和出口防疫物资。从3月15日至9月6日，中国总计出口口罩1515亿只、防护服14亿件、护目镜2.3亿个、呼吸机20.9万台、检测试剂盒4.7亿人份、红外测温仪8014万件，有力支持了全球疫情防控。我们倡导共同构建人类卫生健康共同体，在国际援助、疫苗使用等方面提出一系列主张。中国以实际行动帮助挽救了全球成千上万人的生命，以实际行动彰显了中国推动构建人类命运共同体的真诚愿望！

案例2:《习近平：坚定信心勇毅前行共创后疫情时代美好世界》节选

国家主席习近平2022年1月17日在北京出席2022年世界经济论坛视频

会议并发表题为《坚定信心勇毅前行共创后疫情时代美好世界》的演讲。

当今世界正在经历百年未有之大变局。这场变局不限于一时一事、一国一域，而是深刻而宏阔的时代之变。时代之变和世纪疫情相互叠加，世界进入新的动荡变革期。如何战胜疫情？如何建设疫后世界？这是世界各国人民共同关心的重大问题，也是我们必须回答的紧迫的重大课题。

"天下之势不盛则衰，天下之治不进则退。"世界总是在矛盾运动中发展的，没有矛盾就没有世界。纵观历史，人类正是在战胜一次次考验中成长、在克服一场场危机中发展。我们要在历史前进的逻辑中前进、在时代发展的潮流中发展。要善于从历史长周期比较分析中进行思考，又要善于从细微处洞察事物的变化，在危机中育新机、于变局中开新局，凝聚起战胜困难和挑战的强大力量。

第一，携手合作，聚力战胜疫情。事实再次表明，在全球性危机的惊涛骇浪里，各国不是乘坐在190多条小船上，而是乘坐在一条命运与共的大船上。小船经不起风浪，巨舰才能顶住惊涛骇浪。坚定信心、同舟共济，是战胜疫情的唯一正确道路。任何相互掣肘，任何无端"甩锅"，都会贻误战机、干扰大局。世界各国要加强国际抗疫合作，积极开展药物研发合作，共筑多重抗疫防线，加快建设人类卫生健康共同体。特别是要用好疫苗这个有力武器，确保疫苗公平分配，加快推进接种速度，弥合国际"免疫鸿沟"，把生命健康守护好、把人民生活保障好。

第二，化解各类风险，促进世界经济稳定复苏。世界经济正在走出低谷，但也面临诸多制约因素。我们要探索常态化疫情防控条件下的经济增长新动能、社会生活新模式、人员往来新路径，推进跨境贸易便利化，保障产业链供应链安全畅通，推动世界经济复苏进程走稳走实。世界各国要坚持真正的多边主义，坚持拆墙而不筑墙、开放而不隔绝、融合而不脱钩，推动构建开放型世界经济，推动经济全球化朝着更加开放、包容、普惠、平衡、共赢的方向发展，让世界经济活力充分迸发出来。推动世界经济走出危机、实现复苏，必须加强宏观政策协调。主要经济体要树立共同体意识，强化系统观念，加强政策信息透明和共享，协调好财政、货币政策目标、力度、节奏。主要发达国家要采取负责任的经济政策,把控好政策外溢效应,避免给发展中国家造成严重冲击。国际经济金融机构要发挥建设性作用,凝聚国际共识,增强政策协同,防范系统性风险。

第三,跨越发展鸿沟,重振全球发展事业。全球发展进程正在遭受严重冲击,人类发展指数30年来首次下降,一些发展中国家因疫返贫、因疫生乱,发达国家也有很多人陷入生活困境。不论遇到什么困难,我们都要坚持以人民为中心的发展思想,把促进发展、保障民生置于全球宏观政策的突出位置,落实联合国2030年可持续发展议程,促进现有发展合作机制协同增效,促进全球均衡发展。我们要坚持共同但有区别的责任原则,在发展框架内推进应对气候变化国际合作,落实《联合国气候变化框架公约》第二十六次缔约方大会成果。发达经济体要率先履行减排责任,落实资金、技术支持承诺,为发展中国家应对气候变化、实现可持续发展创造必要条件。全球发展倡议是向全世界开放的公共产品。中国愿同各方携手合作,共同推进倡议落地,努力不让任何一个国家掉队。

第四,摒弃冷战思维,实现和平共处、互利共赢。当今世界并不太平,煽动仇恨、偏见的言论不绝于耳,由此产生的种种围堵、打压甚至对抗对世界和平安全有百害而无一利。历史反复证明,对抗不仅于事无补,而且会带来灾难性后果。搞保护主义、单边主义,谁也保护不了,最终只会损人害己。搞霸权霸凌,更是逆历史潮流而动。国家之间难免存在矛盾和分歧,但搞你输我赢的零和博弈是无济于事的。和平发展、合作共赢才是人间正道。不同国家、不同文明要在彼此尊重中共同发展、在求同存异中合作共赢。我们要顺应历史大势,致力于稳定国际秩序,弘扬全人类共同价值,推动构建人类命运共同体。要坚持对话而不对抗、包容而不排他,反对一切形式的单边主义、保护主义,反对一切形式的霸权主义和强权政治。

二、案例的思政元素

1. 正确处理好个人和集体的关系

习近平总书记指出,要广泛发动和依靠群众,同心同德、众志成城,坚决打赢疫情防控的人民战争。党中央统一部署统一领导,全国人民听从指挥严防死守,千里驰援共克时艰,生动体现了集体主义原则。集体主义强调国家利益、社会整体利益与个人利益的辩证统一。一方面,国家、集体利益离不开广大人民群众的具体的个人利益。脱离了具体的个人利益,就无法充分调动每个劳动者的积极性和创造精神,也就无法保证和实现国家、集体利益。另一方面,个人利益也离不开国家、集体利益。离开国家和集体利益,个人利益也就成了无源之水、无本之木。

集体主义强调集体利益高于个人利益,全局利益高于局部利益,长远利益高于眼前利益。集体利益不是指那些与广大人民群众整体利益相对立的狭隘的小团体利益,也不是个人利益的简单相加,而是每个集体成员利益的有机结合,代表了每个集体成员全局的长远的根本的利益。人们必须首先自觉地维护集体行为的统一性和完整性,实现全局的长远的集体利益,才能确保实现个人的正当利益。

新冠肺炎疫情发生后,个人的生命安全受到威胁,社会生活受到影响,我们更加清楚地认识到个人利益与集体利益休戚相关,更加自觉地将个人作为与集体贡献对接。集体主义精神在抗疫中迸发释放,面对传播迅速的新冠肺炎疫情,党中央统一集中领导,全国各地、各部门各司其职,集中全党、全社会力量,万众一心、团结一致,凝聚成联防联控、抗疫战疫的巨大合力。

2. 坚持以人民为中心的发展思想

党领导人民在革命、建设、改革中创造的文化是以人民为中心的文化,以马克思主义为指导,在革命、建设和改革中不断发展,形成了毛泽东思想、邓小平理论、"三个代表"重要思想、科学发展观和习近平新时代中国特色社会主义思想。纵观我党指导思想,群众路线是毛泽东思想活的灵魂之一,实现共同富裕是邓小平理论的根本原则,代表最广大人民的根本利益是"三个代表"重要思想的关键部分,以人为本是科学发展观的核心,坚持以人民为中心的发展思想是习近平新时代中国特色社会主义思想的重要内容。

坚决打赢疫情防控阻击战,必须坚持以人民利益为中心。新冠肺炎疫情牵涉着最广大人民群众的根本利益，一部分民众的生命健康受到威胁，一部分民众的生产生活受到严重冲击。坚决打赢疫情防控阻击战，必须坚持以人民利益为中心，既要突出抓好当前工作，也要具备前瞻性战略眼光；既要抓重点，也要抓全面。既要坚决把救治资源和防护资源集中到疫情防控重点地区，也要兼顾经济社会发展。

密切联系群众、紧紧依靠群众是我们党的优良作风和政治优势。上下同欲者胜，风雨同舟者兴。只要全国人民"上下拧成一股绳"，汇聚成强大合力，就一定能够构筑起保障人民群众生命安全和身体健康的铜墙铁壁，凝聚起无坚不摧的磅礴力量，击退病毒、赢得胜利！

3. 传承和弘扬中华优秀文化

习近平总书记高度重视弘扬中华优秀传统文化。党的十九届六中全会通过的决议指出："习近平新时代中国特色社会主义思想是当代中国马克思主义、21世纪马克思主义，是中华文化和中国精神的时代精华，实现了马克思主义中国化新的飞跃。"这一重大论断，将"中华文化"置于极其重要的位置。传承和弘扬好中华优秀传统文化，是新时代继续推进马克思主义中国化的需要，是中国特色社会主义发展的精神动力，也是中华民族能够屹立于世界民族之林的重要根基，必将为中华民族取信天下、结交天下、卓立天下铺垫更宽阔的道路。

文化的力量是无形的，更是无穷的。在当前应对新冠肺炎疫情的过程中，我们深刻地感受到这种文化的内在生命力。全国各族人民在以习近平同志为核心的党中央坚强领导下，万众一心，众志成城，展开了一场气壮山河的疫情防控阻击战。在这场没有硝烟的战争中，处处展现出中华优秀传统文化精神气质。

4. 构建人类命运共同体

中国特色社会主义进入新时代，习近平总书记深刻把握人类社会历史经验和发展规律，汲取中华优秀传统文化的思想智慧，从统筹中华民族伟大复兴战略全局和世界百年未有之大变局的战略高度，创造性地提出推动构建人类命运共同体重大倡议。

新冠肺炎疫情是近百年来对世界各国威胁最大的一次流行性病毒疫情,也是对国际合作和全球治理的一次重大考验。自二战结束以来,还没有一个事件像这次疫情一样,使得世界各国如此深切地感受到彼此休戚相关、命运与共,习近平总书记提出的人类命运共同体理念在这次国际抗击疫情中得到广泛认同和响应。疫情发生以来,中国极力倡导和推进国际合作,为各国应对疫情提供有力支持,充分展现负责任大国担当,与世界各国携手谱写了构建人类命运共同体的新篇章。

习近平总书记强调指出,要建立平等相待、互商互谅的伙伴关系,营造公道正义、共建共享的安全格局,谋求开放创新、包容互惠的发展前景,促进和而不同、兼收并蓄的文明交流,构筑尊崇自然、绿色发展的生态体系,为人类社会实现共同发展、长治久安、持续繁荣指明了方向、绘制了蓝图。

在构建人类命运共同体理念指引下,我们高举和平、发展、合作、共赢的旗帜,推动建设新型国际关系,坚定维护国家主权安全发展利益,倡导共建"一带一路",推动建设开放型世界经济,积极发展全球伙伴关系,积极参与全球治理体系变革和建设,中国成为国际社会公认的世界和平的建设者、全球发展的贡献者、国际秩序的维护者。

三、案例的使用说明

(一)教学目标

本案例适用于国际商务国际商务社会文化环境的知识点教学。

1. 知识目标

掌握知识:社会结构、个人与集体、价值观与国际商务、社会规范与国际商务、道德准则与国际商务。

2. 能力目标

理性分析与独立思考能力。面对突发的新冠肺炎疫情,没有经验可循,对疫情发展与变化的判断与分析难免出现偏差,采取的措施不一定都有成效。通过阅读案例材料和分析思考题，使学生在突出事件中能够客观看待事物的发展，培养独立思考和理性分析问题能力。

理论与实际相结合能力。通过设计与课程知识点相结合的案例及思考题，引导学生用课堂学习国际商务社会文化环境中的社会结构、个人与集体、价值观、社会规范、道德准则等，分析企业从事国际商务活动可能面临的环境障碍与问题，使学生掌握"理论引导实践、实践深化理论"的研究范式。

3.素质目标

发扬集体主义精神。通过个人与集体、价值观与道德准则等相关知识点的学习，以及案例中体现的集体主义精神在突发事件的释放而取得抗疫阶段性胜利，使学生深刻理解个人与集体是休戚相关的，在突发事件中，要充分发挥集体主义精神，将集体利益置于个人利益之上。

坚持制度自信。通过分析案例材料节选的习近平主席关于中国抗击新冠肺炎疫情取得的成就和与世界各国分享的抗疫经验，可以看出中国政治制度的优越性。中国共产党保持依靠群众、密切联系群众的优良作风，始终将人民生命安全和身体健康放在第一位，在突发事件中的理性判断、科学决策是打赢这场抗疫战的关键。

（二）教学过程

1.课前准备

（1）学生需要预习国际商务中社会文化环境的相关知识，对社会文化环境的构成要素，对社会结构、个人与集体、价值观、社会规范、道德准则与对国际商务活动的影响有完整的认识。

（2）授课教师根据学生对一国社会文化环境相关知识点的掌握情况，将结合案例设计的讨论题提前下发给学生，并对学生进行分组。要求每组学生自行分工，查阅相关资料，写讲稿和制作课堂案例分析的PPT课件，小组内学生要在课前进行讲解练习，进一步完善讲稿和PPT课件。

2. 讲授理论知识

（1）社会文化环境的构成要素及相互关系。

（2）社会结构与国际商务活动的关系。

（3）价值观与国际商务活动的关系。

（4）社会规范与国际商务活动的关系。

（5）道德准则与国际商务活动的关系。

（6）个人与集体的关系及对国际商务活动的影响。

（三）案例分析要点

1. 启发思考题

（1）集体主义和个人英雄主义对企业商务活动有何影响？

（2）从新冠肺炎疫情看构建人类命运共同体的必要性。

2. 分析思路

（1）集体主义和个人英雄主义对企业商务活动有何影响？

案例分析知识点：个人与集体的关系、集体主义精神及对国际商务活动的影响。

案例分析思路：从个人与集体的逻辑关系入手，引导学生结合案例材料，分析集体主义精神对中国抗疫取得阶段性胜利的重大作用。

参考答案：

集体主义是指一切从集体出发，把集体利益放在个人利益之上，在二者发生冲突时，坚持集体利益高于个人利益的价值观念和行为准则。集体主义认为个体特征由其所属的集体特性所决定，主张个人从属于社会，个人利益应当服从集团、民族和国家利益的一种思想理论，是一种精神，最高标准是一切言论和行动符合人民群众的集体利益。个人英雄主义是指个人应享有其经济和政治自由，个体特性以自我为中心的一种价值观，强调个人的利益应优先于集体的利益。

在企业国际商务活动中，发扬集体主义精神，能够凝聚力量，协调一致对外，克服个体无法突破的困境，解决个人无法解决的难题。但集体主义本身也存在局限性，过度的集体意识可能会产生强烈排外主义倾向。崇尚个人英雄主义的社会文化环境下的企业更重视员工的自主意识、员工的个性发展，使员工能力得到最大展现，员工为实现个人价值奋斗也有利于企业的长久发展。但个人英雄主义导向下的行为可能会造成扭曲损失。个人英雄主义的好处是建立在个人利益等于集体利益这个基础上的，失去了这个基础的个人英雄主义将会对集体带来毁灭性的危害。同时个人英雄主义可能带来的利益往往是短期利益和有限利益，而存在的弊端却是长期的，甚至难以解决的。

从逻辑上分析，集体主义和个人英雄主义本质并不矛盾，二者是相辅相成的关系。首先，要在思想上重视集体主义和个人英雄主义内在关联性。随着企业对外商务活动涉及的国家民族数量种类逐渐增多，企业管理人员需要正视集体主义和个人英雄主义的文化差异对企业开展国际商务活动的深远影响，积极妥善处理好文化差异对商务活动的影响。其次，要在行动上落实集体主义与个人英雄主义的协调统一关系，只有坚持集体主义价值导向，促进集体和个人的不断完善，才会实现集体与个人最大的和谐发展。因此，从事国际商务活动的企业不仅要发挥集体主义、爱国主义的好传统，而且要正视个人英雄主义，承认个人价值，鼓励自我奋斗，激发创新热情，充分调动每一个员工的积极性、主动性和创造性。

（2）从新冠肺炎疫情看构建人类命运共同体的必要性。

案例分析知识点：正确理解构建人类命运共同体的深刻内涵。

案例分析思路：根据习近平主席提出"人类命运共同体"的背景及内涵，结合新冠肺炎疫情以来，中国与世界各国共同抗疫取得的成效，分析构建人类命运共同体对世界和平与发展的重要意义。

参考答案：

构建人类命运共同体体现了中华文化的和谐理念。习近平总书记强调："中国始终是世界和平的建设者、全球发展的贡献者、国际秩序的维护者，愿扩大同各国的利益交汇点，推动构建以合作共赢为核心的新型国际关系，推动形成人类命运共同体和利益共同体。""构建人类命运共同体"理念是从世界的前途和命运的角度来思考整个人类社会的未来的,它符合全人类的利益需求,具有全球推广价值;它超越了民族、国家与意识形态的界限,蕴涵的是世界各国人民的共同福祉,展现出的是宽广的人类情怀和强烈的担当精神。

"构建人类命运共同体"既不是谁控制谁,或谁领导谁,也不是各国言行完全一致,而是各国之间求同存异、开放包容,尊重世界文明多样性,以文明交流超越文明隔阂、文明互鉴超越文明冲突、文明共存超越文明优越,和谐共生、相得益彰,共同解决人类发展的难题,共享人类文明进步的成果。

从案例材料可以看出,突发的新冠肺炎疫情是人类共同面临的灾难事件,不是所有国家都具有足够的人力、物力、财力,能够有效抗击新冠肺炎疫情,也不是一国自己有能力解决本国疫情,新冠肺炎疫情就不会再来。开放的世界、开放的经济、国家间密切的人员与经济往来,使世界上任何一个国家都无法与世界脱钩,这也给新冠肺炎疫情的传播和防控带来了很大的难度。因此,各国必须携手抗疫。只有世界各国的防疫政策协调、防疫人员协同和防疫措施对接,才能真正打赢这场全人类参与的防疫攻坚战,各国携手抗疫而取得的成效使其进一步认同"构建人类命运共同体"的重要价值和现实意义。

(四)教学组织实施

用1课时简要梳理案例中涉及的社会文化环境构成要素、社会文化环境因素变动对企业从事国际商务环境的影响,引入案例讨论思考题,由学生主导、教师辅助进行1课时案例讨论。具体教学组织安排如下所示。

学习阶段	学习内容	时间限制	学习目标
课前	对学生分组,要求学生根据之前下发的案例思考题,查阅相关资料,预习相关知识。	课前5天	了解一国社会文化环境的构成要素;个人与集体的关系等,通过小组作业提高学生团队协作能力和集体主义精神

续 表

学习阶段	学习内容	时间限制	学习目标
课中	知识讲解：讲授案例涉及的社会文化环境及对企业从事国际商务活动的相关知识点，提炼和融入案例呈现的思政元素；通过设计的思考题，引入案例内容。	45 分钟	熟悉构成一国社会文化环境的各要素与企业从事国际商务活动之间的关系。重点分析个人与集体的关系，以及集体主义精神的重要性。
	小组分享：各组根据分配的思考题，以 PPT 课件为主，辅助黑板，分享本组对案例思考的观点。	30 分钟（每组 5 分钟）	学会从不同视角分析同一问题；加深对案例内容及涉及知识点的理解。
	自由讨论：所有学生根据各小组分享的内容进行自由讨论和补充分析。	10 分钟	提高学生独立思考能力、文字表达能力、语言表达能力。
	教师总结：结合案例内容和思考题设定的目的，点评各小组学生分享观点，总结各组从材料准备、PPT 制作、讲解中值得学习的地方。	5 分钟	引导学生学会运用所学国际商务社会文化环境相关的知识分析和解决中国企业从事国际商务活动面临的问题。
课后	自主学习：要求学生持续关注中国重要合作伙伴国的社会文化环境演进情况，结合所学知识，从专业角度思考与分析构成一国社会文化环境因素发生变化时对在该国经营的企业影响。		巩固已学的国际商务社会文化环境相关知识，提升分析问题能力。

（五）总结

中华优秀传统文化是大陆文明的代表，在社会发展过程中需要凝聚个体的力量才能实现生命延续，其形成的文明具有很强的集体主义思想，这与追求个体自由的海洋文明截然相反。在面对灾难面前，相互合作、相互照应的集体主义才是应对困难与灾难的有效方式，中国举全国之力应对新冠肺炎疫情与西方国家松散的疫情防控政策形成了鲜明的对比。

参考文献

[1] 习近平.在全国抗击新冠肺炎疫情表彰大会上的讲话[EB/OL].（2020-09-08）[2022-12-26].http://www.qstheory.cn/qshyjx/2020-09-08/c_1126468086.htm.

[2] 习近平. 坚定信心勇毅前行共创后疫情时代美好世界 [EB/OL].（2022-01-18）[2022-12-26].http://www.banyuetan.org/yw/detail/20220118/1000200033137441642429202700608118_1.html.

[3] 卫灵. 传承和弘扬中华优秀传统文化 [EB/OL].（2022-03-10）[2022-12-26].http://www.qstheory.cn/dukan/hqwg/2022-03/10/c_1128456562.htm.

[4] 张丽. 集体主义在战"疫"中绽放光芒 [EB/OL].（2022-06-14）[2022-12-26].https：//theory.gmw.cn/2020-06/14/content_33909537.htm.

[5] 孟娟. 探寻疫情防控中的集体主义精神之源 [EB/OL].（2020-04-20）[2022-12-26].https：//www.ndrc.gov.cn/fggz/fgjh/yxyd/202005/t20200507_1227633_ext.html.

[6] 杨洁篪. 推动构建人类命运共同体（学习贯彻党的十九届六中全会精神）[EB/OL].（2021-11-26）[2022-12-26].http://politics.people.com.cn/n1/2021/1126/c1001-32292253.html.

[7] 苏长和. 在抗击疫情的国际合作中坚定不移推进人类命运共同体建设 [EB/OL].（2020-05-09）[2022-12-26].http://www.qstheory.cn/dukan/hqwg/2020-05/09/c_1125959861.htm.

中国对外贸易政策演进与对外经贸取得的成绩

一、案例正文

案例1：中国对外贸易政策的演变之路

随着经济的发展和国际经济环境的不断变化，中国对外贸易政策在不同的经济发展阶段呈现出不同的特点，其理论依据在不断更新，具体贸易措施在不断改进和完善，对外贸易的国别和区域政策开始逐渐得到重视。根据经济发展阶段以及面临的国内外形势不同，中国的对外贸易政策分为四个阶段：

第一阶段：计划经济体制下的国家统制型封闭式保护贸易政策（1949—1978年）。1949年9月通过的政协会议纲领规定，中国对外贸易政策是"实行对外贸易管制，并采取保护贸易政策"。在对外贸易体制上建立了传统的"高度集中、独家经营、政企合一"的形式，完全由政府来取代市场进行资源配置。政府对外贸易管理手段基本以行政计划为主，主要靠计划和数据限制来直接干预进出口，不参与世界性的贸易组织，很少进行双边经济贸易合作，对外贸易的主要目的是创汇，以满足发展重工业需要进口机器设备所必需的外汇。在对外贸易战略方面，中国当时基本上采取的是"进口替代工业化战略"，在1960年前选择的进口替代行业基本上是重工业，这与当时中国的工业化战略是相辅相成的。1960年以后开始有计划地引进部分基础工业。为避免遭受外来商品竞争，中国政府在这一阶段也采取了进出口管制、征收关税、海关监管、商品检验等具体的贸易限制措施，以保护中国已经有一定基础的轻工业和其他新兴工业的发展。

第二阶段：改革开放后有计划商品经济体制下的国家统制形的开放式保护贸易政策（1978—1992年）。1978年12月，党的十一届三中全会明确了对外贸易在中国经济发展中的战略地位和指导思想。在这一阶段,由于经济体制从严格计划经济转向商品经济体制,使得中国对外贸易政策开始变化。在1978—1987年的改革初期,对外贸易体制改革主要体现在下放对外贸易经营权,开始工贸结合的试点,简化对外贸易计划的内容,实行出口承包经营责任制度。在1988—1992年间的对外贸易体制改革的重点体现在外汇管制制度的放宽、出口退税政策的实行、进出口协调服务机构的建立,开始鼓励发展加工贸易。第二阶段的对外贸易政策具体体现在三个方面:一是采取出口导向战略,鼓励和扶持出口型产业,并进口相应的技术设备,实施物资分配、税收和利率等优惠,组建出口生产体系;实行外汇留成和复汇率制度;限制外资企业商品的内销;开始实行出口退税缺席;建立进出口协调服务机构等一系列措施。二是实施较严格的传统进口限制措施,通过关税、进口许可证、外汇管制、进口商品分类经营管理、国营出口贸易等措施实行进口限制。三是鼓励吸收外国直接投资,鼓励利用两种资源、两个市场和引进先进技术,比较优势理论逐渐成为中国开展对外贸易的理论依据。中国对外贸易国别结构和进出口的商品结构明显地体现了这一点,中国的出口以劳动密集型产品为主,进口则以资本和技术密集型的产品为主。

第三个阶段:加入WTO前社会主义市场经济体制下的有贸易自由化倾向的贸易保护政策(1992—2001年)。1992年10月后,中国进入社会主义市场经济阶段,采取了一系列对外贸易政策改革措施。在限制进口方面:一是调整了关税政策,到1996年,中国关税总水平已经下降到23%;二是减少、规范非关税措施,实行单一的有管理的浮动汇率制度,大量取消配额许可证和进口控制措施;三是完善涉外法律体系,建立了大量的技术法规,制定了反倾销条例等。在促进出口方面:一是成立中国进出口银行,扶持企业对外出口;二是成立各类商会和协会,并积极组织和参与国际性贸易博览会和展览会等;三是大力发展出口援助等。根据静态比较优势理论,这一时期中国劳动力丰富,年工资仅为美国劳动力的2.2%,所以中国大力发展劳动力密集型产业,并鼓励出口劳动力密集型产品。虽然1996年开始中国机电产品出口取代了传统的纺织品成为最主要出口产品,但是中国参与全球经济一体化和跨国公司全球生产链仍是依靠廉价劳动力（包括简单劳动力、高级技术人员和管理人员），这主要表现在当时中国出口贸易方式主要以加工贸易、代工贸易为主，以及三资企业出口比重逐年上升这两个方面。

第四个阶段：21世纪中国对外贸易政策逐步走向兼顾开放型的公平与保护并存的贸易政策（2001年后）。中国自2001年12月11日加入世界贸易组织以来，改革开放进入全方位宽领域对外开放时期。开始从自主单向开放向相互多边开放转变；从政策导向开放向按世贸组织规则开放而转变对外贸易政策目标，具体为促进对外贸易发展，构造有利于经济均衡发展的产业结构，实现产业的持续升级等表现。推动中国经济在适度内外均衡基础之上高速发展。对外贸易政策调整为"有协调管理的一般自由贸易政策"，主要贸易对象为美国、日本、欧盟、东盟和韩国等，此阶段下中国对外贸易政策需根据这些国家或地区的政治经济情势的变动而有所变动。此外，入世后，中国系统调整、清理原有法律法规，按世贸规则建立了新《外贸法》《货物进出口管理条例》及配套部门规章的三级法律框架体系，外贸体制在更加开放稳定透明、更加符合市场经济规则的进程中不断完善、日臻成熟，总体效益和竞争能力大大提高。

回顾中国对外贸易的发展历程，中国进出口商品结构不断优化、贸易方式不断创新、贸易伙伴更加多元化、自由贸易区建设取得重大进展。中国对外贸易从小到大，由弱变强，经历了曲折艰难，也创造了辉煌成绩，在世界贸易中具有举足轻重的地位。纵观中国贸易政策的发展，可以发现中国已经认识到，曾经粗放型的贸易增长方式无法持续为国内带来经济增长活力，同时脆弱的资源和环境承载能力继续支撑大规模出口面临着严峻挑战。因此，转变经济增长方式，提高对外贸易的可持续发展能力将是一项长期而重要的任务。

2021年，十三届全国人大四次会议表决通过了关于国民经济和社会发展第十四个五年规划和2035年远景目标纲要的决议。《规划》在对外贸易上弱化了量化指标，强调以创新驱动推动外贸高质量发展，进一步提出优化货物贸易结构、提升贸易数字化水平、推进内外贸一体化等十方面45条重点任务和六项保障措施。

案例2：中国对外经济发展成绩斐然

改革开放以来的40年，是中国积极把握全球化机遇、纵深推进对外开放的40年，是充分利用国际国内两个市场两种资源加快发展的40年，也是中国深入参与全球经济治理、与世界各国共同发展的40年。

贸易规模稳步扩张，贸易大国地位日益巩固。改革开放初期，中国对外经济活动十分有限，1978年货物进出口总额仅为206亿美元，位居世界第29位。随着对外开放的深度和广度不断拓展，特别是2001年正式加入世界贸易组织（WTO）后，贸易总量迅速增长。2017年，货物进出口总额达到4.1万亿美元，比1978年增长197.9倍，年均增长14.5%，居世界第一位。服务贸易快速发展。2017年，服务进出口总额6957亿美元，比1982年增长147倍，连续4年保持世界第二位。

贸易结构调整优化，竞争力不断提升。进出口商品不断向"优进优出"转变。出口总额中初级产品比重由1980年的50.3%下降到2017年的5.2%，工业制成品比重由49.7%上升至94.8%。贸易方式呈阶段性演变。1981年，货物进出口总额中一般贸易占比达93.5%。随着对外开放力度加大，两头在外、大进大出的加工贸易在东南沿海地区迅速发展。1998年，进出口总额中一般贸易占比降至36.4%，加工贸易占比提升至53.4%。近10年来，随着中国比较优势的变化和产业实力的增强，一般贸易重新占据主流。2017年，进出口总额中一般贸易占比上升至56.3%，加工贸易占比下降至29.0%。

外商投资规模和领域不断扩大，成为吸引全球投资的热土。2017年，中国实际使用外商直接投资1310亿美元，比1984年增长91.3倍，年均增长14.7%。1979—2017年，中国累计吸引外商直接投资达18 966亿美元，是吸引外商直接投资最多的发展中国家。随着中国对外开放领域的扩大和产业结构的升级，外商直接投资领域不断扩展。过去制造业一直是中国吸收外商投资的主要领域，近年来服务业逐渐成为外商投资的新热点。2017年服务业吸收外资占比提高至72.8%。

对外投资合作快速发展，共建"一带一路"成效显著。改革开放初期，中国只有少数国有企业走出国门。加入世界贸易组织以后，企业走出去步伐明显加快。2017年，中国对外直接投资额（不含银行、证券、保险）1201亿美元，比2003年增长41.1倍，年均增长30.6%。党的十八大以来，"一带一路"建设成效显著。目前，100多个国家和国际组织以不同形式参与"一带一路"建设，80多个国家及国际组织同中国签署了合作协议。2017年，中国对"一带一路"沿线的59个国家直接投资额（不含银行、证券、保险）144亿美元，占同期总额的12%。

积极参与和推动经济全球化，全球经济治理话语权提升。1980年4月和5月，中国先后恢复了在国际货币基金组织和世界银行的合法席位；2001年加入世界贸易组织，以更加积极的姿态参与国际经济合作。2003年以来，中国与亚洲、大洋洲、拉美、欧洲、非洲多个国家和地区建设数十个自贸区。近年来，倡议建立亚洲基础设施投资银行和设立丝路基金，成功主办了"一带一路"国际合作高峰论坛、亚太经合组织（APEC）北京峰会、二十国集团（G20）领导人杭州峰会、博鳌亚洲论坛等，在全球治理体系变革中贡献了中国智慧、中国方案。

二、案例的思政元素

1. 认识规律，尊重规律

主观能动性和客观规律性是辩证唯物主义的两个重要范畴。在中国对外贸易的实践过程中，必然要遇到主观能动性和客观规律的关系，要想达到预期的结果，必须处理好二者的关系。第一，尊重中国经济的客观规律是正确发挥主观能动性的前提，只有从客观实际出发，正确认识了不同经济发展阶段下，中国的经济发展客观规律，尊重规律，按规律办事，才能在主观能动性的指导下，正确制定不同阶段下的对外贸易政策与战略，卓有成效地推动中国对外贸易的发展。第二，利用规律是理论指导实践的过程，认识和利用客观规律必须充分发挥主观能动性，任何一个国家的经济的发展都是有规律的，规律不会自动反映到人脑中来，只有通过反复实践，深入研究，才能把隐藏经济变化外在表现的内部规律揭示出来，才能正确认识中国经济发展的客观规律。

2. 坚定中国特色社会主义道路自信

中国特色社会主义道路坚持科学社会主义基本原则，遵循人类社会历史发展的一般规律，符合先进生产力发展要求和人类文明进步趋势，是对社会主义建设规律、人类社会发展规律的深刻把握。任何一条社会发展道路不是自发形成的，也不是仅靠思想理论指引就能走出来的，而需要在实践中不懈探索总结，转化成人民群众的自觉行动。中国在不同时期的外贸政策选择，是一步一个脚印探索总结出来的，源自对中国国情的科学认识和深刻把握，源自人民群众的伟大实践，具有深厚的历史渊源和广泛的现实基础。不同经济发展时期下，与之相呼应的外贸政策体现了中国智慧，中国充分利用和平与发展、经济全球化、世界多极化等历史条件和发展机遇，推动中国经济社会快速发展，创造了中国式外贸发展的新道路。中国特色社会主义道路有别于西方的现代化模式，中国道路用实际行动打破了"西方道路"的神话和霸权，向世界提供了中国智慧、中国方案、中国实践，在人类文明发展史、世界社会主义发展史上都具有重大意义。

3. 中国对外贸易发展进入新常态

1978年改革开放后，中国经济高速增长在一定程度上得益于两个里程碑式事件：1978年，改革开放让中国开始积极参与世界经济；2001年，中国加入了世界贸易组织。在很长一段时间里，中国经济凭借低生产成本（劳动力、原材料、税收、土地、政策宽松等）的比较优势驰骋国际市场。目前，这一经济增长模式面临环境保护、成本上升、技术能力和国内需求等方面的挑战。国际国内形势也发生了变化，国际竞争力、产业链、国内消费市场规模和投资环境等都发生了转变，鉴于这种新的环境，同时考虑到不断变化的阶段、情况和条件，中国做出了转变经济发展模式的决定。"十四五"时期，从国际看，世界正处于百年未有之大变局，全球产业链、供应链深刻调整，国际经贸格局面临重塑，中美等大国竞争博弈加剧，新冠肺炎疫情冲击的长尾化趋势愈加明显,世界经济发展的不确定性不稳定性因素持续增加;从国内看,中国开启全面迈向建设社会主义现代化国家的新征程,加速推进经济高质量发展、构建双循环新发展格局。新形势下,中国外贸既面临诸多风险和挑战,也蕴藏着新的机遇和潜能,以国内大循环为主体、国内国际双循环相互促进的新发展格局赋予对外贸易新的战略定位和使命。要准确把握新时期对外贸易在双循环新发展格局中的功能定位,依据新定位明确外贸创新发展的新思路,以更好发挥外贸在构建新发展格局中的应有功能。

三、案例的使用说明

(一)教学目标

本案例适用于国际商务国际贸易理论与政策的知识点教学。

1. 知识目标

理解概念:国际分工、比较优势、贸易条件、进口替代、出口导向。

掌握理论:比较优势理论、要素禀赋理论、新国际贸易理论。

熟悉政策:进口替代工业化政策、出口导向工业化政策。

2. 能力目标

系统分析能力。教师通过对新中国成立以来的对外贸易政策的梳理,帮助学生系统地了解中国70多年四个阶段对外贸易政策演进的背景和目标,使学生能够理性看待和评价中国不同历史时期的对外贸易政策,培养系统分析问题的能力。

专业思考能力。围绕两个案例提供的材料和对应课程知识点,设置从知识掌握到能力提升的相关问题,引导学生将课堂学习的比较优势理论、要素禀赋理论、新国际贸易理论等国际贸易理论内容,以及进口替代工业化战略、出口导向工业化战略等国际贸易政策的相关知识点用于分析案例思考题,使学生形成"理论到实践、实践到理论"的思维范式。

3. 素质目标

建立政策自信。结合当时的国情,深度理解新中国成立以来中国采取的各项贸易政策的合理性与局限性，从新中国 70 多年对外贸易发展取得的显著成绩，科学评价中国对外贸易政策，不盲从、不偏信。

树立大历史观。从大历史观的视角和认识事物的方法看待中国对外贸易政策演进，用辩证思维来看待中国对外贸易政策实施的效果，结合当时中国面临国际环境和国内经济发展阶段对中国对外贸易政策的选择进行比较、判断和评价。

（二）教学过程

1. 课前准备

（1）学生需要预习国际商务中国际贸易理论与政策的相关知识，对国际贸易理论、发展中国家第二次大战后采取的对外贸易政策有完整的认识。

（2）授课教师根据学生对国际贸易理论与国际贸易政策掌握情况，将结合案例设计的讨论题提前下发给学生，并对学生进行分组。要求每组学生自行分工，查阅相关资料，写讲稿和制作课堂案例分析的 PPT 课件，小组内学生要在课前进行讲解练习，进一步完善讲稿和 PPT 课件。

2. 讲授理论知识

（1）国际贸易理论要解决的问题。

（2）古典国际贸易理论：比较优势理论。

（3）新古典贸易理论：要素禀赋理论。

（4）新国际贸易理论：产品生命周期理论、国家竞争优势理论。

（5）保护贸易理论：幼稚工业理论、战略性贸易政策理论。

（6）进口替代工业化战略、出口导向工业化战略、战略性贸易政策。

（三）案例分析要点

1. 启发思考题

（1）分析中国不同时期比较优势与要素禀赋的变化。

（2）中国不同时期对外贸易政策选择的动机有什么区别？

2.分析思路

（1）分析中国不同时期比较优势与要素禀赋的变化。

案例分析知识点：比较优势与要素禀赋。

案例分析思路：引导学生结合中国不同时期的比较优势与要素禀赋的动态变化，分析中国外贸易政策制定的理论依据。

参考答案：

根据传统的比较优势理论，要素禀赋是决定一国比较优势的关键要素。在中国参与国际分工的早期，中国的比较优势一直体现在劳动成本比较优势上。改革开放以来，从中国和主要发达国家制造业工资变动的比较来看，中国制造业工资增长的速度大概相当于这些发达国家的3倍多，由此可见，中国产业的劳动成本比较优势已经在逐步降低。进入20世纪90年代后，中国利用外国直接投资的数额持续上升。国际资本流动是要素流动的最主要方式，也是体现一国国内要素供给变化情况的主要指标，国际直接投资成为中国吸引外资的主要形式。此外，改革开放后，中国GDP快速增长，与之伴随的是中国资源禀赋结构的改变，中国国内的资本丰裕程度在不断提高，生产要素的供给优势正逐步从劳动密集型向资本密集方向转化。

（2）中国不同时期对外贸易政策选择的动机有什么区别？

案例分析知识点：比较优势、要素禀赋与国际贸易政策选择。

案例分析思路：引导学生将比较优势、要素禀赋与国际贸易政策选择相结合，科学评价不同时期中国对外贸易政策的目标。

参考答案：

新中国成立初期的中国内忧外患并存，发达资本主义国家的经济封锁和禁运，使中国只能与苏联等少数几个社会主义进行少量的进出口贸易。由于缺少外汇，无法在国际市场购买发展重工业所需要的机器设备和相关技术。因此早期对外贸易政策的重点是通过鼓励出口获得急需的外汇，由于当时能够出口的国内产品在国际市场上并不具备价格优势，因此对外贸易实际处于亏损状态。1978年改革开放到2001年前，中国发挥劳动力生产要素禀赋的比较优势，一方面出口中国具有一定比较优势的劳动密集型的纺织产品等；

另一方面，借助劳动力成本优势承接跨国公司的生产性外包，大力发展加工业和加工贸易，完成装备工业发展需要的资本积累、技术和管理水平的提高，以及产业工人队伍锻炼。2001年以后，随着中国参与国际分工的劳动力红利逐步消失，对外贸易政策侧重点为支持产业结构调整和优化进出口产品结构，提高资本密集、技术密集和知识密集型产品生产布局和出口比例。伴随着进出口产品中的高技术产品比重持续增加，产业结构与出口产品结构逐步合理化和高级化，进一步提升了中国在全球产业链中的地位。

（四）教学组织实施

用1课时简要梳理案例中涉及的自由贸易理论、保护贸易理论和发展本国工业的贸易政策，引入案例讨论思考题，由学生主导、教师辅助进行1课时案例讨论。具体教学组织安排如下所示。

学习阶段	学习内容	时间限制	学习目标
课前	对学生分组，要求学生根据之前下发的案例思考题，查阅相关资料，预习相关知识。	课前5天	了解中国对外贸易政策演进历程及理论依据；提高学生团队协作能力。
课中	知识讲解：讲授案例涉及的国际贸易理论与政策知识点，提炼和融入案例呈现的思政元素；通过设计的思考题，引入案例内容。	45分钟	掌握与中国70多年对外贸易政策演进相关的贸易理论与政策内容。
课中	小组分享：各组根据分配的思考题，以PPT课件为主，辅助黑板，分享本组对案例思考的观点。	30分钟（每组5分钟）	学会从不同视角分析同一问题；加深对案例内容及涉及知识点的理解。
课中	自由讨论：所有学生根据各小组分享的内容进行自由讨论和补充分析。	10分钟	提高学生表达能力、独立思考能力。
课中	教师总结：结合案例内容和思考题设定的目的，点评各小组学生分享观点，总结各组从材料准备、PPT制作、讲解中值得学习的地方。	5分钟	引导学生学会运用所学国际贸易理论与政策知识，分析和解决中国对外贸易面临的问题。
课后	自主学习：要求学生持续关注中国对外贸易政策演进情况，结合所学知识，从专业角度思考与分析现行对外贸易政策。		巩固已学的国际贸易理论与政策知识，提升分析问题的能力。

（五）总结

新中国成立70多年的对外贸易发展，特别是改革开放以来，中国在世界贸易的地位逐步提升，目前已经是世界第一大货物贸易国，服务贸易和技术贸易规模持续增长，有效地拉动了中国经济快速增长。随着世界经济增速放缓，中国对外贸易发展也进入新常态，将对外贸易政策由追求"量"的增长，调整为追求"质"的提高，在构建以国内大循环为主体、国内国际双循环相互促进的新发展格局和全国统一大市场的国家战略背景下实现对外贸易高质量发展，重新定位中国在全球产业链中的地位，通过双边和多边区域经济合作，提高中国在区域经贸合作中的地位和作用。

参考文献

[1] 中国统计局综合司. 中国成立60年对外贸易取得飞速发展，改革开放30年经济建设取得辉煌成就 [J]. 中国经贸，2009（10）：18-21.

[2] 波澜壮阔四十载民族复兴展新篇——改革开放40年经济社会发展成就系列报告之一 [EB/OL].（2018-08-27）[2022-12-26].http://www.stats.gov.cn/ztjc/ztfx/ggkf40n/201808/t20180827_1619235.html.

[3] 坚定中国特色社会主义道路自信 [EB/OL].（2021-08-24）[2022-12-26]. http://theory.people.com.cn/n1/2021/0824/c40531-32204973.html.

[4] 中国正加快构建新发展格局 [EB/OL].（2022-09-20）[2022-12-26].http://www.crntt.com/doc/1064/7/1/3/106471324.html.

中国对外投资的多元化演进与疫情下的中国对外投资

一、案例正文

案例1：改革开放40载，中国对外投资市场更多元

据联合国贸发会议统计，1982—2000年，中国累计实现对外直接投资278亿美元，年均投资额仅14.6亿美元。

国务院发展研究中心对外经济研究部原部长、经济学博士赵晋平在接受国际商报记者采访时表示，从阶段上来看，改革开放初期，中国只有少数国有企业走出国门，开办代表处或设立企业，对外直接投资开始尝试性发展。

转变发生在2000年，中国在加入世贸组织之后，提出"走出去"战略，做出了促进和鼓励企业"走出去"到海外投资布局的战略部署，中国企业对外投资规模开始逐步扩大，覆盖的地区和国家不断扩围，对外直接投资进入快速发展时期。彼时，中国工业化生产进入中后期，对外部能源的需求不断上升，通过海外投资的方式可以获得更多资源和能源，以保障国内经济增长的需要，因此在这一阶段，中国企业在能源和资源领域的投资相对比较集中。一直到2008年全球金融危机爆发后，情况又出现了新变化，中国企业对外投资不再局限于获得资源等方面，而是通过全球战略布局实现配置资源的方式来满足国内发展的需要。从经济发展进程来看，中国开始进入"走出去"和"引进来"并举的重要阶段。

从中国企业投资的国家和地区来看，可以把2008年全球金融危机看作是一个分水岭，在这之前中国企业对外投资更多面向发展中国家，而在金融危机以后，全球资产价格出现回落，随着发达国家的资产价格趋于合理，企业逐渐到发达经济体进行投资并购。

自"一带一路"倡议提出以后，中国对企业参与"一带一路"建设的政

策扶持力度加大，带动了企业向沿线国家投资的快速增长，合作项目的落地有力地促进了当地经济社会发展，增加就业，改善民生。由于每个国家或地区的优势不一样，市场的规模和吸引力也都不同，中国企业"走出去"的格局必然是多元化的。

从投资领域来看，中国企业当前在传统基建、劳动密集型产业以及高端装备制造产业等领域开展了广泛的国际产能合作。数据显示，2015—2017年，中国流向装备制造业的对外投资351亿美元，占制造业对外投资的51.6%。中国装备制造在"走出去"的过程中涌现出中国高铁、中国核电等亮丽的国家名片。从投资形式来看，在不断扩大对外投资的过程中，中国也开始对经济进行结构性调整，向创新驱动转型，因此对外投资形式亦在逐步优化，由单一的绿地投资向兼并、收购、参股等多种方式扩展，企业跨国并购日趋活跃。

随着中国经济发展水平不断提升，在产业结构升级方面的要求也越来越迫切，这一方面需要依靠中国企业加强自主创新，加大研发投入；另一方面也需要企业加强和国际跨国公司之间的合作，这既有利于跨国公司的业务发展，同时也有利于中国企业通过合作加快自身转型升级。未来，对于企业"走出去"，企业一方面应该不断提高综合实力，培育国际化人才；另一方要合规经营，注重本土化发展。

案例2：疫情下的中国对外投资

2020年，全球疫情蔓延，国际贸易和国际投资均陷入低谷，但中国对外投资仍逆势增长。商务部发布的数据显示，2020年中国对外投资总体实现增长，全年对外直接投资1 329.4亿美元，折合9 169.7亿元人民币，同比增长3.3%。"国际投资趋势监控"数据显示，由于新冠肺炎疫情影响，全球外国直接投资（FDI）2020年上半年同比缩水近五成（49%）。

在这种情况下，中国逆势增长，经济生活迅速恢复，一系列对外经贸数据都显示企稳回升，并创出多项历史新高，这也给中国企业带来更多信心。得益于中国对疫情迅速有效的防控，中国经济从2020年第二季度快速复苏，实现 V 型反弹，其主要表现在工业生产的迅速恢复，出口复苏，就业逐步稳定，这些都有助于中国企业稳定国内业务、缓解财务压力。数据显示，2020年中国对外非金融类直接投资1 101.5亿美元；对外承包工程保持平稳，新签合同额2 555.4亿美元；完成营业额1 559.4亿美元。尽管和往年相比，这个数字并不亮眼，但其背后的含金量仍对中国有着巨大影响。新冠肺炎疫情在全球的蔓延使得海外许多企业的运营情况或财务情况遭受了巨大的冲击，这为经营良好的中资企业提供了一个很好的收购和并购机会。疫情助推了许多远程商业、教育、医疗新技术的应用和创新，效率的提升和成本的降低将使这些新技术在疫情后也获得沿用。这些新技术的应用和创新将会为跨国企业的业务和团队布局带来灵活性，为中国企业吸纳更多国际化人才提供更为便利的团队协作方式，从而更好地拓展国际业务。

疫情推升了交通运输为代表的传统基建及以医疗设施和信息基础设施为代表的新基建领域的建设需求，传统基建与新基建双轮驱动，带动中企"走出去"。近年来，中企在海外基础设施建设方面的优势进一步扩大，不仅在传统基建项目的工程效率、成本等方面保持绝对优势，在技术、运营和管理方面的能力也在不断提高；另外，在一些新基建领域中企同样获得了较强的国际竞争优势，为相关产品和服务走向世界创造了基础。

目前，中国外贸的31%来自"一带一路"，东盟10国已经成为取代美国和欧盟以外最大的贸易伙伴。特别是2020年12月30日，中欧领导人共同宣布如期完成中欧投资协定谈判之后，随着该协定的落地实施，将会为中国带来更多的海外投资机会。中国正在积极参与并推进区域经济合作伙伴关系（RCEP）。区域经济合作伙伴关系一共覆盖15个国家，包括东盟10国再加上中日韩、澳大利亚、新西兰。自从在2010年建立东盟10+1自贸区之后，东盟10国已经成为中国最大贸易伙伴。签署RCEP是地区国家以实际行动维护多边贸易体制、建设开放型世界经济的重要一步，对深化区域经济一体化、稳定全球经济具有标志性意义。中国企业也需要清楚地了解当前全球经济的不确定性、供应链区域化、海外投资政策变化等，做好投资风险管控和合规管理。

二、案例的思政元素

1. 坚信中国特色社会主义道路下的对外开放政策的优越性

道路问题关乎党的命脉，关系国家前途、民族命运和人民幸福。道路自信是党的十八大报告里提出的四个自信之一。坚持道路自信就是要坚持和拓展中国特色社会主义道路，坚定不移地捍卫中国特色社会主义，并坚信中国特色社会主义道路能取得伟大胜利。中国特色社会主义道路是为近代历史反复证明的客观真理，是党领导人民从胜利走向胜利的根本保证，也是中华民族走向繁荣富强、中国人民幸福生活的根本保证。改革开放以来，中国吸引外资和对外投资规模持续扩大，呈现多元化投资格局，中国企业对外投资不再局限于获得能源和资源等方面，而是通过全球战略布局实现配置资源的方式来满足国内发展的需要。从投资领域看，由传统基建、劳动密集型产业到高端装备制造业不断扩展；从投资地区看，由最初的主要集中在发展中国家开始向发达国家转移；从投资形式看，由单一的绿地投资向兼并、收购、参股等多种方式扩展；从经济发展进程来看，开始将"走出去"和"引进来"战略并举。中国对外投资取得的显著成绩，是中国特色对外开放道路的成功，标志着中国开始影响世界、开始改变世界、开始引领世界，标志着科学社会主义开始焕发出生机活力。40多年来中国对外贸易、对外投资取得的成绩，不仅有力地支持了中国整体经济发展，也为整个世界探索更好的对外开放与经济发展协调机制提供了中国方案、中国经验和中国智慧。

2. 坚定中国特色社会主义政治制度和国家治理体系的自信

在一个国家的治理体系中，政治制度处于十分重要的位置。世界上不存在完全相同的政治制度，也不存在适用于一切国家的政治制度模式。在突发事件下，中国特色社会主义制度能够快速做出响应，而制度自信的底蕴正是来源于成功的实践。实践证明，中国特色社会主义制度和国家治理体系是行得通、真管用、有效率的，是以人民为主体的伟大实践。人民群众通过自己扎扎实实的努力不断增强自己的获得感、幸福感、安全感，成了国家制度和国家治理的拥趸。新中国成立70年多来的伟大实践已经充分证明，社会主义民主政治具有强大生命力,中国特色社会主义政治发展道路是符合中国国情、保证人民当家作主的正确道路。因此,坚定中国特色社会主义制度自信,首先要坚定对中国特色社会主义政治制度自信,增强走中国特色社会主义政治发展道路的信心和决心。

3. 坚持人民主体地位和以人民利益为中心

党的十九届五中全会审议通过的《中共中央关于制定国民经济和社会发展第十四个五年规划和二〇三五年远景目标的建议》明确把"坚持以人民为中心"作为"十四五"时期经济社会发展必须遵循的一项重要原则,提出"坚持人民主体地位,坚持共同富裕方向。在疫情发生初期,中国快速做出反应,对内,限制或禁止群体活动,减少人群聚集风险;对外,实行边境控制,采取严格的旅行限制措施。始终做到发展为了人民、发展依靠人民、发展成果由人民共享,维护人民根本利益,激发全体人民的积极性、主动性、创造性,促进社会公平,增进民生福祉,不断实现人民对美好生活的向往"。正是因为中国"坚持以人民为中心"的原则,在疫情治理与防控阶段,中国人民表现出了前所未有的统一与配合,让世界为之震撼,在全体中国人民的配合下,国内疫情蔓延快速得到控制,建立起了科学有序的各级防控措施,在保证人民生命安全的基础上,逐步恢复国内的生产经营。以人民为中心的发展思想,是减轻中国在疫情期间经济运行压力的主要原因,有利于恢复企业与消费者信心,因此在全球对外直接投资大幅下降的驱使下,中国依然是外商重要的投资目的地之一。

4. 坚守社会主义核心价值观以实现经济可持续发展

中国共产党在十八大上正式提出,要"倡导富强、民主、文明、和谐,倡导自由、平等、公正、法治,倡导爱国、敬业、诚信、友善,积极培育社会主义核心价值观",分别从国家、社会和个人三个层面高度概括和凝练出社会主义核心价值观的基本内容。当代中国,将亿万中国人凝聚在一起的"根本"、推动我们不断前行的动力"源泉"就是实现国家富强、民族振兴、人民幸福的中国梦。得益于中国对疫情迅速有效的防控,中国经济从2020

年第二季度快速复苏,实现 V 型反弹。在社会主义核心价值观的指导下,全体社会成员的共同努力,实现了"听国家统一指挥,不给国家添麻烦"的健康风尚。世界经济发展的一个经验是,成熟的市场经济必然建立在诚信和法治之上,市场经济就是诚信经济,竭泽而渔、损人利己的发展是不可持续的,诚实、信任、友善、合作才是实现各方共赢的道德基础。企业更应该认识到同社会之间的利益攸关,将经济效益与社会效益统一起来,逐步构建守法经营、公平竞争、诚信守约的市场秩序,这是企业实现可持续发展的长远战略,也是社会主义核心价值观的根本要求。

三、案例的使用说明

(一)教学目标

本案例适用于国际商务国际投资的知识点教学。

1. 知识目标

理解概念:国际投资、对外直接投资、绿地投资、跨国并购。
掌握理论:对外直接投资理论、跨国并购理论。
熟悉政策:"走出去"战略、"一带一路"倡议。

2. 能力目标

全面的认知能力。改革开放40多年来中国从招商引资为主,到向"走出去"的对外投资调整,有成就也有教训,通过梳理40多年中国对外投资的各方面表现,引导学生全面认知中国对外直接投资的情况,合理评价中国对外投资、跨国并购取得的成就和存在的不足。

理性的分析能力。围绕两个案例中涉及的"走出去"战略和"一带一路"倡议落实,设置相关思考题,引导学生结合课堂学习的对外投资理论、跨国并购理论,从对外直接投资视角深度分析中国"走出去"战略和"一带一路"倡议这些对外开放政策的背景与意义,从理性的角度分析这些政策实施中存在的问题,提高分析问题的能力。

3. 素质目标

具备积极心态与务实作风。通过设置案例思考题，引导学生以积极的心态正确看待中国对外直接投资和跨国并购中存在的问题及不成功的案例；认识到中国对外投资从规模、领域、形式等方面能够持续优化与改进，是践行务实工作作风、吸取以往的经验和教训以及踏实努力工作取得的成绩。

树立全景意识与大局观念。新冠肺炎疫情是大自然给所有国家带来的天灾，在这一大灾面前，我们应该有全景意识和大局观念。通过案例分析，引导学生客观地从整体的利益出发，站在全局的高度看问题、想办法、做决策；帮助学生树立顾全大局的思想意识，站在整个大局的高度去认识问题、解决问题，要看得长远，不计眼前得失和局部得失，从而得到长远、广泛的利益。

（二）教学过程

1. 课前准备

（1）学生需要预习国际商务中国际投资的相关知识，对国际投资理论、跨国并购理论、对外投资形式、中国对外投资政策等有较为完整的认识。

（2）授课教师根据学生对国际投资理论和中国对外投资政策掌握情况，将结合案例设计的讨论题提前下发给学生，并对学生进行分组。要求每组学生自行分工，查阅相关资料，写讲稿和制作课堂案例分析的 PPT 课件，小组内学生要在课前进行讲解练习，进一步完善讲稿和 PPT 课件。

2. 讲授理论知识

（1）国际投资动因、形式及影响。

（2）对外直接投资和间接投资理论。

（3）跨国并购理论与跨国并购形式。

（4）"走出去"战略理论依据和政策目的。

（5）"一带一路"倡议的理论依据与政策目的。

（三）案例分析要点

1. 启发思考题

（1）为什么要实行对外直接投资的"走出去"战略与招商引资的"引进来"战略相结合？

（2）疫情下的中国对外投资能够逆势增长的原因是什么？

2. 分析思路

（1）为什么要实行对外直接投资的"走出去"战略与招商引资的"引进来"战略相结合？

案例分析知识点：对外直接投资理论、引入外资理论。

案例分析思路：引导学生结合所学的对外直接投资和招商引资理论，分析中国的"引进来"战略与"走出去"战略提出的背景和政策依据，在此基础上进一步分析两个战略结合对当前中国产业结构升级和在全球价值链定位的意义。

参考答案：

改革开放初期，中国经济发展的资金缺口是主要制约因素之一。一方面，借助廉价劳动力优势，通过发展资金需要量较少的"三来一补"轻工业，完成资本积累，锻炼了产业工人队伍，提高技术水平，增加了管理经验，为进一步发展拥有自主知识产权的装备工作奠定基础；另一方面，通过招商引资，快速弥补资金缺口和突破技术水平低和管理经验不足的困境。伴随着中国对外开放持续扩大，资金日益充足、技术与管理水平日渐先进，一部分企业和产业已经具备了国际竞争力，有能力参与国际竞争，能够进行全球配置资源，进一步释放企业和产业的潜力，在国际市场上获得更大的经济利益。因此，在20多年前，中国政府适时提出"走出去"的战略，引导企业进入国际市场，参与国际竞争，利用全球资源和市场去学中国经济规模的扩大和国际竞争力的提升。一国经济的发展不仅仅追求经济实力增强和国家财富的积累，更重要的是人民生活水平的提高，全民的富裕。将"走出去"战略与招商引资的"引进来"战略相结合，一方面通过"引进来"战略，助力调整产业结构，即产业结构优化与高级化，满足人民高质量美好生活的诉求；另一方面，通过"走出去"战略，践行国家主席习近平提出的"构建以合作共赢为核心的新型国际关系，打造人类命运共同体"发展道路。通过国内与国际市场联通，共用国内与国际资源，发展中国的同时助力世界经济发展与繁荣。

（2）疫情下的中国对外投资能够逆势增长的原因是什么？

案例分析知识点：对外直接投资的目的与形式、区域经济合作与对外投资。

案例分析思路：引导学生从对外投资的多元化目标入手，结合中国在突发事件中体现出来的政治体制的优势，分析中国对外投资逆势增长的原因。

参考答案：

首先，中国虽然是最早暴发疫情的国家之一，但中国有优越的政治制度和政府的科学决定，中国人民全力配合国家，在较短的时间内控制住了疫情。这对中国企业，特别是大企业带来了转机，这些企业在国家支持下能够较快回归正常的经营状态。其次，2020年的全球疫情蔓延使各国企业面临停工停产的共同问题，许多企业的运营情况或财务情况遭受了巨大的冲击，这为本身经营良好的中资企业提供了一个很好的并购机会。中国企业积累了40多年的海外投资经验，具有较高的投资风险管制和合规管理能力，完全有能力抓住疫情带来新一轮扩大对外投资的机会。最后，为应对疫情不得不采取的隔离和无接触与少接触的防疫要求，助推了许多远程商业、教育、医疗新技术的应用和创新，而中国互联网相关的信息技术快速发展和完备的基础设施带来的效率的提升和成本的降低，有效地助力了中国企业在疫情下的对外投资活动。

（四）教学组织实施

用1课时简要梳理案例中涉及的国际投资和跨国并购理论，以及国家实施的"走出去"战略及"一带一路"倡议背景与目的，引入案例讨论思考题。围绕提出的案例思考题，由学生主导、教师辅助进行1课时案例讨论。具体教学组织安排如下所示。

学习阶段	学习内容	时间限制	学习目标
课前	对学生分组，要求学生根据之前下发的案例思考题，查阅相关资料，预习相关知识。	课前5天	了解中国改革开放以来的对外投资政策演进历程及取得的成就；提高学生团队协作能力。
课中	知识讲解：讲授案例涉及的国际投资理论与政策知识点，提炼和融入案例呈现的思政元素；通过设计的思考题，引入案例内容。	45分钟	掌握国际投资理论与政策，熟悉改革开放40多年来中国对外直接投资情况和取得的成绩。
	小组分享：各组根据分配的思考题，以PPT课件为主，辅助黑板，分享本组对案例思考的观点。	30分钟（每组5分钟）	学会从不同视角分析同一问题；加深对案例内容及涉及知识点的理解。
	自由讨论：所有学生根据各小组分享的内容进行自由讨论和补充分析。	10分钟	提高学生表达能力、独立思考能力。
	教师总结：结合案例内容和思考题设定的目的，点评各小组学生分享观点，总结各组从材料准备、PPT制作、讲解中值得学习的地方。	5分钟	引导学生学会运用所学国际投资理论与政策知识分析和解决中国对外直接投资面临的问题。
课后	自主学习：要求学生关注中国对外投资政策演进趋势，结合所学知识，从专业角度思考与分析现行对外投资政策对企业投资的影响。		巩固已学的国际投资理论与政策知识，提升分析问题的能力。

（五）总结

经过40多年的改革开放，中国国际投资总量大幅度增加，但在当前经济形势下，地缘政治风险加剧，全球经济不确定性增加，"逆全球化"的呼声呈上升趋势。供应链的全球化可能将转变为战略物资集中在本土的自给自足型供应；而在产业供应链中，区域合作可能会取代全球化合作。对于走出去的中国企业来说，国内市场仍然是其战略基点，中国新发展格局的构建依旧要依托国内大循环吸引全球商品和资源要素，深入参与国际循环，增强国际对于中国市场的依赖性，打造中国全新的国际合作和竞争优势。

参考文献

[1] 疫情下的中国对外投资：2020年逆势增长3.3%，专家建议仍应警惕地缘政治风险 [EB/OL].（2021-01-24）[2022-12-26].http://www.chinatimes.net.cn/article/104050.html.

[2] 改革开放40载，中国对外投资市场更多元 [EB/OL].（2018-12-13）[2022-12-26].http://www.cinic.org.cn/xw/cjxw/462688.html.

[3] 商务部召开"十四五"利用外资发展规划暨稳外资工作专题新闻发布会 [EB/OL].（2021-10-22）[2022-12-26].http://www.gov.cn/xinwen/2021-10/22/content_5644388.htm.

[4] 陈甦.坚持制度自信[J].理论导报,2019（11）:58.

[5] 杨丽.把培育和践行社会主义核心价值观落实到经济发展实践中[J].赤子,2014（21）:13.

华为公司开拓国际市场策略选择

一、案例正文

俄罗斯是华为在国际市场上的第一站。华为在全球化初期，是以中国的外交政策作为大方向的。1996年，时任俄罗斯总统叶利钦对中国进行了国事访问，并且宣布与中国建立平等、信任、面向21世纪的战略合作伙伴关系。任正非敏锐地察觉到，中俄此次定调的国际关系变化中隐藏着巨大的商机，于是当机立断，要拓展俄罗斯的业务。

但华为进入俄罗斯市场不是一帆风顺的。刚开始，华为的产品并没有被俄罗斯市场所接受，当时，爱立信、阿尔卡特、西门子等跨国巨头已经完成了对俄罗斯市场的瓜分。虽然华为当时在国内已经小有名气，但对于俄罗斯来说，知名度几乎为零；更为严重的是，由于当时一些国内企业将质量不过关的产品销往俄罗斯，导致俄罗斯人对中国的产品丧失了信心。华为在最初面临的难题不仅是向俄罗斯客户推销华为产品，更重要的是推销"中国制造"，改善中国产品的国际形象。这无疑增加了华为拓展俄罗斯市场的难度。

俄罗斯市场从零到1的突破可以说是非常艰难的。首次突破不仅给华为带来了足够的信心，更重要的是也积累了一些行之有效的海外拓展经验，培养了一大批有海外市场拓展经验的干部。[1]

华为开拓俄罗斯的关键举措有三点：

一是邀请客户来中国，了解国内情况。由于当时"中国制造"给人一种廉价低质的印象，华为要想在电信这一高科技领域站稳脚跟，就必须消除大家对"中国制造"的顾虑。2004年4月，华为邀请以俄罗斯著作权协会主席维克多维奇为团长的代表团到华为深圳总部参观。在观看了华为自动化的物流中心、数据中心及自主研发的高科技产品展厅之后，维克多维奇非常高兴地说："此次来中国的印象太深刻了，没想到中国的科技进步这么快，回俄罗斯之后一定要大力宣传，让更多的电信运营商到中国来看看。"华为就此也创立了一条"新丝绸之路"的拓展方式，那就是带客户从北京入境，一路往南到上海、深圳，最后从香港出境；或者是让客户直接从香港入境，到深圳总部参观，之后再一路往北到上海、北京出境。这条线路不仅能使客户了解中国改革开放的成就，也使他们认识了华为。此外，华为还印了一批名为《华为在中国》的手册，把中国各地的美好风景、地标建筑拍成照片，同时附上华为的产品及应用的情况。这对客户了解中国、了解华为起到了非常关键的作用。

二是坚守市场，不放弃任何机会。1997年俄罗斯陷入了经济低谷，卢布贬值。整个电信业停滞了下来，市场也比较萧条，西门子、阿尔卡特、爱立信等很多西方的电信巨头纷纷从俄罗斯撤离，这无疑给华为提供了一个契机。华为反其道而行之，马不停蹄地组建营销团队。经过严格的培训之后，团队被派到俄罗斯进行市场拓展。1997年4月8日，任正非亲自飞到俄罗斯的乌法市，参加了华为与俄罗斯当地公司建立合资公司的签字仪式。这是华为在海外建立的第一个合资公司。在这之后的市场拓展过程中，俄罗斯对华为的信任不断地加强。当俄罗斯的经济出现回暖，华为赶上了政府新采购计划的头班车。2000年，华为斩获了乌拉尔电信交换机和莫斯科MTS（俄罗斯移动电信系统公司）移动网络两大项目，加快了在俄罗斯电信市场开拓的步伐。2003年，华为在独联体国家的销售额就已经超过3亿美元，位列独联体国家市场中国际大型设备供应商之首。经过十几年的不懈努力和持续投入，华为现在已经成为俄罗斯市场的领头羊，与所有的顶级运营商都建立了战略合作伙伴关系。

三是本土化运营。华为在俄罗斯招聘了非常多的本地员工，这些本地员工相比中方外派员工有明显的优势，他们对俄罗斯的法律法规及市场情况了如指掌，同时也与企业文化和当地文化磨合得比较好，业务经营很快就融入了当地的主流社会。同时，华为还把在当地招聘的人才送到总部进行培训，这些人现在已经成为俄罗斯华为公司的中坚力量。但是华为的本地化并不是彻底的本地化，中庸之道在这里得到了很好的体现。任正非的很多文章和华为印发的读物会被源源不断地寄往俄罗斯和世界各地的子公司，让本地员工阅读，使他们充分感受到自己是华为的一分子。

除去俄罗斯市场，欧洲市场也是华为全球化过程中非常重要的一站，因为欧洲是电信设备市场中最大、最先进的市场之一，很多世界顶级运营商的总部都在欧洲，例如沃达丰、英国电信、德国电信、西班牙电信、法国电信、意大利电信等，所以打开欧洲市场对于华为的全球市场战略非常重要。一旦登上欧洲这个"珠穆朗玛峰"，那么"山脚"的生意无疑就好做多了。在任正非看来，欧洲市场的重要性体现在两个方面：一是欧洲是利益多元化市场，各国政府干预市场较少，能够接受华为；二是欧洲有大量的人才储备，华为可以把这些基因组合起来成立研发中心，既满足华为的业务成长需要，又能改善与欧洲各国政府的关系。为此，任正非在内部讲话中说："欧洲市场绝对是华为的大粮仓，是最重要的。"

华为进入最高端和职业化的欧洲市场的策略概括起来有三点：

一是利用商务优势，实现小客户突破。在欧洲市场拓展早期，华为很清楚自己的力量还非常薄弱，所以没有向世界级运营商发起正面攻击，而是按照"农村包围城市"的迂回战略，通过价格利器向一些刚刚起步、非常注重性价比的规模较小的运营商发动进攻。华为与INQUAM的合作就是打开欧洲市场的第一步。INQUAM是一家总部设在英国的中等规模的跨国移动运营商，尽管较早地在英国、罗马尼亚、法国、葡萄牙等国家部署了GSM网络，但是由于投资规模和运营能力的局限，它在移动市场上的竞争力有限。为了寻找新的利润增长点，INQUAM在了解到很多度假者抱怨在葡萄牙无法接听CDMA电话的事实之后，就积极筹划投资方案，并主动地向朗讯、北电和摩托罗拉三家北美电信巨头招标，但这三家企业的报价都远远超出了它的预算。此时，CDMA专利巨头高通推荐了华为，但是INQUAM决策层对华为能否满足其运营规划和发展愿景，并不持乐观态度。然而，华为随后给出的方案却令他们极为震惊，不仅报价只是3家北美电信巨头的1/3，其CDMA设备甚至可以覆盖整个葡萄牙，并且还提供了可以实现同步国际漫游、多媒体视频聊天、无线公话等完善的端到端解决方案。凭借此项目，INQUAM在葡萄牙开通了欧洲第一个CDMA商业网络，在预期内实现盈利且收回投资，华为也如愿以偿地在欧洲树立了一个样板点。

二是快速响应，及时解决客户的痛点。爱立信、诺基亚这样的西方电信设备供应商，主要以欧洲本地员工为主，公司内部流程也比较复杂，从对一个产品特性进行研发立项到最后交付给客户，往往需要一年以上的时间。而华为凭着艰苦奋斗的精神和灵活的商务策略，有时几个月时间就可以提供一个新的解决方案来解决客户的痛点，这也是华为在欧洲市场实现快速切入的一个非常大的优势。2005年，华为有过一个沃达丰的无线拓展案例。从马德里到塞维利亚的高速铁路最高时速300千米，平均时速250千米，全程约4小时，是往来两地非常重要的交通工具之一，但乘客经常投诉高速行驶时的话音和数据覆盖质量非常差。沃达丰求助西方设备供应商，但在当时这还不是普遍需求，优先级不高，设备供应商通知沃达丰，说两年后会有解决方案。于是，沃达丰抱着试试看的态度找到了华为。3个月后，华为就回复客户，找到了解决方案，客户非常惊诧。原来，华为上海无线研究所收到客户需求后，立即成立项目组，开会组织分析。他们租下了上海磁悬浮沿线24千米，建设了20几个基站做高速覆盖，重现和测试所有的场景，验证了解决方案。参与研发的员工达100多人，持续3个月没有周末休息。在被邀请登上磁悬浮现场测试话音、数据的场景后，客户惊讶地竖起了大拇指。就这样，华为彻底地征服了沃达丰这样的欧洲高端客户。快速响应客户需求也成为华为核心价值观之一，让其逐渐为欧洲市场所青睐。

三是技术领先抢占市场。德国是高质量的代名词。任正非曾对华为人说，进军德国意义重大，能不能胜出就在于华为的产品究竟是不是高科技。德国电信是德国最大的电信运营商，能够与它合作，就能占领德国大部分通信市场。2004年年底，德国电信宣布将在德国建设NGN（下一代网络），鉴于其用户对业务极为严格的要求，德国电信在全球范围内全面考察了多家NGN制造商，并要求他们将各自的设备运送到德国电信总部，展开了为期4个月的产品对比测试。专家报告显示，华为NGN解决方案——U-SYS的业务兼容性、设备稳定性、协议标准性更胜一筹。2006年2月，在众多国际巨头惊讶的目光中，华为脱颖而出，独家中标NGN项目。德国电信同时还宣布，将与华为结成战略合作伙伴，共同建设覆盖德国全境200多个城市的

NGN 网络。到2017年，华为在德国的销售额已经达到了20亿美元，华为德国代表处是欧洲各国中销售额最高的代表处。

二、案例的思政元素

1. 坚持在历史大势中科学把握经济全球化健康发展的客观规律

生产力的发展是经济全球化的物质基础，推动世界生产力发展是习近平总书记关于经济全球化重要论述的出发点和立足点。习近平总书记强调："经济全球化是不可逆转的历史大势，为世界经济发展提供了强劲动力。"在科技进步和产业变革的推动下，当今世界正经历新一轮大发展大变革大调整，面临着百年未有之大变局。一方面，各国经济社会发展联系日益紧密，国际秩序和全球治理体系正加速变革；另一方面，世界经济深刻调整过程中，逆全球化思潮抬头，经济全球化发展遭遇波折。习近平总书记强调要认清历史大势，从纷繁复杂的局势中把握规律。经济全球化符合生产力的发展要求，其发展是不以人的意志为转移的，要在历史大势中科学把握经济全球化健康发展的客观规律。首先，世界各国通过开放合作、优势互补、共同发展促进全球经济持续开放、交流、融合，是经济全球化健康发展的必然要求。其次，坚持创新引领经济全球化健康发展，唯有世界各国共同推动科技创新，加强数字经济、人工智能、纳米技术等前沿领域的合作，才能突破世界经济发展瓶颈。最后，推动经济全球化健康发展应该摒弃弱肉强食、赢者通吃的旧逻辑，让世界人民共享经济全球化和世界经济增长成果。[2]

2. 以更加开放、包容、普惠、平衡、共赢为推动经济全球化健康发展

2017年1月18日，在联合国日内瓦总部的演讲中，习近平主席进一步指出，世界各国要合力"推动建设一个开放、包容、普惠、平衡、共赢的经济全球化"。习近平主席的一系列讲话标志着新型经济全球化理念逐步成熟，同时为世界擘画了新型经济全球化的愿景，即"开放、包容、普惠、平衡、共赢"。这一愿景也是新型全球化的目标导向。[3] 新型经济全球化的基本内涵包括如下五个方面：一是新型经济全球化是开放的全球化。各国都要平

等、主动地参与全球化，将本国的发展与全球的发展相统一，切忌以狭隘的国家、民族观念将本国隔离于全球之外。二是新型经济全球化是包容的全球化。在当今国际背景下，国际合作显著加强，世界多极化趋势明显，世界的命运不应该由一国或者几国掌控，而是要在国际关系中充分发扬民主，联合各国共同制定国际规则，即"全球事务应该由各国共同治理，发展成果应该由各国共同分享"。三是新型经济全球化是普惠的全球化。正如中国在经济发展中反复权衡效率与公平问题一样，在世界全球化的进程中也要正确处理效率与公平的关系，只有这样才能"让不同国家、不同阶层、不同人群共享经济全球化的好处"。四是新型经济全球化是平衡的全球化。要实现新型经济全球化的目标，还要重视平衡发展。要使参与发展的各方机会均等，分配公平，使全人类发展成果惠及世界各国。"要落实联合国2030年可持续发展议程，实现全球范围平衡发展。"五是新型经济全球化是共赢的全球化。"各国要树立命运共同体意识，在竞争中合作，在合作中共赢"，要真正认清一荣俱荣、一损俱损的连带效应。各个国家都能够在全球化的浪潮中实现自我发展，不以牺牲其他国家的利益为代价。要恪守互利共赢原则，不搞我赢你输，要实现双赢。

3. 选择目标市场时将经济利益与政治利益相结合

习近平总书记指出，"对生产力标准必须全面准确理解，不能绝对化，不能撇开生产关系、上层建筑来理解生产力标准。改革开放以来，我们党提出的一系列'两手抓'……都是符合历史唯物主义要求的"，"一个国家的政治制度决定于这个国家的经济社会基础，同时又反作用于这个国家的经济社会基础，乃至于起到决定性作用。在一个国家的各种制度中，政治制度处于关键环节。"市场经济被视为经济层面的东西，社会主义市场经济则是经济与政治的辩证统一，社会主义市场经济强调党和政府在经济发展中的领导作用，新发展格局也是在党和政府的领导下得以构建的，新发展格局所依托的仍然是社会主义市场经济体制，在构建新发展格局的要求下，社会主义市场经济体制朝着更加系统完备、更加成熟定型的方向前进，反过来更加系统完备、更加成熟定型的社会主义市场经济体制为构建新发展格局提供了基础运行环境。社会主义市场经济体制的改革和完备成熟是在党和政府的领导下进行的，这是政治引导经济的表现，而这与新发展格局是在党和政府引导下进行构建是一致的，习近平总书记论述的"社会主义市场经济是经济与政治的辩证统一"在新发展格局的构建中得到了最新体现。[4]

三、案例的使用说明

（一）教学目标

本案例适用于国际商务跨国公司全球营销管理的相关知识点教学。

1. 知识目标

掌握知识：市场细分、市场机会、市场定位、目标市场。

掌握理论：市场细分理论、市场定位理论、目标市场营销理论。

2. 能力目标

专业分析问题能力。通过教师对案例的专业分析和学生对案例思考题进一步研讨，提高学生运用现代国际商务理论分析和解释中国企业开拓国际市场可能遇到问题的能力。

解决专业问题能力。通过提前布置的与案例课程相关的课前预习作业，和学生积极参与的案例教学课堂上针对预留案例思考题的研讨会，使学生在学会提出问题和分析问题的基础上，针对企业在跨国经营中存在的问题，基于严谨的理论分析和实地调研，尝试提出有针对性的解决方案。

3. 素质目标

国家利益优先。以辩证思维分析经济利益与政治诉求的关系，明辨社会主义市场经济是经济与政治的辩证统一的关系。因此，跨国公司在开拓国际市场和选择对外经贸合作伙伴时，要将国家利益放在首位，兼顾企业利益。

提高职业素养。通过案例给出的相关资料和拓展阅读，从华为公司开拓国际市场经验中可以看出，员工艰苦奋斗的精神和务实作风，以及爱岗、敬业、乐于奉献的职业素养的重要性，引导学生在大学期间通过参加各项活动提高自己的职业素养。

（二）教学过程

1. 课前准备

（1）学生需要预习国际商务中社会文化环境的相关知识，对社会文化环境的构成要素，对社会结构、个人与集体、价值观、社会规范、道德准则与对国际商务活动的影响有完整的认识。

（2）授课教师根据学生对一国社会文化环境相关知识点的掌握情况，将结合案例设计的讨论题提前下发给学生，并对学生进行分组。要求每组学生自行分工，查阅相关资料，写讲稿和制作课堂案例分析的PPT课件，小组内学生要在课前进行讲解练习，进一步完善讲稿和PPT课件。

2. 讲授理论知识

（1）市场机会与竞争对手分析。

（2）市场细分标准与方法。

（3）目标市场选择与营销策略。

（4）市场定位原则与方法。

（5）国际市场竞争策略。

（三）案例分析要点

1. 启发思考题

（1）结合案例，分析经济全球化的表现形式，以及对华为公司等中国企业开拓国际市场的积极影响。

（2）结合案例，分析政治偏向对跨国经营企业选择目标市场的影响。

2. 分析思路

（1）结合案例，分析经济全球化的表现形式，以及对华为公司等中国企业开拓国际市场的积极影响。

案例分析知识点：经济全球化、国际市场开拓策略、目标市场选择与营销策略、本地化经营策略。

案例分析思路：从经济全球化的表现形式和案例提供的华为公司开拓俄罗斯市场和欧洲市场的经验，分析经济全球化对华为公司等中国企业开拓国际市场的积极影响。

参考答案：

国际货币基金组织将经济全球化界定为通过贸易、资金流动、技术创新、信息网络和文化交流，使各国经济在世界范围高度融合，形成相互依赖关系。经济全球化又分为市场全球化和生产全球化。其中，市场全球化是指历史上分离的市场合并成一个巨大的全球市场的过程。市场全球化并不意味着国内市场从属于世界市场，国家间仍存在巨大差异，特别是消费品市场，仍要入乡随俗。案例中华为公司为适应东道国市场环境，在俄罗斯和欧洲市场均实施了本土化策略。生产全球化是根据不同国家生产要素成本和质量差异，从世界各地采购货物和服务，降低成本，提高质量。华为公司由最初的中国生产全球销售，到在东道国投资设厂，将产品生产不同环节在地理上分散开来，分布全球的各子公司相互协作，不仅在全球范围内形成了一个巨大的价值链，而且实现了在全球范围内最优化配置资源。

经济全球化有利于中国企业发挥后发优势，深度参与国际分工，并为中国企业提供了在更广泛的领域内积极参与国际竞争的机会，中国企业可以通过发挥比较优势实现资源配置效率的提高，拓展海外市场，提高企业的竞争力。经济全球化促进了各国科技人才、跨国公司、国家之间以及民间的全球性科技活动日趋活跃，如果能加以有效地利用和积极参与，就能有效地促进中国技术水平的提高。中国企业可以利用国外的技术或在外国产品的技术基础上进行创新，建立和发展高新技术产业，实现经济的跨越式发展。

（2）结合案例，分析政治偏向对跨国经营企业选择目标市场的影响。

案例分析知识点：政治制度与经济制度的关系、市场需求的构成要素、市场细分与目标市场选择、市场定位与目标市场营销策略。

案例分析思路：从习近平总书记关于生产力与生产关系的论述，以及一国政治制度与经济社会基础的关系论述入手，分析企业在选择目标市场时为什么必须考虑政治偏向。

参考答案：

习近平总书记指出："对生产力标准必须全面准确理解，不能绝对化，不能撇开生产关系、上层建筑来理解生产力标准"；"一个国家的政治制度决定于这个国家的经济社会基础，同时又反作用于这个国家的经济社会基础，乃至于起到决定性作用。在一个国家的各种制度中，政治制度处于关键环节。"从习近平总书记关于生产力与生产关系的论述，我们可以看出，企业从事对外国际经贸交往时，不仅要看这些合作项目能否到达企业的经济利益目标，还必须考虑合作双方母国之间的政治关系，以及经贸合作伙伴企业的政治倾向，以保证企业利益追求与国家利益诉求一致，同时降低由于双方存在政治分歧而可能带来的政治风险。

（四）教学组织实施

用1课时简要梳理案例中涉及的跨国企业开拓国际市场的市场机会分析、市场细分、市场定位、目标市场选择与营销策略等相关知识，并将这些知识引入案例讨论思考题，由学生主导、教师辅助进行1课时案例讨论。具体教学组织安排如下所示。

学习阶段	学习内容	时间限制	学习目标
课前	对学生分组，要求学生根据之前下发的案例思考题，查阅相关资料，预习相关知识。	课前5天	了解经济全球化对企业开拓国际市场的影响，熟悉跨国公司开拓国际市场步骤及可以采取的措施等；通过小组作业提高学生团队协作能力和集体主义精神。
课中	知识讲解：讲授案例涉及的市场机会、市场细分、市场定位、目标市场选择、目标市场营销策略等相关知识点，提炼和融入案例呈现的思政元素；通过设计的思考题，引入案例内容。	45分钟	掌握市场细分的方法与步骤、可供企业选择的目标市场营销策略。熟悉分析市场机会和市场定位的方法。
课中	小组分享：各组根据分配的思考题，以PPT课件为主，辅助黑板，分享本组对案例思考的观点。	30分钟（每组5分钟）	学会从不同视角分析同一问题；加深对案例内容及涉及知识点的理解。
课中	自由讨论：所有学生根据各小组分享的内容进行自由讨论和补充分析。	10分钟	提高学生的独立思考能力、文字表达能力、语言表达能力。

续表

学习阶段	学习内容	时间限制	学习目标
课中	教师总结：结合案例内容和思考题设定的目的，点评各小组学生分享观点，总结各组从材料准备、PPT制作、讲解中值得学习的地方。	5分钟	引导学生学会运用所学的跨国公司全球市场营销的相关知识，分析跨国公司从事国际商务的机遇与挑战。
课后	自主学习：要求学生持续关注中国企业开拓国家市场的情况，结合所学知识，从专业角度思考与分析中国跨国经营企业开拓国际市场遇到的问题，并尝试提出可行的解决方案。		巩固已学的跨国公司全球营销的相关知识，提升分析问题和解决问题的能力。

（五）总结

改革开放以来，中国积极参与经济全球化进程，成为既发展自己、也造福世界的生动范例。中国始终把自身改革开放与经济全球化进程紧密结合，从建立经济特区、开放沿海沿江沿边地区，到加入WTO，再到提出人类命运共同体理念、共建"一带一路"倡议和全球发展倡议，中国不断开放市场、拥抱世界，全面建立同多边贸易规则的对接机制，为促进世界经济贸易发展、增加各国人民福祉作出了重大贡献，成为世界经济增长的主要稳定器和动力源。中国要继续同伙伴国家携手创造正面外溢效应，促进世界经济强劲、可持续、平衡、包容增长。

参考文献

[1] 陈攀峰.华为全球化[M].杭州：浙江大学出版社，2020：52，68.

[2] 陈景彪.习近平关于经济全球化重要论述研究[J].马克思主义研究，2022（8）：87-96.

[3] 高杨，曲庆彪.人类命运共同体理念与新型经济全球化愿景[J].西北民族研究，2022（2）：18-26.

[4] 陈健，郭冠清.新发展格局的学理基础：经济与政治关系的维度[J].改革与战略，2022，38（6）：1-14.

华为公司跨文化人力资源管理

一、案例正文

经济全球化是当今世界经济、文化、科技等综合发展的产物和必然结果，它促进了各国经济的快速发展和各国文化的相互交融，对世界经济未来的发展方向起到了决定性作用。在这个大背景下，各国企业的管理者都看到了国际市场的快速发展所带来的机遇，他们利用各种比较优势，比如原料价格优势、劳动力价格优势、技术优势、人才优势等，在不同国家设立分公司，寻找更加广阔的发展空间。越来越多的企业进行跨国经营，这就不得不涉及来自不同国家员工的人力调整和分配，怎样应对来自不同国家员工的文化差异成为不可避免的问题。跨国企业主要由来自不同文化背景的管理者和员工组成，必然会产生由不同的思维模式和价值观念导致的文化冲突。当企业管理者对跨国企业进行跨文化人力资源管理时，几种文化相互作用、相互影响、相互渗透，就会导致企业内部文化具有独特性、多样性、消极性、积极性和逆向性。如果企业的人力资源管理者不注重文化和管理之间的关系，忽视企业内部的文化冲突，必然会导致企业整体效率下降。事实证明，跨文化人力资源管理是决定企业成败的关键因素。

随着华为在海外的快速发展，当地员工的数量和比例都越来越高，不同国家、不同种族之间的文化差异显而易见。如何更好地让当地员工理解华为文化并传承华为核心价值观，如何更好地激发本地员工的使命感和责任感，如何保证"力出一孔，利出一孔"，这些问题成为当时华为全球化过程中急需解决的问题。例如华为在海外一线经常遇到以下问题：对于艰苦奋斗的不同观点。对于当地员工来说，工作是为了更好地生活，工作只是生活的一部分；享受生活，享受与家人在一起的时间，享受假期，是他们平时的写照。当地员工一般不能像中方员工一样随叫随到，也不会加班到很晚。对于自我批判的不同观点。公司要求干部进行批判与自我批判，华为的自我批判会是当着自己部门员工和周边部门主管的面进行的。这在东方文化中很好理解，但在西方文化中却让人很难接受，当地员工很难当着下属的面批判自己或者说出自己的问题，并承诺改进。对于中方与当地员工不同的管理，很多公司的要求严格落实到了中方外派员工身上，但却没有严格执行到当地。例如考勤分开，评价体系也没有完全统一。中方员工会觉得为什么区别对待当地员工，而当地员工则会觉得在很多关键事件上没有建议权和决策权，甚至很多信息都没有及时传递，以至于他们觉得自己不是企业的一分子。长此以往，无法充分发挥员工的作用，当地员工的离职率高。

如何应对和解决这些问题呢？任正非早在2004年就谈到，对当地员工的培养不要强制他们中国化。华为文化就像是洋葱头，都是外来文化，这层是英国文化，那层是中国文化、美国文化。华为文化要开放和兼收并蓄，因此，对待当地员工不要用中国的思维去要求他们，要以开放的心态去吸取他们的精华，充实华为文化。到2018年年底，华为在海外聘用的员工总数超过2.8万人，海外员工本地化率约70%。本地员工已经成为华为全球化的骨干力量。人才本地化对华为在跨文化沟通，与当地客户合作伙伴等建立紧密联系，以及降低企业管理费用、外派费用等方面，都有直接的益处。此外，虽然在专利和技术等硬性条件方面，华为显得非常成熟，但若要掌握海外市场，仍需借助本地人才来实现。这些人具有很多优秀的中方员工不具备的对当地市场和文化的理解。为此，华为用有竞争力的薪酬、在当地设立分支机构和科研机构等方法来吸引并猎取人才，从而实现人才的本地化。[1]

华为在国际化的过程中，坚持本地化策略，聘请当地员工，尊重当地文化，求同存异，在公司内部与外部都很好地处理了跨文化问题，华为核心价值观也在本地员工中得到了传承。

华为在跨文化管理方面采取了很多有效的措施：

一是中方主管正确理解和贯彻公司文化和价值观，在本地化传承时做到不简单粗暴和不僵化。能加班不完全代表艰苦奋斗，无效或低效率的加班不仅在当地员工中不能有，在中方员工中也不应该有。任何国家和民族在文化上都是有一定差异的，中方主管需要正视这种差异，不能僵化地强推华为的价值观。华为的核心价值观在落地时也应该因地制宜，做适当调整。例如，晚上加班也可以改成早上早到公司，自我批判也可以在咖啡厅和酒吧这样轻松的环境中进行。可以把艰苦奋斗解读为对业务精益求精、追求卓越；可以把自我批判则解读为持续改进自身和团队，维持组织高绩效。这样，本地员工就可以理解了。

二是鼓励中方员工主动学习和融合本地文化。例如，华为乌兹别克斯坦代表处的中方员工经常参加当地员工的婚礼，观看芭蕾舞剧，了解当地文化、风土人情。每当有员工过生日，大家会集体送上一份礼物表示祝贺。

三是求同存异，共通价值评价。招聘当地员工时，更多的是选择认同华为文化的同路人，找共赢而不是对立，在坚守核心价值观的基础上欣赏个体差异。不应该对当地员工和中方员工区别对待，要回归业务本质，谁的贡献大，就应该让他获得合理的评价和价值分配，不先入为主地区别对待，不打标签。

四是跨文化活动的组织与培训。原欧洲行政部在德国杜塞尔多夫每年都会例行组织规模很大的春节联欢晚会，中方和当地员工及家属都可以参加。大家会表演很多跨文化的节目，一方面让中方外派员工聚在一起包包饺子，一起过年不想家；另一方面，也能增加当地员工对中国文化的了解和兴趣。晚会的一个环节是让本地员工写中文"华为"两字，看谁写得更好。晚会调动了当地员工学中文的热情，欧洲行政部就组织了中文课和德语课，大大促进了双方的融合。

五是本地员工到中国进行跨文化培训。华为在欧洲市场的跨文化管理一直做得很好，从2005年起就选送了多批优秀的当地员工到中国进行一周的文化培训，了解中国文化，学习华为的企业文化，熟悉公司的组织流程制度。这不仅提升了他们对公司的信心，更重要的是加深了双方在文化上的理解、交流与融合。这些员工后来都成长为当地代表处的骨干，例如，德国的托马斯（Thomas）是第一批参加跨文化培训的当地员工，由于对华为文化的认同，他很快就融入了中方的团队，并能影响身边的当地员工，工作如鱼得水，在入职5年后被提拔为代表处管理团队成员之一。

2007年8月，华为推行了"掺沙子"行动。海外代表处选出了一批优秀的当地骨干，为他们提供培训，让他们承担更大的职责；同时，机关部门为他们量身定制详细的培训和项目实践计划，并指定导师为其提供指导和答疑。本地员工按计划参加项目实践、技能培训、文化培训、参观交流等，通过耳濡目染，感受、学习、思考公司的管理运作和文化。部门定期组织相关人员与他们沟通，分享经验，同时倾听他们的需求与困惑、思考和收获。2至6个月的实践结束后，组织正式的培训答辩，检验"沙子"们的学习成果。"沙子"们会与部门同事交流，分享收获和感受。在行动中，与中方员工一同工作的海外员工们也给机关带来清新的国际化气息：一线的经验、一线的视角、本地化的思考等。这激活了中方员工的英文语言中枢，带动大家用英语开会和进行日常交流。对"沙子"们回国后的表现进行跟踪调查后表明，"沙子"们的业务能力有所提升，对公司及公司的价值观更认同，与中方员工、中方主管的相处、沟通和互动更加和谐融洽。当地员工将在深圳的所见所学与其他员工进行分享，对周围的同事产生了非常积极的影响。总之，华为全球化的成功离不开对跨文化人力资源管理的重视，华为也积累了很多经验。只有团队融合了，文化传承了，团队才能不断达成目标；企业中方主管是管理的核心，也是企业文化的传承者，必须保持开放和学习的心态，充分尊重本地文化，多组织跨文化团建活动。

二、案例的思政元素

1. 传承和弘扬中国优秀文化是增强历史自觉、坚定文化自信的必由之路

习近平总书记指出，中华优秀传统文化是中华民族的精神命脉。实践告诉我们，应对经济社会深刻变革、思想文化激烈碰撞、世界格局风云变幻、人类环境日益复杂等种种风险挑战，更需要精神力量发挥筑牢理想信念的重要作用。中华优秀传统文化是我们最深厚的文化软实力，更是坚定文化自信的重要前提。增强历史自觉、坚定文化自信，必然要求我们加强对中华优秀

传统文化的系统挖掘和深入阐发，不断深化对其重要作用和突出优势的认知与理解，将这一源头活水更丰沛地引入当代，从中汲取不竭动力。传承和弘扬中华优秀传统文化，是实现中华民族伟大复兴中国梦的精神所需。[2] 习近平总书记指出，中华民族伟大复兴需要以中华文化发展繁荣为条件。没有文明的接续与传承，没有文化的繁荣和发展，就没有伟大复兴中国梦的最终实现。中华优秀传统文化积淀中华民族最深沉的精神追求，为中华民族繁衍生息、发展壮大提供了丰富养分。在实现中华民族伟大复兴中国梦的征程中，必然要求我们乐于善于勇于从中华优秀传统文化中得到精神指引、获取精神支持，将之熔铸于心、付诸行动，使其成为实现伟大梦想的精神支柱。

2.将外国员工对中国文化和政治制度的认同作为招聘参考条件

党的十八大以来，习近平总书记基于中国文化发展的现状提出"中华优秀传统文化是我们最深厚的文化软实力，也是中国特色社会主义植根的文化沃土"。明晰了发展文化软实力要扎根于中华优秀传统文化的沃土之中。[3] 企业文化作为中国特色社会主义文化的组成部分，在推动中国经济发展、增强中国经济竞争力、规范企业社会责任、提升中国社会文明发展水平中起着重要作用。企业文化是企业在长期的生产发展之中，逐渐形成并且积淀下来的具有传承能力的企业文化与价值观，企业文化是由企业的全体员工的行动和思想逐渐汇聚形成的，并且在形成以后又会反哺企业员工，使得员工在企业文化之中更快更好地成长起来。优秀的企业文化不仅能够推动企业的发展使得企业不断发展壮大，为企业带来更好的经济效益，并且能够在一定程度上推动社会的进步，改变社会的风气以及社会的风貌。企业在向外部社会输出自己的产品的同时，也会不断向顾客和社会传输自己的价值理念，表达企业对于美好生活的向往以及追求，使得社会对于企业有了一个更加全面和深刻的认识，而这也会在一定程度上影响企业在招募人才的过程之中，会有更多具有才能的人士愿意加入企业，为了对社会作出自己的贡献而加入企业。企业文化与企业形象息息相关，企业的文化促进人们对于企业的认知了解，并逐渐形成了企业的形象，而企业形象又会反过来督促企业为维护企业形象而做出努力。[4]

3. 提高员工乐于奉献、爱岗敬业、诚信守法的职业素养

党的十六届三中全会明确提出了"坚持以人为本"的新要求。新发展规则把以人为本作为发展的最高目标，要求在发展中要尊重人、关心人、理解人，要把不断满足人民群众日益增长的多方面需求、促进人的全面发展，作为发展的出发点和落脚点[5]。在企业管理中树立以人为本的管理理念，具有重要意义，具体表现在以下方面。一是有利于提高员工的归属感和幸福感，增强企业凝聚力"以人为本"的思想要求企业更加关心员工的工作、成长和生活，制度设计和薪资福利都要考虑员工的利益和需要，进而提高员工的归属感和幸福感。企业凝聚力是企业对员工的吸引力以及员工对企业向心力的融合，以人为本的管理方式更利于增强员工对企业的认可和信赖，使员工更加爱岗敬业，乐于为企业奉献聪明才智，挥洒汗水，进而提高了企业凝聚力。在不断变化的市场环境下，凝聚力高低是影响企业能否生存发展的重要因素，对企业市场竞争力的提升意义重大。二是有利于增强员工的主人翁意识，激发其工作的主动性和创造性。企业管理者坚持以人为本，切实做到尊重员工、关心员工，让员工知悉企业的经营状况、发展战略，参与企业管理，为企业经营发展建言献策。给员工施展才华的平台和空间，可以增强员工的主人翁意识，更好地调动其工作的主动性和创造性，为企业的发展贡献应有的力量。三是有利于企业健康发展，提高企业市场竞争力。在企业发展过程中，有的企业只以经济利益为中心，而有的企业则过于注重制度管理，这样的经营理念和发展方式容易忽略员工的需要和诉求，长此以往，不仅不利于企业的健康发展，反而会阻碍企业的前进。以人为本的思想对于平衡企业利益、员工利益、社会利益具有积极作用，对于推动制度管理与民主管理相结合具有重要影响，因而有利于企业的健康发展，进而提高了企业竞争力。

三、案例的使用说明

（一）教学目标

本案例适用于国际商务全球人力资源管理的知识点教学。

1. 知识目标

掌握知识：跨国人力资源管理的含义、特点、基本模式，海外企业人员的选择与培训、外派人员的薪酬与激励、跨国劳资关系。

掌握理论：需求层次理论、期望理论、双因素理论、人际关系理论、公平理论、权变理论、激励理论、薪酬理论、劳资关系理论等。

2. 能力目标

沟通交流能力：案例材料显示，华为公司通过组织跨文化团建等活动，加强来自不同国家的员工之间的沟通交流，以规避文化冲突带来消极影响的重要手段。通过阅读案例材料和分析思考题，使学生认识到沟通交流的重要性，在团队合作和工作中要保持开放和学习心态，充分尊重不同国家、民族和地域的文化，多加深双方在文化上的理解、交流与融合，以消除可能存在的误解和冲突。

团队协作能力：通过案例分析和教师课堂讲授企业人力资源管理相关知识，使学生认识到发挥团队精神、互补互助是提高团队工作效率的重要途径；对于团队的成员来说，不仅要有个人能力，更需要具有兼收并蓄和求同存异的心态和能力，在不同的位置上各尽所能、与其他成员协调合作。

3. 素质目标

提高职业素养：华为公司在跨文化人力资源管理中，结合东道国国情和员工组成特点，采取各种措施激发员工责任感，提高员工的凝聚力，培养员工具有乐于奉献、爱岗敬业、诚信守法的职业素养，提高员工素质的同时有助于提高团队协作和员工管理效率。通过案例分析和思考题研讨，使学生认识到职业素养的重要性，引导学生在大学期间有意识地培养和提高自己的职业素养。

坚持文化自信：华为公司在开拓国家市场时，坚持人力资源管理的本地化策略，聘请当地员工，尊重当地文化，但这不等于放弃中国文化，而是在传承和弘扬中国优秀文化，坚持中国文化自信的同时，以开放的心态去吸取东道国文化的精华，通过中方员工与东道国员工相互学习对方文化的方式，求同存异，丰富华为公司的企业文化，在降低企业人力资源管理费用的同时，提高员工工作效率。

（二）教学过程

1. 课前准备

（1）学生需要预习国际商务的全球人力资源管理的相关知识和人力资源管理理论，对跨国企业人力资源管理的特点、基本模式，海外企业人员选择与培训、外派人员薪酬与激励、跨国劳资关系有完整的认识。

（2）授课教师根据学生对跨国公司全球人力资源管理相关知识点的掌握情况，将结合案例设计的讨论题提前下发给学生，并对学生进行分组。要求每组学生自行分工，查阅相关资料，写讲稿和制作课堂案例分析的 PPT 课件，小组内学生要在课前进行讲解练习，进一步完善讲稿和 PPT 课件。通过课堂展示与汇报，使同学对跨国企业的人力资源管理有较系统、全面的认识，激发学生对跨国公司全球人力资源管理关注和学习兴趣。

2. 讲授理论知识

（1）跨国人力资源管理的含义、特点、基本模式。

（2）海外企业人员的选择与培训。

（3）外派人员的薪酬体系设计与激励机制。

（4）跨国劳资关系管理。

（5）人力资源管理理论：需求层次理论、期望理论、双因素理论、人际关系理论、公平理论、权变理论、激励理论、薪酬理论、劳资关系理论等。

（三）案例分析要点

1. 启发思考题

（1）为什么跨文化人力资源管理是企业跨国经营成败的关键？

（2）华为公司在跨文化人力资源管理方面的成功经验对中国企业有哪些启示？

2. 分析思路

（1）为什么说跨文化人力资源管理是企业跨国经营成败的关键？

案例分析知识点：跨文化人力资源管理的特点和基本模式、文化因素在跨文化人力资源管理中重要地位。

案例分析思路：从跨文化管理与人力资源管理的关系入手，引导学生从积极和消极两个方面分析文化差异对跨国公司人力资源管理的影响，以及跨国公司的跨文化人力资源管理能力对其经营成败的重要意义。

参考答案：

跨文化管理工作的核心就是从事有关人的工作，而人又是所有企业资源中最为重要的资源，而做好人的工作也是跨国公司人力资源管理的中心任务；因此跨文化管理和人力资源管理具有一定的关联性。

文化因素是跨国公司在跨文化背景下进行人力资源管理的战略性资源因素。跨国公司员工来自不同文化背景，不同文化相互作用、相互影响、相互渗透，必然会导致企业内部文化的独特性、多样性、消极性、积极性和逆向性并存。企业的团队工作模式必然会产生由不同的思维模式和价值观念导致的文化冲突。如果企业的人力资源管理者不注重员工背景文化差异，忽视企业内部文化冲突，必然会导致企业整体效率下降。

跨国公司的人力资源管理者要重视员工的文化差异，运用现代化的科学方法对员工的心理、思想观念和行为方式等进行恰当的协调和引导，充分发挥人的主观能动性，促进人力资源的使用价值和企业目标有机结合在一起，使人尽其才，事得其人，人事相宜。通过有效的跨文化人力资源管理，避免由于文化差异产生的文化冲突，将文化差异带来的负面影响减少到最低程度，企业所拥有的人财物才能转化成企业的竞争力。这既是跨文化管理的出发点和落脚点，也是跨文化人力资源管理的根本目的。

（2）华为公司在跨文化人力资源管理方面的成功经验对中国企业有哪些启示？

案例分析知识点：跨文化冲突与沟通、跨文化人力资源管理的本土化策略等。

案例分析思路：从华为公司采取的正视和尊重文化差异入手，分析华为公司采取的本土化人力资源管理措施的科学性和合理性。

参考答案：

对于从事跨国经营的企业来说，提升跨文化人力资源管理能力，克服跨文化管理短板，化解文化冲突，既是跨文化管理的目标，也是衡量企业跨国经营成败的关键。华为公司跨文化人力资源管理的成功经验给中国跨国经营企业带来以下启示：

一是管理者要正确对待文化差异。文化差异是正常的现象，是客观事实，不以人的意志为转移的；文化没有好坏之分，各种文化都有其精华部分；管理者要尊重不同文化的客观存在，深挖文化差异的正面影响，避免消极作用。因此，正确对待文化差异是管理者开展跨文化人力资源管理的前提条件，也只有客观公正地看待文化差异，管理者才能解决好人力资源管理的跨文化问题。

二是企业文化要兼收并蓄、求同存异。通过换位思考和角度转换，分析不同文化的优缺点，找出它们的异同点和交集，增加对异文化的认同感。招聘当地员工时，更多的是选择认同本公司文化的同路人，找共赢而不是对立，在坚守核心价值观的基础上欣赏个体差异。

三是实施本土化的人力资源管理策略。首先，中方主管正确理解和贯彻公司文化和价值观，在本地化传承时做到不简单粗暴和不僵化，找到东道国文化与中国文化的相似和相通点，以当地员工能够认同和接受的表述来重新演绎企业价值观。其次，鼓励中方员工主动学习和融合本地文化，给东道国员工提供到中国进行跨文化培训的机会，这样做，一方面可以加深双方在文化上的理解、交流与融合，另一方面有助于化解不同文化背景的员工之间由于文化差异带来的文化冲突。最后，组织中外员工一起参与的跨文化活动和培训。根据跨国企业实际情况，选择适当的企业文化活动和培训，有计划地促进不同文化之间的相互渗透、相互吸收，最终融合成一个不可分割的具有各种文化潜质的全新企业文化。只有这样，才能解决跨文化人力资源管理面临的问题。

(四）教学组织实施

用1课时简要梳理案例中涉及的全球人力资源管理特点、基本模式、海外企业人员的选择与培训、外派人员的薪酬体系设计与激励机制、跨国劳资关系管理等相关知识点，并将这些知识点引入案例讨论思考题，由学生主导、教师辅助进行1课时案例讨论。具体教学组织安排如下所示。

学习阶段	学习内容	时间限制	学习目标
课前	对学生分组，要求学生根据之前下发的案例思考题，查阅相关资料，预习相关知识。	课前5天	了解一国社会文化环境的构成要素；个人与集体的关系等，通过小组作业提高学生团队协作能力和集体主义精神。
课中	知识讲解：讲授案例涉及的社会文化环境及对企业从事国际商务活动的相关知识点，提炼和融入案例呈现的思政元素；通过设计的思考题，引入案例内容。	45分钟	熟悉构成一国社会文化环境的各要素与企业从事国际商务活动之间的关系。重点分析个人与集体的关系，以及集体主义精神的重要性。
课中	小组分享：各组根据分配的思考题，以PPT课件为主，辅助黑板，分享本组对案例思考的观点。	30分钟（每组5分钟）	学会从不同视角分析同一问题；加深对案例内容及涉及知识点的理解。
课中	自由讨论：所有学生根据各小组分享的内容进行自由讨论和补充分析。	10分钟	提高学生的独立思考能力、文字表达能力、语言表达能力。
课中	教师总结：结合案例内容和思考题设定的目的，点评各小组学生分享观点，总结各组从材料准备、PPT制作、讲解中值得学习的地方。	5分钟	引导学生学会运用所学国际商务社会文化环境相关的知识，分析和解决中国企业从事国际商务活动面临的问题。
课后	自主学习：要求学生持续关注中国重要合作伙伴国的社会文化环境演进情况，结合所学知识，从专业角度思考与分析构成一国社会文化环境因素发生变化时对在该国经营的企业影响。		巩固已学的国际商务社会文化环境相关知识，提升分析问题的能力。

（五）总结

从华为公司的跨文化人力资源管理的成功经验可以看出，跨国公司不仅要传承和弘扬中国优秀文化，增强历史自觉、坚定文化自信，还要以开放的心态尊重东道国文化，对不同于中国的东道国文化采取求同存异、兼收并蓄的跨文化管理原则，实施本土化人力资源管理策略。一方面要求中方主管正确理解和贯彻公司文化和价值观，在本地化传承时做到不简单粗暴和不僵化；另一方面鼓励公司中的中方员工和东道国员工相互学习对方文化，找共赢而不是对立，在坚守核心价值观的基础上欣赏个体差异。这样就可以很好的化解和规避来自不同文化背景的公司员工之间因文化差异引起的冲突与矛盾。

参考文献

[1] 陈攀峰.华为全球化[M].杭州：浙江大学出版社，2020.

[2] 铁凝.传承弘扬中华优秀传统文化，为实现中华民族伟大复兴提供强大精神推动力[J].旗帜，2022（7）：12-14.

[3] 马晖，谢玲.文化自信视域下中华优秀传统文化传承与发展研究[J].河北能源职业技术学院学报，2022（3）：18-21，25.

[4] 刘伟鑫，魏育华."以人为本"的人力资源管理在现代企业管理中的作用[J].现代商业，2020（17）：36-37.

[5] 张强."以人为本"思想与现代企业管理[J].全国流通经济，2019（36）：61-63.